D1692028

Zum Wohle aller

Geschichte der Georg-August-Universität Göttingen
von ihrer Gründung 1737 bis 2019

Frauke Geyken

Zum Wohle aller

Geschichte der Georg-August-Universität Göttingen
von ihrer Gründung 1737 bis 2019

Georg-August-Universität Göttingen Steidl

Inhalt

1737–1787 08

1787–1837 40

1837–1887 56

1887–1933 74

1933–1945 98

1945–1968 124

1968–1987 152

1987–2007 168

2007–2019 182

Literaturverzeichnis 200

Bildquellennachweis 212

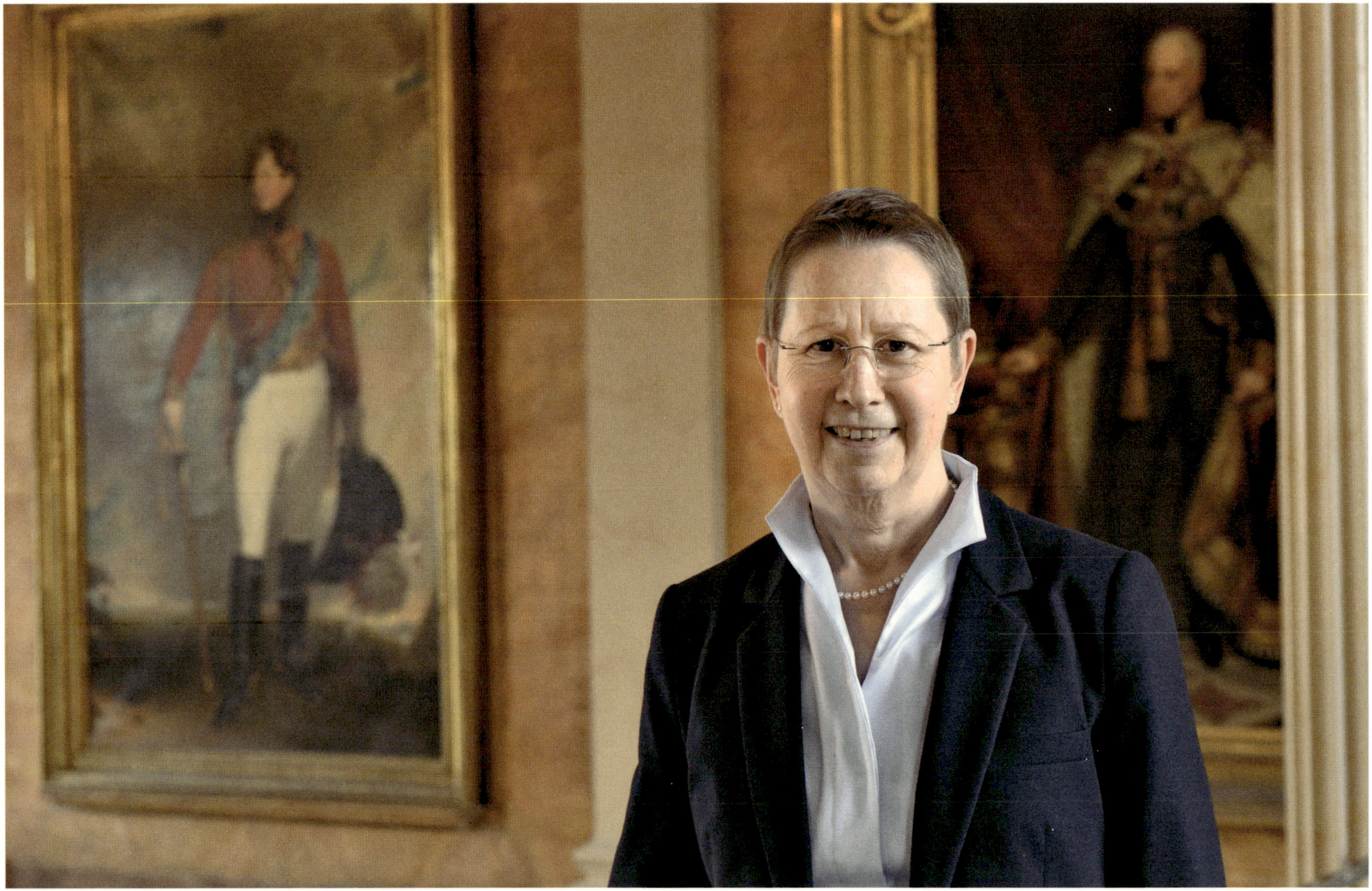

Die Georg-August-Universität Göttingen wurde 1737 im Zeitalter der Aufklärung gegründet. Sie hat nicht nur die Stadt Göttingen geprägt, sondern als Bildungs- und Forschungseinrichtung im Laufe der Jahrhunderte bis heute das Leben von vielen Menschen beeinflußt. Die Universität Göttingen ist zu einer international bedeutenden Forschungsuniversität mit heute rund 30.000 Studierenden an 13 Fakultäten und mehr als 5.000 Mitarbeiterinnen und Mitarbeitern (ohne die Universitätsmedizin Göttingen) gewachsen.

Aus unserer Gründungstradition heraus fühlen wir uns den Werten der gesellschaftlichen Verantwortung von Wissenschaft, Demokratie, Toleranz und Gerechtigkeit verpflichtet. Teile dieser Verpflichtung sind ein waches Geschichtsbewußtsein und der kritische Umgang mit der eigenen Geschichte.

Wir möchten Ihnen, liebe Leserinnen und Leser, mit diesem Buch einen Einblick in diese vielfältige und spannende Geschichte der Georg-August-Universität bieten. Das Buch ist so konzipiert, dass es sich sowohl zur längeren Lektüre als auch zum kurzen Hineinlesen eignet. Dabei kann der Text die reiche Geschichte der Universität natürlich nur überblicksartig erfassen. Wer an der umfangreichen historischen Forschung zur Geschichte der Universität Göttingen interessiert ist, findet reichlich Anregung in der Bibliographie.

Ich danke der Autorin Dr. Frauke Geyken sehr herzlich, dass sie sich der herausfordernden Aufgabe gestellt und dieses Buch geschrieben hat. Es ist ihr auf beeindruckende Weise gelungen, die großen Linien der Universitätsgeschichte vom 18. Jahrhundert bis in die Gegenwart nachzuzeichnen und gleichzeitig Universitätsangehörige in den Vordergrund zu stellen, deren bahnbrechende Errungenschaften und Lebensleistungen oft nicht die ihnen zustehende Beachtung fanden. Dazu zählen beispielsweise die Nobelpreisträgerin Maria Göppert-Mayer, der Widerstandskämpfer und erste AStA-Vorsitzende nach dem Ende der nationalsozialistischen Diktatur, Axel von dem Bussche, oder die Universitätsmamsellen des 18. Jahrhunderts.

Mein Dank gilt auch der Agentur pi-ar, Ursula Kloyer-Heß, der Abteilung Öffentlichkeitsarbeit, Thomas Richter, Regina Lange und Ben Bühring, sowie ganz besonders auch dem Städtischen Museum und dem Stadtarchiv Göttingen für die Bereitstellung des umfangreichen Bildmaterials für dieses Buch.

Ich wünsche Ihnen eine anregende Lektüre.

Ihre

Ulrike Beisiegel
Präsidentin der Georg-August-Universität Göttingen von 2011 bis 2019

1737

1787

Am Anfang war Gerlach Adolph Freiherr von Münchhausen. Obwohl die Universität den Namen Georgia Augusta trägt, war schon den Zeitgenossen klar, dass Georg August, der Kurfürst von Hannover, der als König Georg II. zugleich Großbritannien regierte, nicht mehr war als der Namensgeber. Der eigentliche Gründer war sein Minister, der seit 1716 in hannoverschen Diensten stand. Er machte die Gründung zu seinem Projekt, kümmerte sich jahrzehntelang um alles höchstpersönlich und ermöglichte damit den rasanten Aufstieg der Universität Göttingen innerhalb weniger Jahrzehnte.

Eine Universität in der Provinz?

Eine Universität mitten in der hannoverschen Provinz? Warum war das nötig? Dafür gab es unterschiedliche Gründe. Einer davon war die Personalunion zwischen Großbritannien und Hannover, offiziell das Haus Braunschweig-Lüneburg, dessen Residenz die Stadt an der Leine war. 1714 war den Hannoveranern ohne eigenes Zutun die britische Krone zugefallen, als die letzte protestantische Vertreterin der regierenden Stuarts kinderlos starb. Georg Ludwig, der Kurfürst von Hannover, wurde als Georg I. König von Großbritannien.[1]

Freilich waren König und Kurfürst rechtlich zwei völlig verschiedene, voneinander unabhängige Konstrukte. Personalunion bedeutete zunächst nicht mehr, als dass sich die beiden Staaten zufällig dieselbe Person an der Spitze teilten.[2] Es war Georg II. als britischem Monarchen peinlich, dass sein eigenes, deutsches Territorium nicht einmal eine Universität beherbergte; Preußen zum Beispiel hatte vier davon. Erschwerend kam hinzu, dass das Haus Hannover 1692 nach langen Bemühungen endlich die Kurwürde erlangt und damit schon früher einen beträchtlichen Statusgewinn erzielt hatte. Der Kurfürst erhob sich damit in zweifacher Hinsicht über seinen Vetter in Wolfenbüttel. Zwar finanzierten die zwei welfischen Teilfürstentümer Braunschweig-Wolfenbüttel und Braunschweig-Lüneburg die Universität Helmstedt als gemeinsames Projekt, diese lag jedoch auf Wolfenbütteler Gebiet. Daher entschloss sich Georg August, aus diesem Familienunternehmen auszusteigen und seine eigene Universität zu gründen.

Prestigegründe waren es allerdings nicht allein, die den Kurfürsten zu diesem Schritt bewogen. Indem er eine Strukturförderungsmaßnahme gezielt für Göttingen auf den Weg brachte, zeigte sich Georg August auch als besorgter Landesvater, denn die anderen größeren Städte seines Territoriums waren bereits versorgt: Lüneburg hatte 1655 eine Ritterakademie erhalten, in Celle war 1711 das für ein Kurfürstentum erforderliche Oberappellationsgericht angesiedelt worden, seit 1735 war es zudem Sitz des Landesgestüts. Die Vergnügungen der Residenzstadt Hannover wiederum drohten die Studenten allzu sehr abzulenken – so meinte man.[3] Die Stadt Göttingen hingegen war eine Hanse- und Ackerbürgerstadt, in der sich keine überregional wichtige Institution befand. Zwar war sie durch Tuchhandel reich geworden,[4] jedoch hatte sie unter den Auswirkungen des Dreißigjährigen Krieges stark gelitten. In der ersten Hälfte des 18. Jahrhunderts begann sie sich allerdings zu erholen, eine gute Voraussetzung, um hier den Neuanfang zu wagen. Außerdem gab es hier bereits ein Pädagogium in den Räumen eines alten Dominikanerklosters. Es stellte nicht nur die Gebäude, sondern sollte sozusagen der geistige Kern der neuen Aufklärungsuniversität werden.

Blick in die Paulinerstraße: rechts die Paulinerkirche, die als Universitätskirche diente, hinten links die Johanniskirche. Das Bild ist seitenverkehrt, weil es sich um ein Guckkastenbild handelt, das dem Betrachter als Spiegelbild übermittelt wird. In den Räumen des alten Dominikanerklosters war seit der Reformation ein Pädagogium untergebracht, das als Keimzelle der Universität gilt.

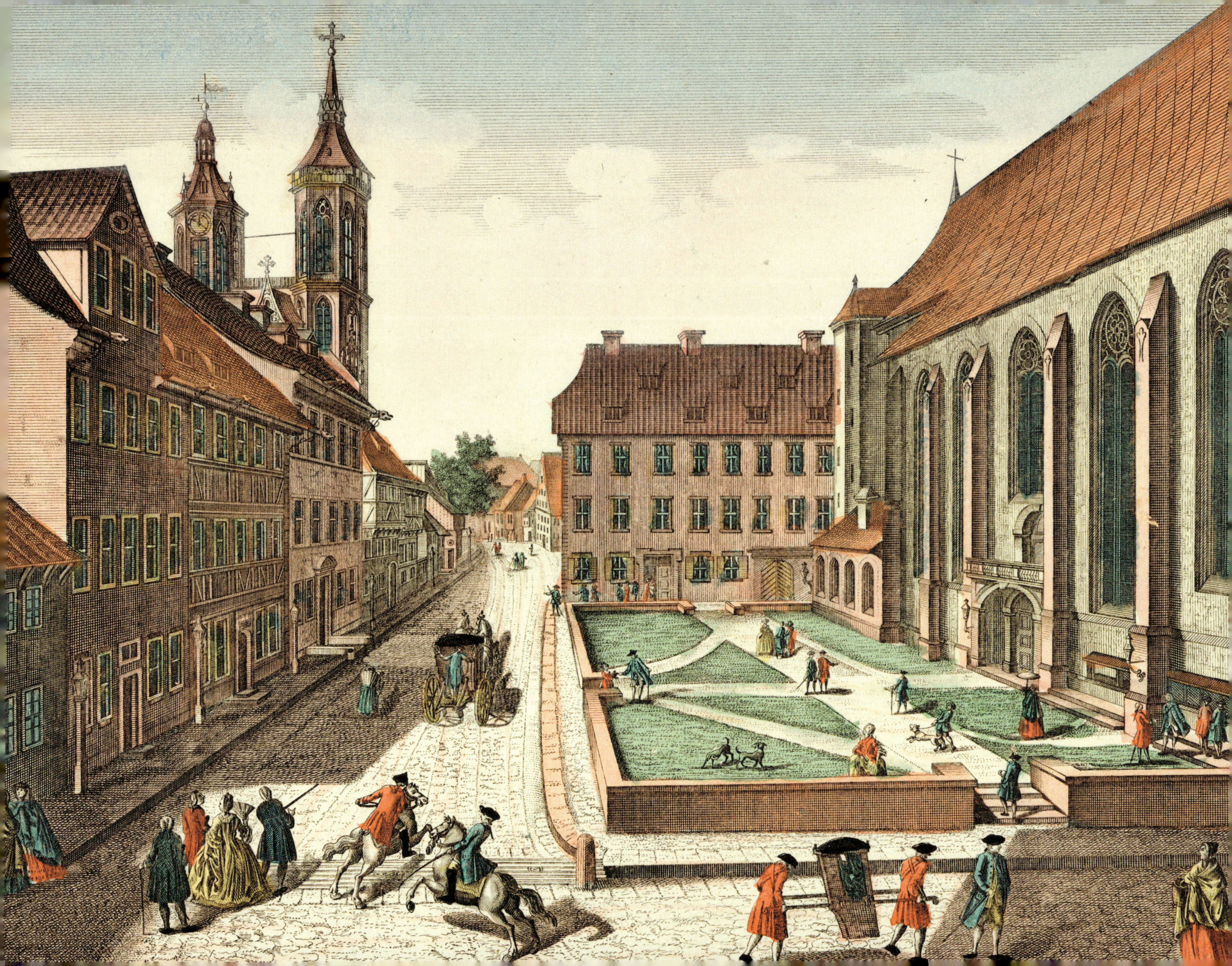

Göttingen als Aufklärungsuniversität: das Vorbild Halle

Zwar hatte schon Gottfried Wilhelm Leibniz Pläne für eine höhere Bildungsanstalt im Hannoverschen vorgelegt, aber Münchhausen holte erst seit Anfang der 1730er-Jahre konkrete Gutachten dazu ein. Eines stammte von dem kurfürstlichen Bibliothekar und Nachfolger von Leibniz, Johann Daniel Gruber, der neben den wirtschaftlichen Aspekten den Vorteil der Nachwuchsförderung für das Kurfürstentum Hannover betonte: Juristen, Ärzte und Theologen sollten beispielsweise nicht mehr nach Halle gehen, sondern mitsamt ihrem Vermögen im eigenen Land bleiben. Von den 32 Universitäten, die es im Reich gab – davon 18 protestantische und 14 katholische [5] – sah Gruber sechs als Konkurrenten an, allen voran die Universität Halle. Sie galt zugleich als Vorbild, denn anders als die übrigen Universitäten, welche die Gelehrsamkeit betonten und den Anforderungen, die der frühneuzeitliche Staat an sie stellte, nicht gewachsen waren, war die 1696 gegründete Universität an der Saale explizit auf die Bedürfnisse der neuen Zeit zugeschnitten.

Aufnahme des Lehrbetriebs 1734

Gerlach Adolph Freiherr von Münchhausen hatte als junger Mann selbst unter anderem in Halle Jura studiert. 1728 berief Georg August den 40-Jährigen in den Geheimen Rat Hannovers, das Exekutivorgan während der Abwesenheit des Kurfürsten. Im Frühjahr 1733 bildete Münchhausen zusammen mit Gruber und anderen ein Komitee, um alle Vorbereitungen zu treffen, die einen baldigen Beginn des Lehrbetriebs ermöglichen soll-

Georg August von Braunschweig-Lüneburg war Kurfürst von Hannover und als solcher Gründer und Rektor der nach ihm benannten Universität. Über seine Großmutter Sophie, eine Enkelin von James I., gelangten die Hannoveraner 1714 auf den britischen Thron.

ten. Denn der kluge Kurator wollte Fakten schaffen, bevor Gerüchte von der Neugründung mögliche Widersacher in den anderen Territorien auf den Plan riefen. Deshalb begannen die Vorlesungen bereits im Oktober 1734, drei Jahre vor der offiziellen Gründung der Universität 1737.

Struktur der neuen Georgia Augusta

Eine wichtige Voraussetzung für den offiziellen Aufbau der Georgia Augusta war die Unterzeichnung des Privilegs durch Kaiser Karl VI., die schon 1733 stattgefunden hatte. Dies musste vorliegen, wenn später Göttinger Juristen in Reichssachen auftreten wollten. Das Göttinger Privileg lehnte sich an Halle an, indem es unter anderem Deutsch statt Latein als Verkehrssprache vorsah. Bisher undenkbar und über die Hallenser Ansätze hinausgehend aber war, dass in Göttingen alle vier Fakultäten gleichberechtigt waren. Damit verlor die Theologie ihr Zensurrecht über die Juristische, Medizinische und die Philosophische Fakultät. Als „Meilenstein in der Geschichte der Wissenschaftsfreiheit"[6] wird die „zu ewigen Zeiten vollkommene unbeschränkte Freyheit"[7] der Lehre, die in den Generalstatuten von 1736 festgelegt ist, gefeiert. Außerdem bestimmte Münchhausen, abweichend vom Hallenser Vorbild, dass die Universität Göttingen keinen eigenen Etat bekam, kein eigenes Vermögen besaß, und dass den Fakultäten kein Vorschlagsrecht bei Berufungen eingeräumt wurde, um Nepotismus vorzubeugen. Der noch triftigere Grund war jedoch, dass damit alle Entscheidungen in Hannover getroffen werden konnten und alles über Münchhausens Schreibtisch lief. Eine weitere Neuerung sah vor, dass jeder Professor lehren durfte, was ihn interessierte. Niemand war an Fächergrenzen gebunden, die ohnehin nicht so streng ausgebildet waren, wie wir sie heute kennen. Diese Bestimmung ermöglichte ein außergewöhnlich breit gefächertes Lehrangebot, was zu einem Charakteristikum der Neugründung avancierte. Die Universität Göttingen sei „in Teutschland diejenige [...], auf welcher man am meisten erlernen kann, weil man hier [...] auch in solchen Wißenschaften Unterricht findet, an die man anderer Orten nicht einmahl gedencket"[8], wie ein dänischer Student es 1752 formulierte. War es die Begeisterung für „seine" neue Universität, die Münchhausen dazu befähigte, sogar das nicht unerhebliche Problem der Finanzierung in relativ kurzer Zeit zu lösen? Die Calenberger Landschaft, auf deren Gebiet Göttingen lag, übernahm mit 6.000 Reichstalern die Hauptlast der jährlichen Kosten in Höhe von 16.600 Reichstalern. Die Klosterkammer steuerte weitere 4.000 Reichstaler bei. Die übrigen fünf Landschaften Celle, Grubenhagen, Hoya, Bremen-Verden und Lüneburg beglichen die restlichen 6.600. Damit war der Grundstein für den Erfolg der neuen Universität gelegt, die am 17. September 1737 feierlich eröffnet wurde.

Die Stadt Göttingen und die Universitätsgründung

Es war eine prächtige Eröffnungsfeier, die aller Welt zeigen sollte, dass mit Göttingen als akademischem Standort fortan zu rechnen sei. Zum Zeitpunkt der Universitätsgründung hatte die Ackerbürgerstadt 5.000 Einwohnerinnen und Einwohner.[9] Sie war noch mit mittelalterlichen Festungsanlagen umgeben, durch die Straßen der Stadt wurde das Vieh getrieben. Als sich im Siebenjährigen Krieg (1756 bis 1763) zeigte, dass die Befestigungen moderne Waffentechnik nicht abwehren konnten, wurden sie ab 1762 nach dem Abzug der Franzosen geschleift und eine Wallanlage entstand: Spazierweg für die Göttinger, von denen es 1756 bereits 8.000 gab.[10]

Die Zahl der Einwohner stieg nicht nur durch die sogenannten *cives literati*, die gelehrten Bürger, womit Professoren und Studenten gemeint waren. Vielmehr trugen auch die ungelehrten Universitätsverwandten sowie universitätsnahe Berufsgruppen zum Bevölkerungswachstum bei. Zu diesen sogenannten akademischen Bürgern, den *cives academici*, zählten Handwerker, Kupferstecher, Kunstmaler, Instrumentenmacher, Optiker, Apotheker, Chirurgen und Zahnärzte sowie die Buchdrucker, -händler und -binder. Da diese Berufszweige für eine Universitätsstadt von besonderer Wichtigkeit waren, gab sich Münchhausen große Mühe, geeignete Personen zu suchen. Er fand sie unter anderem in Gestalt des niederländischen Buchdruckers Abraham Vandenhoeck, der seit 1735 auch eine Verlagsbuchhandlung betrieb. Als er nur 15 Jahre später starb, führte seine Witwe Anna den Verlag mit Unterstützung ihres Mitarbeiters Carl Ruprecht erfolgreich weiter, wenngleich schon 1765 mit Johann Christian Dieterich aus Gotha ein ernst zu nehmender Konkurrent in Göttingen erwachsen war. Nach Anna Vandenhoecks Tod wurde der Verlag im Jahre 1787 in den bis heute gültigen Namen ‚Vandenhoeck & Ruprecht' umbenannt.

Gemeinsam bildeten die cives literati und die cives academici die Korporation Universität. Ihre Angehörigen waren keine Stadtbürger, mussten nicht das städtische Bürgerrecht erwerben und keine bürgerlichen Lasten tragen. Für sie bestand kein Zunftzwang, keiner von ihnen war der städtischen Gewerbeordnung unterstellt. Vor allem aber unterstanden sie alle, einschließlich ihrer Aufwärterinnen, Wäscherinnen, Lohndiener und Dienstboten, bis zum Jahr 1852 der Universitätsgerichtsbarkeit. Nicht zur Korporation Universität zählten die übrigen Dienstleister wie Perückenmacher, Pastetenbäcker, Cafétiers und Gastronomen, die sich im neu entstehenden universitären Milieu niederließen. Ein dringend notwendiges, gutes Logierhaus entstand mit der Londonschänke, dem heutigen Michaelishaus. Aber es gab auch immer wieder Klagen über die schlechten Kaffeehäuser und den Mangel an gutem Wein, bis sich endlich im Jahre 1786 der Weinhändler Johann Conradt Bremer mit folgendem Schreiben beim Magistrat der Stadt meldete: „Ich erkühne mich demnach darum unterthänigst zu bitten, und versichere feyerlich die Wirthschaft und den Weinhandel dergestalt zu führen, daß mir dadurch Euro Wohl- und Hochgebohrenen Beyfall erwerben möge."[11] Dies gelang ihm, und Göttingen saß nicht länger auf dem Trockenen. Bis heute und inzwischen in der siebten Generation pflegt die Familie Bremer den Weinhandel in Göttingen.

Die Göttinger hatten sich inzwischen an ihre Universität gewöhnt. Ursprünglich waren längst nicht alle vom Nutzen dieser massiven Veränderung der Verhältnisse, die ihnen Hannover verordnete, überzeugt gewesen. Doch allmählich erkannte man die Vorteile, welche die Gründung mit sich brachte. Die Öffnung der Stadt nach außen und die Umgestaltung der Stadtmauer, also das durchaus auch metaphorisch zu verstehende Abstreifen des mittelalterlichen Korsetts im Jahr 1762, waren nur wenige von vielen Maßnahmen, die von Stadt und Land unternommen wurden, um Göttingen zu einem attraktiven Universitätsstandort zu machen. Denn Münchhausen war klar, dass es besonderer Maßnahmen bedurfte, um sein Projekt in der Provinz erfolgreich umzusetzen. Es begann damit, dass Straßen neu gepflastert und Bürgersteige gebaut, eine Straßenbeleuchtung mit Öllaternen installiert sowie Lösch- und Trinkwasserbrunnen eingerichtet wurden, wenngleich auch nicht alles tadellos funktionierte, wie ein unbekannter Reisender monierte: „Die Rinnen oder Röhren, die das Regenwasser auf die Straßen leiten sollen, sind alle zu kurz; so daß sie nicht bis über die Gussen oder Rinnsteine reichen, sondern immer den Fußgängern auf den Fußbänken ganze Regenströme auf die Köpfe fallen …". Dies war umso schlimmer, da in Göttingen, wie er meinte, „immerwährendes Herbstwetter" herrsche.[12]

Das Kollegienhaus: die Keimzelle der Universität
Der bauliche ebenso wie der institutionelle Kern der neuen Universität war das alte Pädagogium an der Paulinerkirche. Es war aufgelöst und der Universität übereignet worden. Sein ehemaliger Direktor Christoph August

Heumann wurde zum Professor ernannt und durfte 1734 mit seiner Vorlesung den Lehrbetrieb eröffnen. 1737 wurde das alte Klostergebäude als Kollegienhaus umgebaut. Es beherbergte unter anderem verschiedene Hörsäle, die Bibliothek, die Naturalienkammer, ein Theatrum Anatomicum und den Karzer. Ein chemisches Laboratorium war geplant, von dem man nicht weiß, ob es wirklich eingerichtet wurde.[13] Die zahlreichen Bauten, die jetzt in rascher Folge errichtet wurden, waren manifester Ausdruck der pragmatischen Grundhaltung der neuen Bildungsanstalt: Die Lehre sollte in höchstem Maße anwendungsorientiert sein. Vom Kollegienhaus ausgehend eroberte die Universität die Stadt, alle hier vertretenen Einrichtungen erhielten im Laufe der Jahrzehnte ein eigenes Gebäude.

Göttingen als Adelsuniversität

Aber der allererste der zahlreichen Göttinger Neubauten war ein Reitstall in der Nähe des Weender Tors mit Stallungen für 16 Pferde und einer Reitbahn. Es war purer Pragmatismus, der Münchhausen dazu veranlasste, die gesamte Palette der Kavaliersfächer, die zur Ausbildung junger adliger Männer gehörten, in Göttingen abzubilden. Denn auf die zahlungskräftigen adeligen Studenten hatte man es abgesehen.[14] 1741 wurde die Fechthalle eröffnet und die Exercitienmeister wurden – wie auch die Tanzmeister, die zugleich Benimmregeln lehrten – vom Kurator sorgfältig ausgewählt. Aber nur die Reitlehrer hatten den Rang eines ordentlichen Professors, sehr zum Verdruss der außerordentlichen Professoren, die zum Beispiel beim Kirchgang protokollgemäß stets hinter diesen auftreten mussten.

In den Beständen des Städtischen Museums Göttingen findet sich diese Collage von Porträts, die den ersten Kurator der Georgia Augusta zeigen: Gerlach Adolph Freiherr von Münchhausen. Er wird als der eigentliche Gründer der Universität angesehen.

ALBRECHT VON HALLER UND DIE AKADEMIE

Akademien sind Orte der Forschung und des gelehrten Austausches. Schon 1652 wurde die Leopoldina in Halle gegründet, die Akademie der Naturforscher. Die Göttinger Societät der Wissenschaften (1751) unterschied sich von ihr durch ihre enge Anbindung an die Universität. Schon in der Gründungsphase hatte der spätere Kanzler Mosheim an eine solche gelehrte Gesellschaft gedacht. Hannover machte ihm jedoch keine Hoffnung auf baldige Realisierung, denn: „Die Gesellschaften haben etwas erzwungenes, und zerschlagen sich daher leicht, weil die Gelehrten selten einig sind, und sich vertragen können. Jeder bildet sich ein, er sehe weiter, als die andern."[I]

1750 griff man den Plan wieder auf und war sich schnell einig, wer der Präsident der neuen Institution sein sollte: Albrecht von Haller, der nicht nur ein ausgewiesener Wissenschaftler und akademischer Lehrer war, sondern auch ein gewiefter Wissenschaftsmanager, zudem Münchhausens Ansprechpartner vor Ort. Aber der in vielerlei Sinne wuchtige Mann war auch eine Mimose – und ein Schweizer. Er liebäugelte immer wieder mit der Idee, in seine Heimatstadt Bern zurückzukehren, was Münchhausen unbedingt vermeiden wollte. Der Adelstitel, den er seinem Freund beim Kaiser in Wien besorgte, war eine der Maßnahmen, um Haller an der Georgia Augusta zu halten, das Präsidentenamt eine andere.

Aber Haller, für den sich mit Göttingen auch eine Reihe privater Schicksalsschläge verband, kehrte 1753 in die Schweiz zurück, als sich ihm die nicht adäquate Stelle eines Berner Rathausamtmanns bot. Er blieb jedoch sein Leben lang Präsident der Königlichen Gesellschaft der Wissenschaften, deren Gründung von ihm umgesetzt und die nach dem Vorbild von Uppsala als Societät bezeichnet wurde. Die Societät (die sich heute Akademie der Wissenschaften zu Göttingen nennt) stellte die notwendige Ergänzung dar, denn die Professoren waren gehalten, den aktuellen Stand der Wissenschaft zu kennen, zu lehren und weiter zu entwickeln. Die enge Verbindung von Forschung und Lehre, die auf diesem Wege entstand, war eine Göttinger Besonderheit. Hallers Konzept beruhte auf der Idee, mit dem Mittel der gelehrten Gesellschaft „den Geist der Kritik" zu verbreiten.[II] Kritik, ein Schlüsselbegriff der Aufklärung, meinte dabei nicht „kritisieren" im heutige Sinne, sondern bezeichnete primär Analyse und Bewertung.

Die Professoren wurden bei der Ehre gepackt, sie sollten die „Muskeln des Verstandes" spielen lassen.[III] In monatlichen Sitzungen, die allererste ihrer Art am 23. April 1751 in Hallers Wohnhaus, sollten die Professoren Neues vorstellen: „Der Endzweck gelehrter Gesellschaften" ist, so Haller, „daß jedes Mitglied eintzelne und kleine Felder der Gelehrsamkeit genau untersuchet, und etwas an das Licht bringet, das seinen übrigens gleichfalls gelehrten Mitgliedern unbekannt gewesen war."[IV] Die offizielle Gründung erfolgte am 10. November 1751, dem Geburtstag des Kurfürsten und Rektors Georg August.

Das Motto der Göttinger Akademie der Wissenschaften lautet bis heute: „Fecundat et Ornat", auf Deutsch: „Sie befruchtet und ziert". Fast 400 Mitglieder befinden sich gegenwärtig im wissenschaftlichen Wettstreit. Wissenschaftlerinnen und Wissenschaftler verschiedenster Fachrichtungen betreuen 20 Langzeitprojekte, darunter drei, die sich speziell mit dem Themenkreis Aufklärung befassen.[V]

Die Strategie ging auf: Zwischen 1735 und 1763 zählte man 61 Grafen, die zum Studium nach Göttingen kamen, ganz überwiegend nicht aus dem Hannoverschen.[15] Sie hatten deutlich höhere Lehrgelder zu zahlen und durften ihre Hunde mit in die Vorlesung bringen, die alle Studenten stets mit Hut und Degen besuchten. Jedes Thema musste von den Professoren innerhalb eines Semesters abschließend behandelt werden, um, auch das war völlig neu, den Studenten berechenbare und vergleichsweise kurze Studienzeiten zu ermöglichen. In einem Nachruf auf Münchhausen hieß es, sein Ziel sei gewesen „Gelehrsamkeit [...] zur Tätigkeit im bürgerlichen Leben zu erwecken, sie gemeinnütziger zu machen. [...] So viel sah der unsterbliche Mann ein: Es darf nur für Vorrath an Hülfsmitteln gesorget sein; an Genies, die sich mit Hilfe derselben bilden, wird es die Natur nie fehlen lassen. Aber ohne Werkzeuge und Hülfsmittel verblühen die herrlichsten Genies."[16]

Die Universitätsbibliothek

Das bedeutendste dieser Hilfsmittel war die Göttinger Bibliothek. „Göttingen verdankt der Bibliothek alles", schrieb später Wilhelm von Humboldt.[17] Zwei Büchersammlungen von beträchtlichem Umfang bildeten den Grundstock der Universitätsbibliothek, die in den folgenden Jahrzehnten – und das unterschied sie von allen anderen Universitätsbibliotheken in Europa – kontinuierlich und systematisch weiter zu einem Forschungsinstrument für die gelehrte Öffentlichkeit ausgebaut wurde. Denn neu war zugleich, dass die Bibliothek nicht nur für Professoren, sondern auch für Studenten zugänglich war. Darüber hinaus wurden die Bücher sogar an auswärtige Gelehrte verliehen, nicht zuletzt gehörten Johann Wolfgang von Goethe und Johann Gottfried Herder zu den Nutzern. Die Göttinger Professoren, so beschreibt es der Staatsrechtler Johann Stephan Pütter in seiner Geschichte der Universität,[18] verstanden sie als öffentliche Bibliothek. Der spätere Direktor Jeremias David Reuß bezeichnete sie als nationales literarisches Institut. Mithilfe dieser Bibliothek konnte man die Professoren nach Göttingen locken.

Anreize für Professoren und Studenten

Münchhausen wollte nur die Besten, dazu musste er auch Entsprechendes bieten. Daher war nicht nur die Bezahlung der Professoren besser als anderswo, sondern das Professorenamt konnte in Göttingen sogar mit dem Titel eines Hofrats verknüpft werden. Ein weiteres ausgesprochen attraktives Angebot war die Einrichtung einer Professoren-Witwen- und -Waisenkasse im Jahr 1739, die sich über die Einkünfte aus der Universitätsapotheke finanzierte. Diese existierte seit 1737 neben der städtischen Ratsapotheke und war 1735 bis 1737 von der Calenberger Landschaft eingerichtet worden. Sie versorgte die Universität mit Medikamenten, die im Labor hergestellt wurden, wo Medizinstudenten die Grundlagen chemischer und pharmazeutischer Prozesse kennenlernen konnten. Man verkaufte dort auch Schnupftabak und servierte Kaffee und Tee. Es war ihr aber nicht gestattet, Wein- und Branntwein auszuschenken, wie es die städtische Apotheke tat, um dieser keine Konkurrenz zu machen. Das bedeutete allerdings eine erhebliche Geldeinbuße.

Anders als in Halle galt in Göttingen darüber hinaus das Prinzip der religiösen Toleranz. Schon ab 1746 erlaubte die Regierung katholische Gottesdienste, denn der überwiegend katholische Adel Süddeutschlands war bisher an die niederländischen Universitäten gegangen. 1753 wurde der Bau der reformierten Kirche vollendet. Er ging auf die Anregung Albrecht von Hallers zurück, des vielfach begabten Schweizer Mediziners und Botanikers, den Münchhausen unbedingt für die Neugründung gewinnen wollte – was ihm auch gelang.

1) Kurfürst Georg August von Hannover besucht Göttingen im Jahr 1748, Empfang der universitären Honoratioren in der Paulinerkirche.

2) Die Gründungsmedaille der Georg-August-Universität: Auf der Vorderseite ist das Profil des Gründers und Namensgebers, Kurfürst Georg August von Hannover zu sehen. Die Rückseite zeigt eine allegorische Darstellung der Wissenschaft, überschrieben mit dem Motto: In publica commoda (zum Wohle aller).

Der Besuch Georgs II. an der Universität Göttingen 1748

Der Kurfürst Georg August von Hannover war der nominelle Gründer und Namensgeber der Georgia Augusta sowie ihr Rektor. Als dieser war er 1737 bei der offiziellen Eröffnung seiner Alma Mater zum Bedauern von Universität und Stadt nicht anwesend. Der König von Großbritannien, der er ebenfalls war, reiste fast jeden Sommer von London aus in seine deutschen Territorien. Diese Besuche waren Sommerfrische und Reise in die alte Heimat, denn Georg August war in Hannover aufgewachsen. Nicht selten ließen sie sich zudem mit diplomatischen Angelegenheiten verbinden, zum Beispiel 1748 mit Verhandlungen über den Aachener Frieden. Da das Staatsoberhaupt die meiste Zeit des Jahres jenseits des Ärmelkanals residierte, bot sich ihm hier zugleich Gelegenheit, sich als sorgender Landesvater zu präsentieren – und zum Beispiel für seine Universität zu werben.[19]

Georg August traf am 31. Juli 1748 in dem nördlich von Göttingen gelegenen Dorf Weende ein und übernachtete dort im Amtshaus. Am anderen Morgen fuhr er im Staatswagen in Göttingen ein, wo er vom Rat und der Stadtgeistlichkeit offiziell empfangen wurde. Buchstäblich mit Pauken und Trompeten passierte er die Ehrenpforte, fuhr zur Paulinerkirche, in der ihn die universitären Honoratioren sowie ein gespanntes Publikum erwarteten. Als rector magnificentissimus nahm er an den Feierlichkeiten zum turnusgemäßen Prorektoratswechsel und der Vergabe der für das Semester vorgesehenen Promotionen teil und besuchte anschließend die Universitätsbibliothek. Nach einem Mittagsmahl folgten am Nachmittag Reiterspiele auf dem universitären Reitplatz und abschließende Illuminationen.

Der Besuch ist in der Literatur detailliert beschrieben worden.[20] Er erfüllte seinen Zweck, die Studentenzahlen stiegen, insbesondere zahlreiche britische Familien schickten ihre Söhne nach Göttingen, um ihre Verbundenheit mit dem Herrscherhaus zu demonstrieren.[21]

Die ersten Professoren

Es glückte Münchhausen nicht sofort, die Spitzenkräfte anderer Universitäten abzuwerben. Folgen wir der älteren Universitätshistoriografie, so gelang es ihm lediglich mit dem Juristen Gottfried Sellius aus Danzig, einen „Jurist[en] mit philosophischem Einschlag, Naturforscher, Universalgenie, Sammler und Händler, dabei von großem Geschmack" zu gewinnen, der in seinem Auditorium silberne Spucknäpfe aufstellte und vor allem wegen seiner großen Bibliothek nach Göttingen berufen wurde. Ein weiterer Zugewinn war im Jahre 1735 der Historiker Johann David Koehler, dem es jedoch an der Fähigkeit mangelte, das Wesentliche zu erfassen, wie seine 22 Bände „Historischer Münz-Belustigung" bewiesen.[22]

Der Professor Eloquentiae Johann Matthias Gesner

Ein Mann ganz nach Münchhausens Geschmack war der 1734 berufene Altphilologe Johann Matthias Gesner. Der Freund Johann Sebastian Bachs war Rektor der Thomasschule gewesen und hatte sich in Leipzig bereits durch Ideen zur Bildungsreform hervorgetan. Als Professor der Beredsamkeit vertrat er in Göttingen höchst pragmatische Positionen, indem er zum Beispiel die Werke mehrerer Klassiker ohne großen Anmerkungsapparat herausgab, denn er „bekämpfte die damals allgemein übliche Unsitte sehr langsam in der Erklärung vorwärts zu gehen und bei der Erklärung der einzelnen Wörter allerlei Gelehrsamkeit auszukramen".[23] Der *professor eloquentiae* wollte dem Studium der antiken Autoren wieder mehr Sinnhaftigkeit verleihen und war deshalb gegen allzu viel Grammatik im Unterricht. Er schlug vor, man solle nicht länger die alten Sprachen nachahmen, stattdessen die Freude am Lesen wecken, nicht nur bei Studenten, sondern auch bei Schülern. Zu diesem Zweck gründete Gesner das Philologische Seminar, das erste seiner Art in Deutschland. Hier sollte die Ausbildung eines selbstständigen Lehrer-

1) 1737 wurde das alte Klostergebäude als Kollegienhaus um- beziehungsweise neu gebaut (Handwerker hatten eine tragende Wand des Pädagogiums eingerissen). Es beherbergte unter anderem verschiedene Hörsäle, die Bibliothek, die Naturalienkammer, ein Theatrum Anatomicum und den Karzer.

2–3) Grundriss und Entwürfe für den Reitstall der Universität: Um zahlungskräftige adlige Studenten anzuziehen, musste man die Möglichkeit bieten, auch ihre nichtuniversitäre adlige Erziehung zu vervollkommnen. Es brauchte neben dem Reitstall eine Fechthalle, Exerzier- und Tanzmeister sowie Benimmlehrer. Allerdings konnte man in Göttingen das Reiten auch studieren. Als spätere Fachkraft war der Student der Reitkünste, der stud. art. equestris, sehr gefragt: In einer Gesellschaft, in der das Pferd allgegenwärtig war, waren Bereiter, Stallmeister und Reitlehrer vonnöten. Sie arbeiteten bei Hofe oder im Militär, das keine eigenen Schulen betrieb.

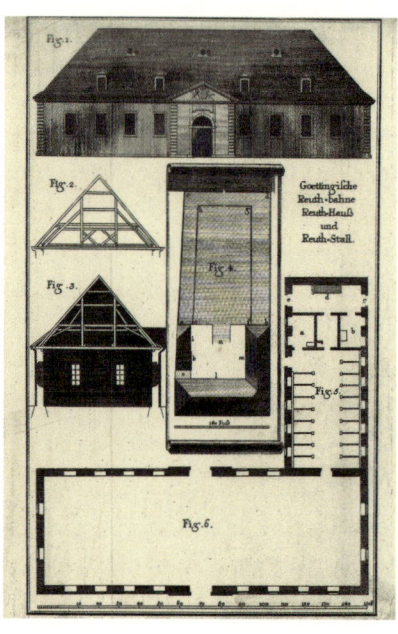

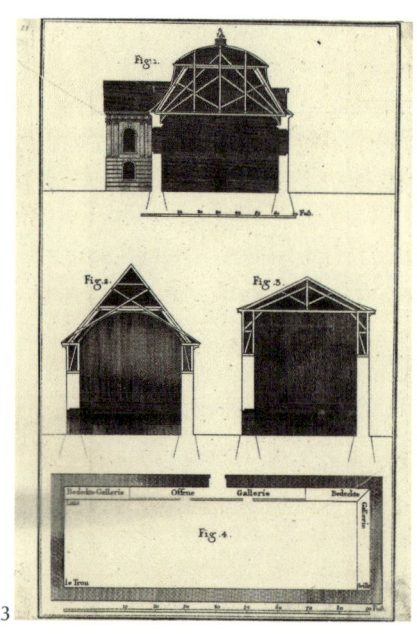

standes vorangetrieben werden – eine Aufgabe, die bisher fast ausschließlich von Theologen wahrgenommen worden war.

Das Studium der alten Sprachen sollte nach Gesners Vorstellungen zugleich einen bewussteren Umgang mit der eigenen, deutschen Sprache bewirken. 1738 rief er in der Nachfolge Johann Christoph Gottscheds die Deutsche Gesellschaft[24] ins Leben, die einen erheblichen Beitrag zur Standardisierung der deutschen Sprache leistete, wie schon Leibniz gefordert hatte. Gesner war zudem für die Inspektion des Schulwesens in Braunschweig-Lüneburg zuständig und leitete die Bibliothek, wobei ihm allerdings Münchhausen, der einen engen Mitarbeiter in Hannover mit dem konsequenten Bestandsaufbau beauftragt hatte, nicht viel Spielraum ließ.

Der Botaniker und Mediziner Albrecht von Haller

Viele der Professoren, die Münchhausen nach Göttingen berief, waren sehr jung, oft noch in den Zwanzigern, so auch Albrecht (von) Haller[25], der im Jahre 1749 geadelt wurde. 1736 wurde der Arzt aus Bern zum ordentlichen Professor für Anatomie, Physiologie und Botanik ernannt. Er hatte unter anderem bei dem wohl berühmtesten Arzt seiner Zeit, Herman Boerhaave, in Leiden studiert und hielt den englischen Philosophen Francis Bacon für denjenigen, der die scholastische Finsternis vertrieben habe. Hallers Empirismus auf Bacon'schem Boden war dabei „von einer besonderen Art".[26] Er betonte die Einheit der Natur und die Gleichartigkeit aller wissenschaftlichen Forschungen, solange sie das nützliche Wissen mehren. Zugleich war er davon überzeugt, dass die Macht des Verstandes begrenzt sei. Nur auf

Die Göttinger Universitätsbibliothek war von Anfang an auch den Studenten zugänglich – das war neu und ungewöhnlich. Durch Heyne und Reuß wurde sie systematisch auf- und ausgebaut und entwickelte sich zur modernsten und besten Bibliothek im Reich.

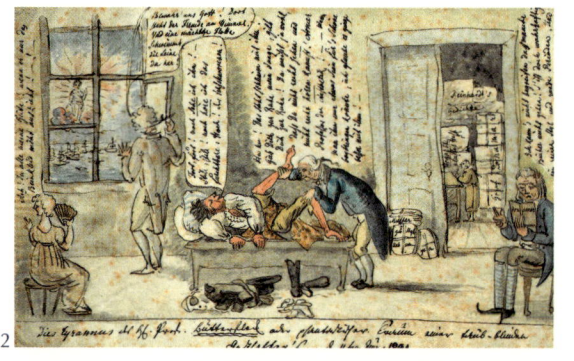

1) Das Accouchierhaus entstand zwischen 1785 und 1790. Bereits 1751 hatte die Göttinger Universität eine Frauenklinik, die erste im gesamten deutschen Sprachraum. Sie wurde zusammen mit der nebenstehenden gotischen Kirche zum Heiligen Kreuz abgerissen, als 1783 für eine neue Frauenklinik am Geismartor Platz geschaffen werden sollte. Das Gebäude im Stil des süddeutschen Barock und frühen Klassizismus prägt bis heute das Stadtbild am Geismartor.

2) Die Szene ist untertitelt mit „Dies tyrannus der Herrn Prof. Butterfleck oder phantastischer Traum eines taub-blinden Quacksalbers" und ist damit eindeutig als eine Verballhornung des Göttinger Professors Friedrich Ludwig Bouterweck zu identifizieren. Der Jurist und Historiker war auch Philosoph. Als solcher hielt er Vorlesungen über Ästhetik, die jeder Göttinger Student einmal zu hören pflegte. Überdies war er Literat. Sein Roman „Graf Donamar" ist hinten in der Kammer zu entdecken.

3) Die Studenten führen zu Ehren des anwesenden Kurfürsten und Königs im Hof des Reitstalls ein Ritterspiel auf.

4) Der hortus medicus, heute der Alte Botanische Garten, der 1737 von Albrecht (von) Haller gegründet wurde.

dem Wege des Experimentierens könne es dem Menschen gelingen, einen Teil der Wirklichkeit zu erfassen. Das Experiment bedürfe der Hypothese, die Haller als „Gerüst, sich zur Wahrheit zu nähern" bezeichnete.[27] In diesem Sinne wollte er bei seinen Göttinger Studenten „die Lust zu den Erfahrungen"[28] wecken. Zu diesem Zweck legte Haller 1737 einen Botanischen Garten an: Der medizinische Garten beziehungsweise *hortus medicus*, denn die Botanik war noch Teil der Medizin. 1738 entstand das erste Anatomische Theater. Haller kannte die „Zergliederung" aus Leiden und hat in Göttingen an die 300 Leichen seziert.[29]

Haller war vielseitig begabt und hat sich, ähnlich wie Lichtenberg, auch als Literat einen Namen gemacht. Sein einflussreichstes Werk ist das Gedicht „Die Alpen", das maßgeblich zu einer veränderten Wahrnehmung der Natur am Übergang von der Aufklärung zur Romantik beigetragen hat. Der Dichter stellte die reine, unverdorbene Welt der Alpen der verkommenen Zivilisation der Stadt gegenüber und löste damit eine bisher nicht gekannte Begeisterung für die Berge aus, die zum Ausgangspunkt des Gebirgstourismus wurde.[30]

Der Orientalist Johann David Michaelis

1745 kam der Orientalist und Theologe Johann David Michaelis[31] an die Georgia Augusta, der in seinem „Raisonnement über die protestantischen Universitäten in Deutschland"[32] programmatisch für Göttingen die Meinung vertrat, der Einzelne solle lernen, was er brauche; vor allem aber müsse er sein Studium mit dem Ziel betreiben, dass er selbstständig denken lernen wolle. Er hielt Vorlesungen über das Alte und das Neue Testament sowie über arabische Sprachen. Zur Vertiefung dieser Studien regte er eine Studienreise in den Orient an, für deren Finanzierung er den dänischen König gewinnen konnte. Man schickte Sprachwissenschaftler, Naturforscher und einen Kartographen, den Göttinger Studenten Carsten Niebuhr, der sich bei Michaelis und Tobias Mayer ausbilden ließ. Sieben Jahre später kehrte er als einziger Überlebender der Exkursion nach Kopenhagen zurück. Seine Veröffentlichungen der Ergebnisse aller Exkursionsteilnehmer galten jahrzehntelang als das einzig gesicherte Wissen über die Region des Vorderen Orients und werden heute als die Anfänge der Feldforschung und der teilnehmenden Beobachtung betrachtet.[33]

Der Jurist Johann Stephan Pütter

Das Verdienst der Göttinger Professoren sollte nicht nach Zahl und Größe ihrer Schriften bemessen werden, so formulierte es sinngemäß der Kanzler Johann Lorenz von Mosheim. Die Professoren waren gehalten, gute Lehrer zu sein, das war schon in Grubers Gutachten aus den frühen 1730er-Jahren festgelegt worden. Ein solcher war der Jurist Johann Stephan Pütter. Als 22-Jähriger kam er 1747 nach Göttingen, um Staatswissenschaften zu lehren, also Staatsrecht, Reichsgeschichte und Reichsprozessrecht. Er wurde Kronjurist zahlreicher Fürstenhäuser, seine Schüler waren in allen Regierungen Europas vertreten. Unter den 894 Studenten, die 1774 in Göttingen immatrikuliert waren, fanden sich 563 Juristen, denn Pütter lockte die meisten Studenten. In seinem Haus in der heutigen Goetheallee 13 ließ er einen Saal bauen, der 200 Hörer fasste,[34] weil die Vorlesungen des 18. Jahrhunderts bei den Professoren zu Hause stattfanden.

50 Professoren um die Jahrhundertmitte

Die Zahl der anfangs 300 bis 400 immatrikulierten Studenten hatte sich um 1760 so gut wie verdoppelt.[35] Göttingen war damit nach Halle, Jena und Leipzig die viertgrößte unter den deutschen Universitäten. Die Zahl der Gelehrten war auf 50 gestiegen, darunter seit 1748 Gottfried Achen-

HEYNE UND DIE GELEHRTEN ANZEIGEN

Der 1729 im sächsischen Chemnitz geborene Christian Gottlob Heyne war ein zurückhaltender Mann, anders als zum Beispiel sein Kollege Johann David Michaelis, von dem es heißt, er sei gern gestiefelt und gespornt in die Vorlesung gekommen, oder Johann Stephan Pütter, der regelmäßig nach Bad Pyrmont reiste, das sich seit der Jahrhundertwende zu einem Bad der Hautevolee entwickelt hatte. Und doch war es Heyne, der, als er 1809 starb, Mitglied 30 gelehrter Gesellschaften und Akademien im In- und Ausland war. Der in ärmlichen Verhältnissen aufgewachsene Heyne konnte nur mit der Unterstützung eines Paten in Leipzig studieren. 1753 bis 1756 arbeitete er als Kopist an der Bibliothek des Grafen Brühl in Dresden und machte durch altertumswissenschaftliche Publikationen auf sich aufmerksam. Nach zehn schwierigen Jahren, in denen er auch Hauslehrer, Übersetzer und Publizist war, kam er auf Empfehlung aus Leipzig nach Göttingen und entwickelte sich zum einflussreichsten Mann der Universität. Er war nach Albrecht von Haller der nächste *primus inter pares* unter den Professoren, der das Vertrauen des jeweiligen Kurators besaß und die wissenschaftspolitischen Entscheidungen der nächsten Jahrzehnte mitbestimmte, unter anderem als Sekretär der Societät der Wissenschaften und Redakteur des Rezensionsjournals, das unter dem Titel „Göttingische Gelehrte Anzeigen" (GGA, seit 1802) bis heute publiziert wird.

Die erste Lieferung erschien 1739 unter dem Namen „Göttingische Zeitungen von gelehrten Sachen", ein Rezensionsorgan, wie es damals viele gab. Es sollte sich aber zu einem der führenden Journale des 18. Jahrhunderts entwickeln. Auch die „Anzeigen" waren eine der zahlreichen Werbemaßnahmen Münchhausens, die den Ruhm der Universität mehren sollten, indem sie den Gelehrten ein Instrument an die Hand gaben, das es ermöglichte, den schon damals unübersichtlichen Markt der wissenschaftlichen Neuerscheinungen zu überblicken. Erfolgreich wurden die Gelehrten Anzeigen als Haller 1747 alleiniger Direktor wurde und dafür sorgte, dass das Journal ab 1753 als „Göttingische Anzeigen von gelehrten Sachen" bei der Societät der Wissenschaften verlegt wurde. Haller blieb auch in Bern der fleißigste Beiträger und soll zwischen 8.000 und 9.600 Rezensionen verfasst haben,[VI] Heyne zwischen 6.000 und 8.000.[VII]

Ein Spezifikum der „Göttingischen Anzeigen" war ihre enge Anbindung an die Bibliothek. Die Gründung der Akademien und modernen Universitäten verstärkte das immer schnellere Wachstum der Anzahl an Neuerscheinungen. Der kontinuierliche und systematische Ankauf von Büchern versammelte diese Neuerwerbungen in der Göttinger Bibliothek, was den Bestand um einige Tausend Exemplare jährlich steigen ließ. Haller und Heyne hatten damit wichtige Veränderungen umgesetzt, die Herder zu folgendem hymnischen Lobgesang anregten: Die „Göttingischen Gelehrten Anzeigen" seien „nicht nur Annalen, sondern auch Beförderinnen und, ohne ein Tribunal zu sein, konsularische Fasten und Hülfsquellen der Wissenschaft worden, zu denen man [...] wie durch Lybische Wüsten zum stillen Kenntnisgebenden Orakel der Wissenschaft reiset, und dabei immer noch Hallers und seiner Nachfolger Namen segnet".[VIII]

wall, von seinem Nachfolger August Ludwig Schlözer als Vater der Statistik bezeichnet. 1751 erhielt Tobias Mayer den Lehrstuhl für Ökonomie und Mathematik, der die Fächer praktische Geometrie, Fortification samt Ballistik und Pyrotechnik, Algebra und Analysis und Mechanik umfasste. Er war zugleich Leiter der Sternwarte. Als Astronom erarbeitete er die Grundlagen für die Längenbestimmung auf See und erhielt dafür eine Auszeichnung des britischen Board of Longitude – allerdings postum, denn er hatte sich bei einem französischen Besatzungsoffizier, der während des Siebenjährigen Krieges in seinem Hause einquartiert war, mit Typhus infiziert und war 1762 im Alter von nur 39 Jahren gestorben. Sein Nachfolger Lichtenberg gab 1777 seinen Nachlass heraus.

1751 übernahm Johann Georg Roederer die Leitung der ersten Entbindungsklinik in Deutschland mit Unterrichtsräumen für Studenten und Hebammen. Sein Anliegen war es, die Geburtshilfe auf ein wissenschaftliches Fundament zu stellen. 1759 kam der wegen seiner umfassenden Bildung hohes Ansehen genießende Johann Christoph Gatterer nach Göttingen, wo er Anfang der 1760er-Jahre das erste geschichtswissenschaftliche Institut gründete. Heute erinnert man sich an ihn, weil er mit seinen grundlegenden Arbeiten die Fundamente für die Historischen Hilfswissenschaften legte.

Das Personal einer Universität

Um eine Universität mit allem, was dazugehört, zu betreiben, bedurfte es einer Reihe von Bediensteten.[36] Einige von ihnen boten auch einen Mittagstisch an, zum Beispiel mit Suppe, Fleisch, Gemüse, einem „Bey-Essen" wie Ragout, Frikassee oder Braten, dazu „Brod, so viel als nöthig", Butter, Käse, Früchte.[37] Zudem gab es den Pedell, Bote und Diener zugleich. Er war für Schließung, Heizung, Reinigung und die Feuerwache zuständig und sorgte außerdem für die Disziplin unter den Studenten.

Auch im Professorenhaushalt gab es eine Menge helfender Hände, in Göttingen gehörten in der Regel hierzu die einer Dienstmagd. Mägde mussten sauber machen, auch das Zimmer des Bedienten, den es allerdings meist nur in den Haushalten der Ordinarien gab. Sie mussten auch die bestellten Bücher aus der Bibliothek abholen, kochten, wenn es, wie meistens in Göttingen, keine Köchin gab, und hackten das Holz, mit dem sie die Öfen anzündeten. Gab es eine Jungfer, war diese eher für die persönliche Bedienung der Hausfrau und ihrer Töchter zuständig, die sie frisierte und deren Kleider sie pflegte. Wohlhabendere Professorenhaushalte leisteten sich eine Köchin, die war billiger als ein Koch. Zum qualifizierten Personal zählten auch die in Göttingen raren Kutscher. Diese konnten als Fachkraft auch noch im fortgeschrittenen Alter arbeiten. Manchmal waren sie zugleich Gärtner. Es war durchaus nicht ungewöhnlich, dass neben dem Gemüsegarten auch Kühe, Schweine, Ziegen und Hühner zum Professorenhaushalt gehörten. Die Tiere wurden meist von den Mägden versorgt.

Der Lohn einer Dienstmagd lag in den ersten Jahrzehnten der Universitätsgründung durchschnittlich bei 10 Reichstalern pro Jahr.[38] Die Gehälter der Professoren wichen stark voneinander ab, denn es wurde leistungsorientiert honoriert. Nur die ordentlichen Professoren verdienten zwischen 200 und 1.200 Reichstaler,[39] außerordentliche Professoren und Privatdozenten erhielten nur ausnahmsweise ein Grundgehalt. Daher waren die Kolleggelder, die die Hörer zu zahlen hatten, eine wichtige Einnahmequelle für die Dozenten. Der Physiker Lichtenberg brachte es auf Lehrgelder in Höhe von 1.000 Reichstalern sowie zu beträchtlichem Ruhm, weil seine Hauptvorlesung mit bis zu 600 Experimenten pro Semester so ereignisreich und unterhaltsam war.[40] Die meisten Professoren und Privatdozenten hatten Nebeneinkünfte, viele durch ihre Publikationstätigkeit, aber sie konnten auch Gebühren für Prüfungen erheben, die jedoch nur unregelmäßig anfielen, da sie noch nicht notwendi-

LICHTENBERG UND DIE ENGLISCHEN STUDENTEN

Georg Christoph Lichtenberg war ein vielfältig begabter Mann, von kleiner Gestalt und „bucklig", da er seit seiner Kindheit unter einer rachitischen Rückgratverkrümmung litt. Heute wird Lichtenberg vor allem mit seinen „Sudelbüchern" in Verbindung gebracht. Die Zeitgenossen schätzten ihn für die „Ausführliche Erklärung der Hogarthischen Kupferstiche". Hier vereinen sich scharfe Beobachtungsgabe mit Sprachgewalt, Humor und spürbarer Freude am Gegenstand: England. Auch das machte ihn für die junge Universität Göttingen bedeutsam. Schon Münchhausen wollte „die Herren Engländer nach Göttingen" [IX] holen, was ihm aber nicht gelang. Für sie ließ er die Reitbahn und die Fechthalle bauen, um als Adelsuniversität, die nicht nur „knowledge of a scholar", sondern auch „knowledge of a courtier" anbot,[X] Briten anzusprechen, denn die Universitäten Oxford und Cambridge galten im eigenen Land als verrucht und verderbt. Er beauftragte Gesner, eine Werbeschrift zu verfassen, die in London verteilt wurde.

Den ersten sichtbaren Erfolg brachte der Besuch Georgs II., der als *rector magnificentissimus* 1748 zum ersten Mal seine Universität besuchte. „A Short Account of his Maiesty's Late Journey to Goettingen and of the State of the New University there" [XI] deutet an, dass die Reise durchaus auch als Werbemaßnahme gedacht war. Und tatsächlich stieg die Zahl der britischen Studenten, welche die Wahl des Studienorts mitunter auch als Loyalitätsbeweis dem Haus Hannover gegenüber verstanden wissen wollten. Ihr Besuch brach aber bereits während des Siebenjährigen Krieges (1756 bis 1763) wieder ein.

Wenige Jahre später übernahm Lichtenberg auf Empfehlung von John Tompson das Hofmeisteramt für zwei englische Studenten und begann damit seine wichtige Vermittlerrolle zwischen Göttingen und Großbritannien. Seine erste kurze Reise auf die Insel im Jahre 1770 diente dazu, die ihm anvertrauten Zöglinge nach Hause zu bringen. Mithilfe ihrer Familien knüpfte er Kontakte, die er bei dem zweiten, 16 Monate währenden Aufenthalt 1774 bis 1775 ausbaute. Er traf Gelehrte, vertiefte den Kontakt zum König, der von 1786 bis 1791 sogar drei seiner Söhne zum Studium nach Göttingen schickte, wo sie von Lichtenberg persönlich betreut wurden: ein unvergleichlicher Werbecoup für die Universität. Söhne von Kaufleuten, Richtern und Militärs folgten, längst nicht mehr nur Adlige. Sie stammten überwiegend aus England, vor allem aus London und Südengland. Überproportional viele kamen darüber hinaus aus Schottland, wenige aus Irland, und einige Studenten aus den Kolonien, zum Beispiel zwei aus Nova Scotia sowie je einer aus Südafrika, Antigua und den amerikanischen Kolonien.[XII]

Von 1734 bis zur Kontinentalsperre im Jahre 1806 kamen insgesamt 237 britische Studenten nach Göttingen, in den Augen des Studenten Joseph Planta „one of the most celebrated universities in the world".[XIII] Damit war die Universität diejenige, an der sich während des 18. Jahrhunderts die meisten Briten immatrikulierten – und das, obwohl Lichtenberg selbst zu berichten weiß: „Wenn man die Kur in Regenwasser trinken will, so muß man nach Göttingen kommen, da hat man es allezeit frisch." [XIV]

gerweise jedes Studium abschlossen. Michaelis vermietete zahlreiche Zimmer an Studenten, wobei sich sogenannte Aufwärterinnen um die Räume kümmerten. Pütter war Gutachter fürstlicher Häuser, oft bei Erbstreitigkeiten.

Der Altphilologe Christian Gottlob Heyne

1763 schließlich berief Münchhausen den Altphilologen Christian Gottlob Heyne zum Nachfolger Gesners und somit zugleich zum Leiter des Philologischen Seminars. Außerdem war er Bibliotheksdirektor, Sekretär der Societät der Wissenschaften und Redakteur der „Göttingischen Anzeigen von gelehrten Sachen".[41] Vier Jahre nach seiner Ankunft in Göttingen begann Heyne mit seiner Vorlesung „Die Archäologie oder die Kenntniß der Kunst und der Kunstwerke des Alterthums", der ersten ausdrücklich der antiken Kunst gewidmeten Veranstaltung an einer deutschen Universität. Sie fand regen Zuspruch, sodass Heyne sie für die nächsten 37 Jahre regelmäßig wieder aufnahm. Außerdem trat Heyne als Autor und Herausgeber hervor. Bedeutsam sind hier seine Editionen der Werke Vergils, die zwischen 1767 und 1775 erschienen. Pindar edierte er 1773 und Homer ab 1802. In der Archäologie verdanken wir ihm die Anfänge der wissenschaftlichen Etruskologie sowie die Gründung der Sammlung der Gipsabgüsse antiker Skulpturen an der Universität Göttingen. Diese umfasst heute mehr als 2.000 Reproduktionen aus über 150 Museen und ist damit eine der größten Einrichtungen ihrer Art. Überdies hat er Johann Joachim Winckelmanns Entwicklung der Kunstgeschichte kritisch begleitet.

Professor der Literärgeschichte und Kustos der Bibliothek Jeremias David Reuß

Heyne folgte Michaelis im Amt des Bibliotheksdirektors. Ihm war klar, dass die Bibliothek einer Revision bedurfte. Das wachsende Wissen musste organisiert und verwaltet werden, um zugänglich zu bleiben. Die Erneuerung des alphabetischen Katalogs hatte Heyne bereits angestoßen, bevor er 1782 seinen späteren Schwiegersohn Jeremias David Reuß als außerordentlichen Professor der Literärgeschichte und Kustos der Bibliothek nach Göttingen holte.[42] Reuß übernahm es ab 1785, die fehlenden 33.000 Bände im seit 1772 nicht bearbeiteten systematischen Katalog nachzutragen. Im Anschluss führte er eine vollständige Revision des Bestandes durch, die er dazu nutzte, die verschiedenen Kataloge der Bibliothek miteinander zu verzahnen. Sie wurden in Göttingen handschriftlich angelegt, was von der andernorts üblichen Praxis gedruckter Kataloge abwich, allerdings eine kontinuierliche Aktualisierung erlaubte. Reuß verließ sich darauf, dass die Bestände der Bibliothek der Gelehrtenwelt durch die „Göttingischen Anzeigen", ein regelmäßig erscheinendes Rezensionsorgan, bekannt gemacht wurden. Ergänzend richtete Reuß einen festen bibliothekarischen Geschäftsgang ein, um die Inventarisierung und Katalogisierung zu verstetigen. Damit etablierte er ein Katalogsystem und ein Organisationsmodell, das den effizienten Betrieb der Bibliothek in den kommenden Jahrzehnten begründete.

Der Physiker und Literat Georg Christoph Lichtenberg

1742 bei Darmstadt geboren, kam Georg Christoph Lichtenberg schon mit 19 Jahren nach Göttingen, um unter anderem bei Abraham Gotthelf Kästner Mathematik, bei Johann Christoph Gatterer Staatengeschichte Europas und Diplomatik sowie bei John Tompson, dem ersten Professor für englische Sprache und Literatur, zu studieren. 1769 wurde er zum außerordentlichen Professor ernannt und lehrte Mathematik und Astronomie. Ein Jahr später reiste er nach England, wo er einen Tag mit Georg III., einem begeisterten Hobbyastronomen, auf der Sternwarte von Richmond verbrachte. Der König war ihm zeitlebens wohlgesonnen und förderte seine Ernennung

BLUMENBACH UND DIE SAMMLUNGEN

Johann Friedrich Blumenbach wurde 1752 in Gotha geboren und starb im Jahre 1840 in Göttingen, wohin er bereits als Student gekommen war. Als Professor der Medizin und Naturgeschichte trug er mit seinen Forschungen, die wir heute unter anderem der Anatomie, der Botanik, der Mineralogie, der Zoologie und der Ethnologie zuordnen würden, maßgeblich zur Weiterentwicklung dieser wissenschaftlichen Disziplinen bei. Insbesondere in den Bereichen der Geologie und Biologie ist es ihm durch seine Forschungen gelungen, den bis dahin bestehenden Kenntnisstand auf revolutionäre Weise zu erweitern.

Blumenbachs Arbeit war eng an die Sammlungen der Universität geknüpft. Das Naturalienkabinett, das der Göttinger Naturforscher Christian Wilhelm Büttner 1773 der Universität gegen eine Leibrente verkaufte, „Mineralien, Hölzer, Pflanzen, Thiere, schöne Kröte im Glas aus der Sammlung edle Steine, ausländische Kunstsachen und Münzen",[XV] bildete den Grundbestand der Göttinger Sammlungen, die seit 1773 im Akademischen Museum im Konzilienhaus untergebracht wurden.[XVI]

Doch die Sammlungen sollten auch nach innen wirken. Sie waren von Anfang an im Konzept der anwendungsorientierten Neugründung vorgesehen, weil sie als wichtige Stütze der Lehre betrachtet wurden. So sollten zum Beispiel die zahlreichen Modelle von Häusern, Brücken, Schleusen oder Mühlen das Studium der Berg-, Wasser- und Baukunde erleichtern. Naturalienkabinette sollten, so heißt es in Lichtenbergs Taschenkalender, „Archive der Natur" sein, „mittelst deren man die Natur aus ihr selber studieren könnte" und deren „gänzliche Bestimmung" – anders als bei Raritätenkabinetten oder Wunderkammern, „dahin abzweckt, dass sie nicht zum Prunck, sondern lediglich zum Gebrauch, zur Untersuchung und zum Unterricht dienen sollen".[XVII]

Im Laufe der nächsten Jahre übernahm man verschiedene Mineraliensammlungen wie die von Samuel Christian Hollmann, 1777 die Schlütersche aus der Königlichen Bibliothek in Hannover oder 1782 die Sammlung des Oberbergmeisters Stelzner aus dem Harz, die so umfangreich war, dass sie „ein gänzliches umrangiren und völlig neue Anordnung des Musei erfordert; so daß von so vielen tausend Stücken kein einziges an seiner vorigen Stelle [hat] bleiben können".[XVIII]

Mineralien bildeten anfangs mit 10.000 Stücken den größten Teil innerhalb der mehr als 12.000 Objekte umfassenden Gesamtsammlung, gefolgt von den Animalia, zu denen die zu den Säugetieren gerechneten Menschen gehörten. Diese waren mit 107 Objekten in der Sammlung vertreten, wie es dem Katalog zu entnehmen ist, den Blumenbach erstellte.

Die Auseinandersetzung mit den Sammlungen war zugleich ein enormer Gewinn für die Forschung. Es ging nicht länger darum, die Exotik der Objekte hervorzuheben, nicht länger nur um „Prunck", sondern auch um „Untersuchung". Für die Neuordnung und Katalogisierung mussten passende Systematiken erst neu erarbeitet werden, was wiederum die Ausdifferenzierung der beteiligten Wissenschaften weiter beförderte.

zum ordentlichen Professor im Jahr 1775. Er machte sich als Physiker einen Namen. 1777 entdeckte er die nach ihm benannten Lichtenbergschen Figuren, als sich Staub auf der Oberfläche einer elektrisch geladenen Isolatorplatte gebildet hatte. Die farnartigen Muster, die entstanden, belegten, dass positive und negative Elektrizität unterschiedlich erscheint.[43] Lichtenberg übernahm daraufhin Plus und Minus als mathematische Zeichen für die elektrische Ladung, wie es bereits von Benjamin Franklin eingeführt worden war.

Die Entdeckung war ihm beim Abschleifen der Harzplatte einer Apparatur, die statische Elektrizität speichern konnte, zufällig gelungen. Dieser sogenannte Elektrophor war Teil der umfassenden Gerätesammlung, die Lichtenberg für seine Hauptvorlesung Experimentalphysik anschaffte, mit der er 1778 begann. Den Zeitgenossen war Lichtenberg überwiegend als Naturforscher bekannt, obwohl er auch schon zu Lebzeiten mit literarischen Arbeiten hervortrat. Von 1778 bis zu seinem Tod 1799 übernahm er die Redaktion des „Göttinger Taschenkalenders", eine Art Musenalmanach, der vom Verleger Johann Christian Dieterich herausgegeben wurde, in dessen Haus Lichtenberg seit 1772 wohnte. Er schrieb zahlreiche der allgemein verständlichen Aufsätze, die ein breites Themenspektrum abbildeten, selbst: von den neuen Entdeckungen in der Physik über Damenmode bis hin zu dem einflussreichen Text „Warum hat Deutschland noch kein großes öffentliches Seebad?"[44]

Uns ist Lichtenberg heute vor allem als Autor seiner Sudelbücher geläufig. In die von ihm selbst so bezeichneten Hefte, die erst nach seinem Tod veröffentlicht wurden, trug er Ideen, private Beobachtungen und vor allem geistreiche, oft witzige Aphorismen ein, wie zum Beispiel diesen: „Jeder Mensch hat auch seine moralische backside, die er nicht ohne Not zeigt, und die er so lange als möglich mit den Hosen des guten Anstandes zudeckt."[45]

Der Begründer des wissenschaftlichen Antirassismus Johann Friedrich Blumenbach

Von Blumenbach, seit 1776 Professor in Göttingen, wusste ein Student zu berichten: „Er hat eine unsägliche Freude, wenn er auf Schädel zu reden kommt."[46] Blumenbach gilt als Begründer der Paläontologie, der vergleichenden Anthropologie und Völkerkunde. Auf der Grundlage seiner Schädelsammlung klassifizierte er die Menschen in sogenannte Varietäten. Weil er eine Korrelation zwischen den als objektiv geltenden Messungen von Schädelknochen und den Varietäten einführte, die Varietäten aber nicht wertete, gilt er heute je nach Sichtweise als der Begründer des wissenschaftlichen Rassismus oder des Antirassismus. Der Unterschied in den Auffassungen der damaligen Anthropologen lässt sich gut an der Auseinandersetzung zwischen Blumenbach und seinem Göttinger Kollegen und Professor der Weltweisheit Christoph Meiners aufzeigen. Während Blumenbach von graduellen Übergängen zwischen den Varietäten ausging und den Gruppen keine Charakter- oder Geisteseigenschaften zuschrieb, sah Meiners angeborene und nicht überwindbare Entwicklungsunterschiede zwischen Europäern, Asiaten und Afrikanern.[47]

Wissenschaftlich steht Blumenbach mit seiner Lehre vom Bildungstrieb zwischen Linné und Darwin, weil er die Konstanzlehre des Schweden ablehnt und für eine „Veränderlichkeit in der Schöpfung" eintritt.[48] Damit bilden seine Forschungen den Ausgangspunkt der bis heute geführten Debatte über die Entstehung des Lebens und den Ursprung der Arten.

Das Akademische Museum

Göttingen war im Reich die erste Universität mit einem eigenen Museum.[49] Das war zunächst Heynes, später Blumenbachs Verdienst, der schon als Student Heynes Assistent im Museum wurde. 1776 formal zum Unteraufseher

1) Das Rathaus der Stadt Göttingen mit Marktplatz. Im Hintergrund die Johanniskirche mit Marktständen. Das Verhältnis von Stadt und Universität war nicht immer ungetrübt. Auch wenn man nach und nach erkannte, dass die Georgia Augusta ein eminenter Wirtschaftsfaktor war, so fühlten sich viele Bürgerinnen und Bürger von lärmenden, betrunkenen Studenten gestört.

2) Die Allee (heute Goethe-Allee) entwickelte sich zur Straße der Professoren, die hier stattliche Häuser hatten, in denen sie ihre Vorlesungen hielten, da es bis Mitte des 19. Jahrhunderts keine universitätsöffentlichen Hörsäle gab. Das rosa Haus im Vordergrund stellt die Londonschänke dar. Das blaue Haus jenseits der Leine war das Wohnhaus des Staatsrechtlers Johann Stephan Pütter.

3) Die erste Sternwarte der Universität wurde 1750 von Johann Andreas von Segner in einem Turm der südlichen Stadtmauer eingerichtet. Tobias Mayer übernahm die Leitung bis zu seinem frühen Tod 1762. Ihm folgte Georg Christoph Lichtenberg.

ernannt, war er gehalten, Besuchern die wortwörtlich zu nehmenden Merkwürdigkeiten des Museums zu zeigen – prinzipiell jedem oder jeder, der oder die sich interessiert zeigte. Allerdings erfolgte der Zugang nur nach persönlicher Anmeldung und zu einem hohen Eintrittspreis, sodass auf diesem Wege die Gruppe der Besucher definiert und eingeschränkt wurde.

Platzmangel machte im Laufe der Jahre Veränderungen erforderlich. Einerseits wuchsen die Sammlungen, andererseits breitete sich die Bibliothek (die heute fast das gesamte Quartier zwischen Prinzenstraße, Papendiek und Johannisstraße einnimmt) immer weiter aus. Deshalb entschloss man sich, das Museum 1793 in zwei ehemaligen Professorenhäusern an der Westseite des Kollegienplatzes unterzubringen. Hier konnten auf drei Geschossen weitere Sammlungen hinzukommen. Die Modellkammer wurde hier aufgestellt, 1799 kam Lichtenbergs Physikalisches Kabinett dazu, 1805 folgte die bereits bestehende Bildersammlung. Das Museum etablierte sich als Göttinger Sehenswürdigkeit, die zum Beispiel auch eine vom dänischen König geschenkte ägyptische Mumie zu bieten hatte oder ein ganzes Giraffenfell. Nach dem Tod Heynes 1812 übernahm Blumenbach die Position des Oberaufsehers im Museum, unterstützt durch drei Unteraufseher, die die inzwischen sehr viel spezifischer ausdifferenzierten Sammlungen im Grunde eigenständig betreuten. Der greise Blumenbach war allerdings bis zu seinem Tod der Museumsleiter. So stagnierte die Situation, notwendige Renovierungsarbeiten wurden nicht durchgeführt, und die Tatsache, dass man das Museum wegen der Feuergefahr für die benachbarte Bibliothek nicht heizen konnte, stellte ein weiteres Problem dar. Blumenbach starb 1840. Einzelne Sammlungen wechselten mehrfach den Standort in der Stadt, andere wurden endgültig ausgegliedert. Es fehlte ein schlüssiges Konzept. Als der ehemalige Kern des Museums, die Naturalien, also die zoologischen und mineralogischen Exponate, in ein neues naturhistorisches Museum umzogen, das dem Konzept der neuzeitlichen Naturwissenschaften eher entsprach, wurde das alte Gebäude 1877 abgerissen. An seiner Stelle entstand genau auf der Ecke Prinzenstraße/Papendieck das Geographische Institut, das heute Teil der Universitätsbibliothek ist. Das neue Naturhistorische Museum neben dem Bahnhof diente bis 2018 der Zoologie, die dort ihre Schausammlung zeigte. Hier entsteht zur Zeit das Forum Wissen, das neue Göttinger Wissenschaftsmuseum.

Die Schenkung des Barons von Asch

Die Sammlungen wurden beständig erweitert, unter anderem durch Schenkungen, insbesondere die des Göttinger Alumnus Baron Georg Thomas von Asch. Geboren 1729 in St. Petersburg, studierte er unter anderem in Göttingen Medizin, wo er 1750 bei Albrecht von Haller promoviert wurde. Er kehrte in sein Heimatland zurück und wurde schließlich Generalstabsarzt der russischen Armee. Er ließ systematisch sammeln, was die Sammlungen der Georgia Augusta bereichern konnte, sodass zwischen 1771 und 1807 in 120 Geschenksendungen Münzen, Medaillen, Mineralien, Anthropologica (Schädel) und Ethnographica an die Universität gelangten. 2.000 Bücher, 250 Handschriften, Karten und Zeichnungen gingen an die Universitätsbibliothek.

Die Cook-Forster-Sammlung

Der Engländer James Cook[50] hatte im Auftrag der Royal Society drei Forschungsreisen in die Südsee unternommen. Im Sommer 1782, schon gut zwei Jahre nach Beendigung der letzten Cook-Expedition, nahm Blumenbach in Göttingen „Seltenheiten aus den neu-entdeckten Inseln des Süd-Meers"[51] in Empfang. Er hatte sich an die Geheimen Räte in Hannover mit der Bitte gewandt, einige von den für das Museum so wichtigen Stücken,

1) Weltkarte aus der Ulmer Ausgabe (1486) der „Cosmographia" des Claudius Ptolemaeus in der Kartensammlung der Niedersächsischen Staats- und Universitätsbibliothek, eine der bedeutendsten Sammlungen historischer Karten in der Bundesrepublik. Die Abbildung trägt am oberen Rand die Inschrift „Insculptum est per Johanne Schnitzler de Armßheim" und gilt damit als die erste von diesem Formschneider signierte Karte, die bekannt ist. Schnitzler erlaubte sich auch einige Freiheiten bei der Ausgestaltung, vor allem bei der Darstellung der Windgesichter an den Rändern der Karte.[52]

2) Der Göttinger Alumnus Baron Georg Thomas von Asch vermittelte Objekte von einer Expedition nach Sibirien und Russisch-Amerika, dem heutigen Alaska, darunter das Gewand eines Schamanen der Ewenken (Tungusen) in Sibirien. Die 189 Stücke bilden heute die älteste Sammlung zu Völkern des Hohen Nordens weltweit.

oder wie es zeitgenössisch hieß „ausländischen natürlichen Merkwürdigkeiten", zu bekommen, die jeweils nach der Rückkehr der Schiffe im Hafen von London verkauft wurden. Georg III. selbst genehmigte Geld für den Ankauf, die Deutsche Kanzlei in London übernahm die Abwicklung und übersandte schließlich 350 Exponate von allen drei Reisen. Ein Londoner Sammler hatte es übernommen, einen Katalog zu erstellen, den er aufgrund von ausführlichen Befragungen der Mannschaft Cooks sehr detailliert anlegen konnte.

Im Jahr 1799 folgten 160 Ethnographica aus dem Nachlass des Gelehrten Reinhold Forster. Er hatte, zusammen mit seinem Sohn Georg, an Cooks zweiter Reise teilgenommen, eine große Sammlung erworben und sie in verschiedenen Publikationen selbst ausgewertet. Nach Forsters Tod 1798 bat Blumenbach in Hannover, die nachgelassenen Objekte erwerben zu können, „weil dadurch die von Seiner Königlichen Majestät [...] geschenkte große Südländische Collection, die außer England ihres gleichen nicht hat, noch mehr complementirt werden wird".[53] Blumenbach, der in seinen Vorlesungen ausgiebig von den Exponaten des Museums als Anschauungsmaterial Gebrauch machte, betonte, dass sie „für das Studium der Menschheit und der Völkerkunde"[54] von besonderer Bedeutung seien.

Studentischer Alltag

„In der Tat, meine allerliebsten Papa und Mama! ehe soll meine Hand vergessen, meinen Namen zu schreiben [...] ehe ich vergessen will, meinen auf das zärtlichste geliebten Eltern zu danken, daß sie mich hierher geschickt."[55] „Hierher", das war 1766 für den Schweizer Studenten Johannes von Müller Göttingen, eine Stadt mit inzwischen 6.300 Einwohnerinnen und Einwohnern.[56] Die Zahl der Studenten stieg stetig an, um die Jahrhundertmitte zählte man zirka 600, und die Universität rangierte in dieser Hinsicht reichsweit auf Platz vier nach Halle, Jena und Leipzig, bis sie 1781 ihre Konkurrentinnen mit 947 Immatrikulationen überrundet hatte.[57] Die Stadt wuchs mit und hatte 1795 gut 3.000 Bewohner mehr als dreißig Jahre zuvor.[58] Zwar kam es unter anderem durch die Napoleonischen Kriege zu einem Rückgang der Studentenzahlen an allen deutschen Universitäten, aber 1823 lag die Zahl der Studenten in Göttingen bei 1.547 und damit war der höchste Stand im gesamten 19. Jahrhundert bereits erreicht. Ein derartiger Spitzenwert sollte erst 1904 wieder erzielt werden. In den kommenden Jahrzehnten erlebte die Universität zunächst einen deutlichen, durchaus auch selbst verschuldeten Niedergang mit dem historischen Tiefstand von 582 Studenten im Jahr 1848.

War Hochmut im Spiel, wenn zum Beispiel Pütter 1788 schrieb: „Vorlesungen, wie ehedem vielleicht in ihrem wahren Wortverstande auf manchen Hohen Schulen üblich gewesen, sollte man billig unsere academische Lehrvorträge nicht mehr nennen"[59]? Es waren wohl Äußerungen dieser Art, die den Aufklärer Friedrich Gedike, der 1789 in preußischen Diensten unterwegs war, zu folgender Bemerkung veranlassten: „Man kann sich freilich öfters kaum des Lächelns enthalten, wenn man manche Göttingische Gelehrte aus einem solchen enthusiastischen Ton sprechen hört, als sei außer den Ringmauern von Göttingen kein Licht und keine Gelehrsamkeit zu finden."[60]

Für den jungen Schweizer, der 1769 an seine Eltern schrieb, mag es so gewesen sein. Studenten aus ganz Europa kamen nach Göttingen – oder besser: wurden von ihren Eltern an diese Universität geschickt, die sich einen Ruf als Arbeitsuniversität erworben hatte. Ob indessen alle jungen Männer so fleißig waren wie der Theologiestudent Ernst Heinrich Georg Sallentien, sei dahingestellt: „Des Morgens um 7 Uhr, (damit ich Ihnen ein kleines Tagesregister von meinen Stunden gebe, und meine liebe Mama weiß, wo ich eben bin, wenn sie in dieser oder jener Stunde an mich denkt)

1) Das Blatt, möglicherweise aus einem studentischen Stammbuch, ist mehr als eine Karikatur: Es ist vielmehr eine massive Kritik am Zustand der Universität. Das Kuratorium oben links schläft, die Studenten oben rechts machen, was sie wollen. Die conduite, der Umgang der Professoren untereinander: Sie kratzen sich gegenseitig die Augen aus.

2) Mensur, ein streng reglementierter Fechtkampf, auf studentischem Paukboden – eine Tradition, die von schlagenden Verbindungen bis heute gepflegt wird. Sie löste großes Erstaunen bei ausländischen Gästen aus, zum Beispiel bei Mark Twain.

3) Der Naturforscher Georg Forster war Teilnehmer von Cooks Weltumseglung. Er heiratete Therese, die Tochter des Göttinger Altphilologen Christian Gottlob Heyne. Das Paar vertrat freigeistige Ansichten.

4) Studenten bewohnten Zimmer in Privathäusern, oft auch bei Professoren, die dies als zusätzliche Einnahmequelle neben den Hörergeldern und ihrem Gehalt betrachteten. Dieses war nicht einheitlich geregelt, sondern wurde jeweils ad personam ausgehandelt.

um 7 also gehe ich in das Hebräische Collegium nach dem Hofrat Michaelis, von da um 8 nach D. Miller in die Dogmatic oder Glaubenslehre. Um 9 Uhr zu Professor Feder in die Vernunftslehre, oder Logic. Um 10 komme ich zu Haus, esse ein bisgen Brod und schreibe gleich soviel ich kann, von dem letzten Collegio ins Reine. Dann gehe ich um 11 Uhr in die Kirchengeschichte nach dem Doct. Walch, um 12. gehe ich zu Tische, woran ich bis halb ein, meine Tischgenossen aber nicht viel über eine Viertelstunde, sitzen. Dan schreibe ich wieder, und gehe um 3. ins Colleg. zum Prof. Heyne, der über die Lateinischen Schriftsteller lieset, von da um 4. zu einem Magister Eberhard, da ich die reine Mathematik höre. Um 5 Uhr gehet denn meine Repetition an, bis es dämmrig wird. Dann esse ich mein Abendbrot, lese in der Bibel, bete und gehe nach 10 zu Bette. Des Morgens stehe ich leider! erst nach 5. wieder auf, und dann geht meine Arbeit von neuem an."[61]

Der Aufstieg der Universität hing in nicht geringem Maße davon ab, dass die Studenten, die kamen, zufrieden waren. Deshalb kümmerte sich Münchhausen auch um studentische Belange. So erfand er zum Beispiel das Amt des Logiscommissarius, eines amtlichen Zimmervermittlers, der Mietwucher entgegenwirken sollte. Er legte fest, dass ein Teil der Gelder, die bei der Eintragung in die Matrikel zu entrichten waren, der Unterstützung mittelloser Studenten diente, und sorgte außerdem dafür, dass eine mildtätige Stiftung eingerichtet wurde, die Stipendien vergab. Sogar die Organisation der 140 Freitische bestimmte Münchhausen, die ohne Ansehen von Konfession oder Herkunft an Bedürftige vergeben wurden. Die Mahlzeiten, deren einzelne Bestandteile vertraglich festgelegt waren, nahm man an Tischen zu zehn Personen in renommierten Bürgerhäusern ein, nicht bei einem Gastwirt, damit die Studenten sich nicht als Almosenempfänger fühlen sollten und die Bürger ihnen zugleich gute Manieren beibringen konnten. Zugelassen wurden diejenigen, die alle sechs Monate beim Dekan ihren Studiennachweis vorlegten, wobei jeweils ein kleiner Geldbetrag zu entrichten war. Münchhausen hatte dabei die Idee, mit diesem Geld wissenschaftlich und politisch relevante Zeitungen anzuschaffen, um geistreiche Tischgespräche anzuregen. Ein Plan, der von den Studenten dahingehend unterwandert wurde, als man bald begriff, dass die Aufwärterinnen das Essen im Krankheitsfall nach Hause holen durften. Die Ausnahme wurde zur Regel.

Der Kurator Münchhausen war erfahren genug, auch die studentischen Bedürfnisse außerhalb des alltäglichen Lehrbetriebs zu berücksichtigen, indem er zum Beispiel einen Kaufmann aus Hannover bat, in Göttingen ein Modegeschäft zu eröffnen. Die unzureichende Qualität der Göttinger Händler war immer wieder Gegenstand der Korrespondenz zwischen der Universitätsstadt und dem Ministerium, das auch versuchte, Karten- oder Würfelspiel per Verordnung zu begrenzen. Dies wollte jedoch nie recht gelingen, vor allem, wenn um Geld gespielt wurde. Im kleinen, privaten Kreis waren die Spiele erlaubt, so auch Billard. Mit solchen Vergnügungen gedachte man, die wohl nicht immer allzu aufregenden Einladungen bei Professoren, zu denen ausgewählte Studenten zugelassen waren, aufzulockern. Man traf sich zu Picknicks oder Tanztees, Konzerten, Bällen oder Landpartien. Ungezwungener waren die rein studentischen Ausflüge zu Fuß, zu Pferd, mit der Kutsche oder dem Schlitten in die Kneipen der Umgebung: auf der Plesse, in Nörten, Bovenden, Weende – oder man begab sich gar nach Kassel und Hannover. Einer der englischen Studenten – von ihnen kamen viele nach Göttingen, weil enge persönliche Kontakte zu Professoren bestanden, die sich England sehr verbunden fühlten und die Sprache beherrschten – meinte nämlich: „There are no amusements of any kind here, by which means we are not often taken off our Studies, but to those who love rambling Hanover is very convenient, it being but a day & a half Journey from hence."[62] Vergnügen boten auch die zahlreichen Landsmann-

DIE SCHLÖZER UND DIE UNIVERSITÄTSMAMSELLEN

Dorothea Schlözer war Gegenstand eines Experiments, das ihr Vater ersonnen hatte. Jenseits aller akademischen Tätigkeit wollte der Staatsrechtler August Ludwig von Schlözer erzieherisch wirken, unter anderem, indem er Lehrbücher für Kinder schrieb. Er richtete sich damit an Jungen und Mädchen und geriet in einen Meinungskonflikt mit dem Pädagogen und Philanthropen Johann Bernhard Basedow, der Mädchen und Frauen von höherer Bildung ausschließen wollte. Schlözer fühlte sich herausgefordert, an seiner Tochter zu beweisen, „daß ich in puncto der Pädagogik nicht der Ignorant wäre, wofür mich Basedow erklärt hatte". [XIX]

Seine 1770 geborene Tochter Dorothea erhielt eine umfassende Bildung. Sie konnte mit vier Jahren lesen, erlernte zehn Sprachen, spielte Klavier und gab mit acht Jahren ihr erstes Konzert. Abraham Kästner unterrichtete die Fünfjährige in Mathematik, sie hatte Grundkenntnisse in Zoologie, Naturgeschichte und Botanik. Mit 16 Jahren reiste sie allein in den Harz, um in Clausthal in ein Bergwerk einzufahren und dort ihr Wissen in Mineralogie zu vervollständigen. Dieses Fach war schließlich 1787 Teil ihrer Doktorprüfung, die von sieben Professoren abgenommen wurde. Anlässlich der Feierlichkeiten zum 50-jährigen Bestehen der Universität erhielt sie ihre Promotionsurkunde – in absentia, denn nur verheiratete Frauen durften am Festakt teilnehmen.

Dorothea Schlözer, Tochter des Staatsrechtlers August Ludwig von Schlözer, war die erste Frau, der 1787 an einer deutschen Universität ein philosophischer Doktortitel verliehen wurde.

August Ludwig von Schlözer hatte sich im Laufe der Jahre angewöhnt, die Frage, wozu derartige Kenntnisse einem Mädchen nützten, so zu beantworten: „Nichts nutzen sie ihr für die Zukunft, aber währenddessen sie dieses für sie unnütze Zeug lernt, beschäftigt sie sich, und Beschäftigung sichert ein sechzehnjähriges Mädchen vor Anfechtungen des T[eufel]s". [XX] Die Bewahrung ihrer Tugendhaftigkeit mag eines seiner Ziele gewesen sein. So schrieb er 1792 in einem Brief, er wolle seiner Tochter „durch eine etwas mehr als gewöhnliche literarische Ausbildung eine ihren Wünschen angemessene Heirat" verschaffen. [XXI] Das Ziel wurde erreicht: 1792 heiratete Dr. Dorothea Schlözer den Lübecker Kaufmann Matthäus Rodde.

Schlözer war als Doktorin die bekannteste aus einer Gruppe junger Frauen, die es zu Lebzeiten als die Göttinger Universitätsmamsellen zu einiger Berühmtheit gebracht haben. Auch Philippine Gatterer, Caroline Michaelis, Therese Heyne und Meta Wedekind erhielten als Professorentöchter eine gute Erziehung und wuchsen zu selbstbewussten Frauen heran. Doch ihre sogar für heutige Verhältnisse teils abenteuerlichen Biografien – inzwischen vielfach dokumentiert [XXII] – zeigen Lebensentwürfe, in denen die Balance zwischen Anpassung und Machbarkeit stets neu austariert werden musste. Es bleibt offen, ob die Frauen der Forderung, die Schlözer in seiner Weltgeschichte für Kinder (Göttingen 1779) aufstellte, uneingeschränkt zugestimmt hätten: „Respect für Erziehung mein Kind! Respect und Dank für die, die dich erzogen haben, und noch erziehen. Ohne die würdest eine kleine Wilde, ein eckelhaftes, schmutziges Ding geworden, vielleicht gar das sprachlose unvernünftige Tierchen geblieben seyn, das du warst als du auf die Welt kamst." [XXIII]

schaften, die von Münchhausen ebenso vehement wie erfolglos bekämpft wurden, weil sie „dem Trinken und Duellieren oft bis zur Maßlosigkeit huldigten".[63] All das kostete Geld und Münchhausen entwarf noch im Planungsstadium 1735 das erste von zahlreichen, mehr oder weniger folgenlosen Kreditedikten, um die Bürger vor säumigen Burschen und die jungen, unerfahrenen, oft noch minderjährigen Studenten vor gerissenen Geschäftemachern zu schützen.[64]

„Göttingen, eine Universität für die Welt"

Göttingen hatte erreicht, was der 1770 verstorbene Kurator Gerlach Adolph von Münchhausen sich vorgenommen hatte. Die Universität habe ein „Übergewicht über alle andere ähnliche Anstalten" gewonnen, so wurde ihr 1772 bescheinigt.[65] Was in Göttingen gelungen war, mit viel Einsatz und viel Geld, war andernorts nicht ohne Weiteres zu wiederholen. „Göttingen" war, so musste man anerkennen, „eine Universität für die Welt."[66]

„Ideal eines Göttinger Studenten 1823" lautet die Bildunterschrift dieser Karikatur. Die stark überzeichnete Wespentaille, der übergroße Zylinder und die manierierte Handbewegung lassen den Gecken erkennen, der mehr Zeit beim Schneider als in den Vorlesungen verbrachte.

1) Karl II. (1660–1685) und Jakob II. (1685–1689) aus dem Hause Stuart hatten sich dem Katholizismus mehr oder weniger offen wieder angenähert. Nach den blutigen Auseinandersetzungen im 16. Jahrhundert, die die Einführung des Protestantismus auf den britischen Inseln begleitet hatten, und dem grausamen Bürgerkrieg (1642–1648), bei dem es um die Machtverteilung zwischen Krone und Parlament ging, war das für ihre Untertanen inakzeptabel. Denn diese Konflikte waren 1688 in der sogenannten Glorreichen Revolution zugunsten von Parlament und Protestantismus gelöst worden. Großbritannien wurde eine konstitutionelle Monarchie mit einem protestantischen König oder einer Königin, welcher beziehungsweise welche jeweils weltliches Oberhaupt der anglikanischen Kirche ist. Dieser Konsens bildete – endlich – das Fundament friedlichen Zusammenlebens, welches gefährdet schien, als kein anglikanischer Thronerbe überlebte und absehbar war, dass die katholischen Erben der Stuarts wieder an die Macht kommen würden.

Das Parlament hatte bereits 1701 den Act of Settlement verabschiedet, der kurzerhand 57 legitime Erben von der Thronfolge ausschloss, weil sie katholisch waren, um schließlich die Kurfürstin Sophie von Hannover zur neuen Prinzessin von Wales zu küren. Sie war die protestantische Cousine von Karl II. und Jakob II., dessen Nachfolgerin und Tochter Anne die Kurfürstin nur um wenige Monate überlebte.

2) Wie und in welchem Maß sich die Personalunion auf den Kulturtransfer zwischen den zwei Staaten ausgewirkt hat, ist derzeit Gegenstand der Forschungsdiskussion, siehe das Promotionskolleg anlässlich des 300. Jahrestags der Personalunion, Reitemeier u. a., https://www.uni-goettingen.de/de/200105.html, abgerufen am 09.11.2017. Katja Lemke (Hg.): Als die Royals aus Hannover kamen, Dresden 2014.
3) Hunger 2002, S. 141.
4) Neitzert 1987, S. 330–332.
5) Kamp 1985, S. 15.
6) Kamp 1985, S. 16.
7) Hunger 2002, S. 148.
8) Kamp 1985, S. 12.
9) von Frieling 1988, S. 19.
10) Hunger 2002, S. 161.
11) Zitiert nach Bremer in: Freudenstein 2016, S. 88.
12) Zitiert nach Wedemeyer 1988, S. 9.
13) Beer 1983; 1984.
14) Hunger 2002, S. 147.
15) Kamp 1985, S. 20.
16) von Selle 1937, S. 126f.
17) Hunger 2002, S. 174.
18) Pütter 1765–1838.
19) Siehe dazu Hoelscher 2011, auf dessen Artikel ich mich hier stütze.
20) Hoelscher 2011, S. 57.
21) Siehe dazu Johanna Oehler 2016.
22) von Selle 1937, S. 53–56.
23) ADB, abgerufen am 30.12.2016.
24) Die Deutsche Gesellschaft bestand bis 1792. Siehe dazu Cherubim/Walsdorf 2005.
25) Siehe dazu Elsner/Rupke 2009.
26) Reill 2009, S. 59.
27) Reill 2009, S. 61.
28) Reill 2009, S. 60.
29) Gierl 1988, S. 147.
30) Barner 2009, S. 387–390.
31) Michaelis 1793.
32) Michaelis 1768 – 1776.
33) Schlumbohm/Niebuhr 2016, S. 197–201.
34) Wagener 1996, S. 53.
35) Hunger 2002, S. 161; 176.
36) Siehe dazu Wagener 1996.
37) Wagener 1996, S. 253.
38) Wagener 1996, S. 94.
39) Wagener 1996, S. 48.
40) Wagener 1996, S. 49.
41) http://heyne-digital.de/ abgerufen am 08.01.2017.
42) Siehe dazu Enderle 2014 (1).
43) Fieseler/Hölscher/Mangei (Hgg.) 2017.
44) Göttinger Taschen Calender 1793.
45) Lichtenberg Sudelbuch B 1768-1771.
46) Gresky 1982, S. 193. Gottlieb von Greyerz an einen Freund 1799.
47) Siehe dazu Lotter 1987, Dogerthy 1990, Vetter 1997.
48) https://www.deutsche-biographie.de/sfz31531.html#adbcontent, abgerufen am 10.1.2017.
49) Christine Nawa, Sammeln für die Wissenschaft? Das Academische Museum Göttingen (1773-1840), Göttingen 2005.
50) Siehe dazu Krüger 2005.
51) Zitiert nach Krüger 2005, S. 213.
52) Ptolemaeus: Cosmographia, Ulm 1486. Niedersächsische Staats- und Universitätsbibliothek Göttingen (!HSD! 2 AUCT GR V, 4147 INC RARA). Das geografische Hauptwerk des alexandrinischen Gelehrten Claudius Polemaeus (2. Jh. n. Chr.), die Cosmographia oder Geographia, ist eine theoretisch untermauerte Anleitung zur kartografischen Darstellung des damals bekannten Erdbildes. Sie besteht ursprünglich aus acht Bänden, von denen der achte vor allem die genaue Beschreibung von 26 Einzelkarten enthält. Die Ulmer Ausgaben der Cosmographia von 1482 und 1486 umfassen als erste 32 Karten: neben 27, nach der klassischen Überlieferung entworfenen, zusätzlich fünf moderne Karten. Obwohl die hier verwendete Ausgabe von Johann Reger (1486) unmittelbar auf die frühere Ausgabe von Lienhart Holl (1482) zurückgeht – die Druckstöcke sämtlicher Karten wurden wiederverwendet –, kann man doch von einer stark erweiterten Neuauflage

sprechen, vor allem durch die Beigabe eines Registers mit einer Fülle zusätzlicher Informationen. Die beiden Ptolemaeus-Ausgaben gehören zu den schönsten Ulmer Frühdrucken. Sie sind die ersten Weltatlanten, die nördlich der Alpen gedruckt wurden, und haben einen besonderen Stellenwert in der Geschichte der Kartografie. Über die Auflagenhöhe ist nichts Genaues bekannt, sie fanden aber reißenden Absatz. Von 63 verschiedenen Drucken der Cosmographia des Ptolemaeus besitzt die Niedersächsische Staats- und Universitätsbibliothek Göttingen 39, davon sechs Inkunabeln und 24 Ausgaben des 16. Jahrhunderts. (Text: Mechthild Schüler).

53) Zitiert nach Krüger 2005, S. 216.
54) Zitiert nach Krüger 2005, S. 218.
55) Brief von 1769, zitiert nach Kühn 1987 (2), S. 159.
56) Kühn 1987 (2), S. 151.
57) Hunger 2002, S. 161; 176.
58) Kühn 1987 (2), S. 151.
59) Zitiert nach Kühn 1987 (2), S. 160.
60) Fester 1905, S. 13.
61) Kühn 1987 (2), S. 169.
62) Oehler 2016, S. 110.
63) Zitiert nach Kühn 1987 (2), S. 167.
64) Siehe dazu Brüdermann 2002, S. 395–426.
65) Der Wiener Reichskanzler Fürst Kaunitz schickte 1772 seinen Hofsekretär von Birkenstock nach Göttingen, um dort Anregungen für die Universität in Wien zu bekommen. Zitiert nach Kamp 1985, S. 12.
66) Der Mainzische Hofkanzler und neue Kurator der Universität gab zu bedenken: „Nicht alles, was Göttingen möglich ist, ist auch für Mainz […] zugleich rätlich." Zitiert nach Kamp 1985, S. 13.

Kasten Albrecht von Haller und die Akademie
I) Smend 2009, S. 156.
II) Reill 2009, S. 64.
III) Reill 2009, S. 65.
IV) Zitiert nach Smend 2009, S. 148.
V) Das Vorhaben „Johann Friedrich Blumenbach-Online", die „Edition der naturwissenschaftlichen Schriften Lichtenbergs" und die „Gelehrten Journale als Netzwerke des Wissens im Zeitalter der Aufklärung". Das Spektrum ist weit gefasst, es reicht von den „Inschriften des ptolemäerzeitlichen Tempels von Edfu", einer der größten Sammlungen hieroglyphischer Texte, bis hin zum „Altuigurischen Wörterbuch".

Kasten Heyne und die Gelehrten Anzeigen
VI) https://www.deutsche-biographie.de/sfz27901.html, 08.01.2016, Enderle 2005, S. 164.
VII) http://heyne-digital.de bzw. https://www.deutsche-biographie.de/sfz32168., 09.01.2017.
VIII) Zitiert nach Enderle 2014 (2), S. 165.

Kasten Lichtenberg und die englischen Studenten
IX) Zitiert nach Oehler 2016, S. 46.
X) Zitiert nach Oehler 2016, S. 108f.
XI) http://kulturerbe.niedersachsen.de/viewer/objekt/isil_DE-7_shoracofh_PPN636780120/1/#topDocAnchor, 13.4.2017.
XII) Oehler 2016, S. 57f.
XIII) Zitiert nach Oehler 2016, S. 153.
XIV) Lichtenberg Sudelbuch, 03.05.1769.

Kasten Blumenbach und die Sammlungen
XV) Zitiert nach Nawa 2010, S. 27.
XVI) In Pütters „Versuch einer academischen Gelehrtengeschichte von der Georg-August-Universität zu Göttingen" werden das Museum und dessen Aufbau beziehungsweise Bestände ausführlich beschrieben: Teil 1 (S. 232–240).
XVII) Nawa 2010, S. 31.
XVIII) Zitiert nach Nawa 2010, S. 32.

Kasten Die Schlözer und die Universitätsmamsellen
XIX) Zitiert nach Seidler 1988, S. 181.
XX) Zitiert nach Seidler 1988, S. 180.
XXI) Zitiert nach Seidler 1988, S. 182.
XXII) Siehe dazu Finckh 2015, Kleßmann 2008, Dane/Harpprecht 1988.
XXIII) Schlözer 1790, § 31, S. 59; http://gdz.sub.uni-goettingen.de/dms/load/img/?PID=PPN661903737|LOG_0001&physid=PHYS_0001.

1787

1 8 3 7

Am Beginn des Revolutionszeitalters hatte sich Göttingen als eine führende Universität etabliert. Heyne war 1789 bereits 60 Jahre alt, Blumenbach hatte noch 50 Jahre im Amt vor sich. Man blieb der empirischen Tradition der Aufklärungsuniversität treu, während sich die modernen romantischen Ideen in Göttingen nur zögerlich durchsetzen konnten. Viele von denen, die in Göttingen studiert hatten – wie Wilhelm und Alexander von Humboldt, Friedrich Carl von Savigny, August und Friedrich von Schlegel, Heinrich Friedrich Karl Reichsfreiherr vom und zum Stein und Karl August Fürst von Hardenberg – gingen unter anderem nach Berlin. Ludwig Tieck fand Göttingen „sehr niedlich", konnte aber mit Heynes Vorlesungen wenig anfangen.[1] Dennoch beobachtete man die Veränderungen aufmerksam und stand dem politischen Umbruch zunächst nicht ablehnend gegenüber. Die Französische Revolution wurde mit Interesse, teils mit Sympathie betrachtet.

August Ludwig von Schlözer begleitete das Geschehen in seinen „Stats-Anzeigen", die er von 1782 bis 1793 herausgab. Er war schon Student in Göttingen gewesen und hörte 1754/55 bei Michaelis, Gesner und dem Kanzler Mosheim Geografie, orientalische Sprachen und Statistik. Von 1759 bis 1761 studierte er erneut in Göttingen, diesmal Naturwissenschaften, Jurisprudenz und Staatswissenschaften. Man berief ihn schließlich an die Akademie der Wissenschaften in Sankt Petersburg, bevor er 1770 einen Ruf nach Göttingen annahm, wo er sich mit historischen, statistischen und staatsrechtlichen Arbeiten beschäftigte. In den Staatsanzeigen formulierte er politische Bildung für das aufgeklärte Bürgertum und setzte sich unter anderem für die Pressefreiheit ein. Schlözer war der Meinung, Revolution sei in Deutschland, speziell im Hannoverschen, gar nicht nötig, denn die Reichsverfassung und das Landesrecht böten ausreichend Spielraum für Reformen. Die Entwicklung hin zur Schreckensherrschaft der Jakobiner machte jedoch eine Parteinahme für die Revolution zusehends schwieriger. Dennoch war sie unter Studenten und Professoren noch nicht ganz abgeklungen, als die hannoversche Regierung 1792 die Staatsanzeigen sowie die studentischen Orden und auch die Freimaurerei verbot. Man wollte den Verdacht zerstreuen, in Göttingen gäbe es demokratische Umtriebe.

In diesem Vorwurf vermischten sich die private und die politische Ebene. Drei der fünf Göttinger Universitätsmamsellen lebten mit und ohne ihre Ehemänner, mit oder ohne Liebhaber, mit Ehemann und Liebhaber in Mainz – besser in der Mainzer Republik, der ersten Republik auf deutschem Boden, der jedoch kein langes Dasein beschieden war.[2] Hierhin zogen Caroline Böhmer, geborene Michaelis, später verheiratete Schlegel und dann Schelling, Meta Forkel sowie Therese Heyne, die seit 1785 bis zu dessen Tod im Jahre 1794 mit Georg Forster verheiratet war und dann den Redakteur Ludwig Ferdinand Huber ehelichte. Die in Mainz lebenden Göttingerinnen und Göttinger bekannten sich zum revolutionären Frankreich. Als Forster 1793 sogar den Anschluss der Rheinischen Republik an Paris forderte, witterte man in Hannover Landesverrat. Den Ausschluss aus der Akademie der Wissenschaften konnte sein Schwiegervater Heyne verhindern. Die Mainzer Ereignisse, die privaten und die politischen, wurden in Göttingen ausgiebig, wohl auch genüsslich, diskutiert und bewertet. Schließlich fürchtete man sich vor allem davor, dass sie den Ruf der Universität schädigen könnten. Zu Unrecht! Die Studenten kamen, die Franzosen kamen nicht, und es sollte noch fast zehn Jahre dauern, bis der Krieg Göttingen erreichte.

Der Neue Markt mit Aula, aber noch ohne das Standbild Wilhelms IV., der der Universität das Gebäude zum 100-jährigen Bestehen schenkte.

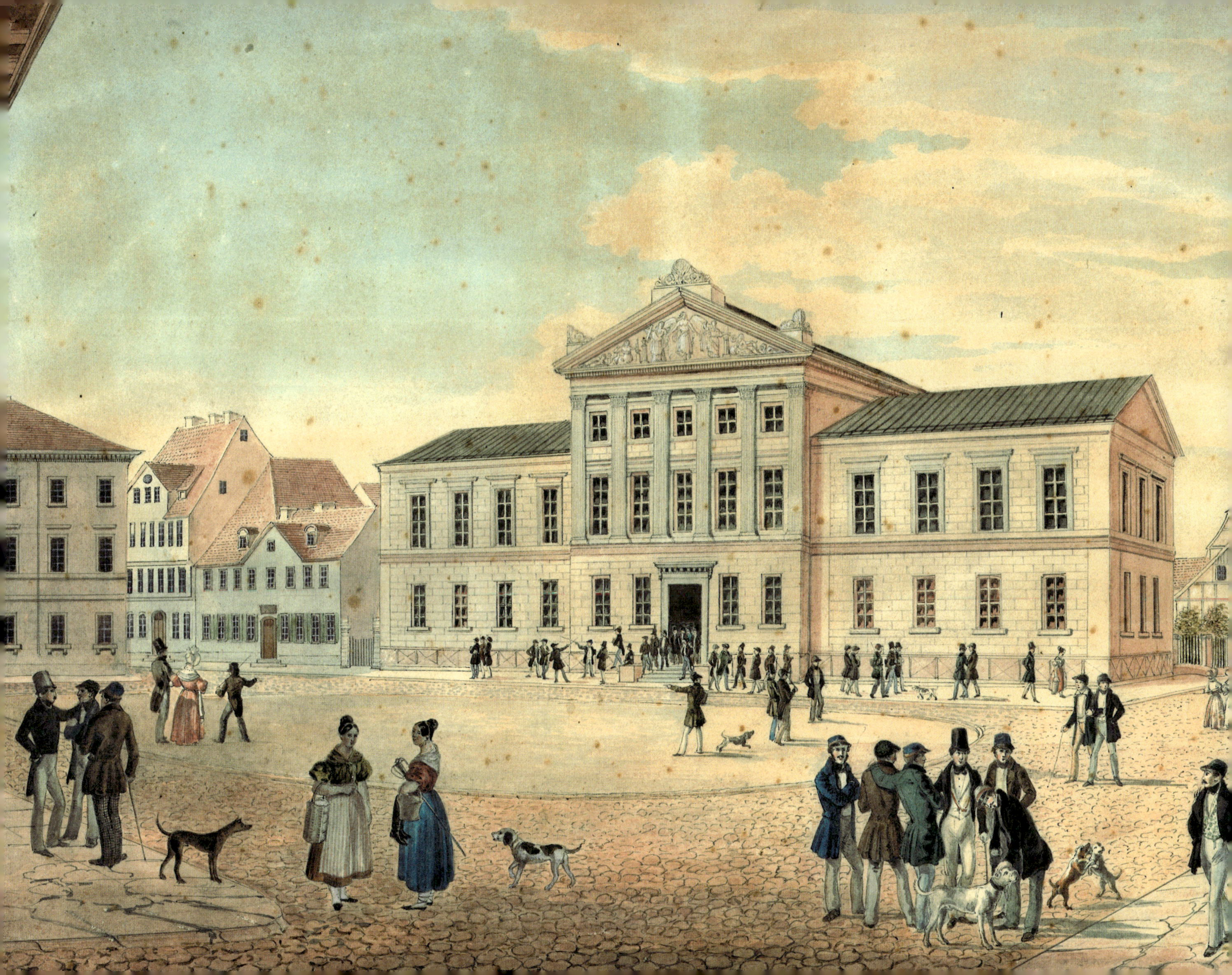

Göttingen unter französischer Besatzung 1803 bis 1813

Kurhannover, immer noch mit der inzwischen (seit 1801) als Vereinigtes Königreich von Großbritannien und Irland benannten Insel in Personalunion verbunden, wurde 1803 von französischen Truppen besetzt. Von der Stadt Göttingen forderte man Kontributionen, die Universität blieb unbehelligt – aber auch ohne jede weitere finanzielle Unterstützung. Man war darauf vorbereitet, da das Muster aus den Schlesischen Kriegen des 18. Jahrhunderts bereits bekannt war: Frankreich besetzte Hannover als Faustpfand Großbritannien gegenüber, und obwohl dies mit Hannover juristisch nichts zu tun hatte, traf es doch das Territorium des britischen Herrschers, der sich seiner britischen Möglichkeiten bediente, um Hannover zu helfen. „Hanover robbed us of the benefit of being an island",[3] so klagten schon die britischen Zeitgenossen Georgs II. Die Regierung in Hannover hatte vorsorglich zehn Güter aus dem Bestand der Klosterkammer angewiesen, ihre Einkünfte der Universität zu überweisen. Diese war damit in den Stand gesetzt, eine eigene Finanzverwaltung aufzubauen, die Münchhausen ursprünglich nicht vorgesehen hatte.

Alle zur Verfügung stehenden diplomatischen und akademischen Kanäle wurden genutzt, um bei den Franzosen für die Schonung der Georgia Augusta zu bitten, die von den Besatzern gerne gewährt wurde. Man habe ohnehin nie vorgehabt, diese illustre Institution zu schädigen, so lautete die einhellige Antwort. Nachdem die Franzosen im Dezember 1805 die Stadt verlassen hatten, folgte ein sechsmonatiges preußisches Zwischenspiel, das ähnlich verlief wie die vorherige Besatzung. Die Stadt wurde okkupiert und musste etliche Truppendurchzüge erdulden, die Universität wurde nicht angegriffen. Mit der Niederlage bei Jena und Auerstedt 1806 war diese Episode beendet. Im Frieden von Tilsit wurde 1807 der Süden Hannovers dem sogenannten Königreich Westphalen zugeschlagen.

Die Universität in der Franzosenzeit

Gleichzeitig stand plötzlich die Auflösung der Universität zur Debatte. Das Königreich Westphalen, ein künstliches Gebilde, das mit der historischen Landschaft Westfalen nichts zu tun hatte, war ein Konstrukt von Napoleons Gnaden.[4] Es wurde von seinem Bruder Jérôme regiert, der auf Schloss Wilhelmshöhe in Kassel residierte, und umfasste die jetzt Kurfürstentum genannte ehemalige Landgrafschaft Hessen-Kassel, das südliche Hannover und das ebenfalls welfische Braunschweig-Wolfenbüttel, die preußische Altmark sowie die geistlichen Fürstentümer Hildesheim und Paderborn. Das Königreich des Hieronymus, wie man ihn in deutscher Übersetzung nennen müsste, wurde nach französischem Vorbild organisiert. Départements bestimmten die Organisationsstruktur und Göttingen war Hauptstadt des Leinedépartements. Es galt der Code Napoléon, der die Errungenschaften der Französischen Revolution in Gesetze goss: unter anderem Gleichheit vor dem Gesetz, Trennung von Verwaltung und Justiz, Abschaffung von Privilegien und eine Reform des Zivilrechts, die zum Beispiel eine Zivilehe vorsah.

König Jérôme musste die Hälfte der Domäneneinkünfte seines Staates an Frankreich abführen, das Geld war ständig knapp. Deshalb wurde diskutiert, welche der fünf Hochschulen im Land – Göttingen, Halle, Marburg, Helmstedt und Rinteln – aufgelöst werden sollten. Schließlich traf es die zwei letztgenannten. Unterdessen hatte man die Universität ihrer Fonds beraubt, sie war gezwungen, ihre Rücklagen aufzuzehren bis hin zur Witwen- und Waisenkasse, die ebenso angetastet wurde. Damit nicht genug – die Georgia Augusta verlor auch ihre Selbstständigkeit. Das Kuratorium wurde aufgelöst und die gesamte Universität dem Generaldirektor des öffentlichen Unterrichts zugeordnet.

Dies war glücklicherweise der schweizerische Historiker Johannes von Müller, der als Student seinen Eltern gedankt hatte, dass er in Göttingen studieren durfte, und der sich nun segensreich für seine ehemalige Alma Mater einsetzte. Aber alles Unheil konnte auch er nicht abwenden: Der Prorektor wurde nur noch der Präfektur des Leinedépartements unterstellt, einer subalternen Behörde. Die Professoren büßten nicht nur das Privileg der Zensur-, sondern auch das der Steuerfreiheit ein. Sie mussten Kontributionen zahlen, sogar die herkömmliche Rangordnung der akademischen Korporationen wurde aufgehoben. Zu guter Letzt wurde die Universitätsgerichtsbarkeit aufgehoben, weil sie so offenkundig der nun kodifizierten Gleichheit vor dem Gesetz widersprach. Keine der Modernisierungen sollte das Königreich überdauern, nach 1813 wurden alle Bestimmungen wieder rückgängig gemacht. Übrig blieb lediglich – bis heute – die Königsallee, ursprünglich der Königsweg, den die Stadt anlässlich des Geburtstages von Jérôme 1809 angelegt hatte, sowie sicherlich die Erinnerung an die große Steuerlast und den großen Verlust von Soldaten, die in den Armeen Frankreichs zu kämpfen hatten.

Für die Universität hingegen entwickelte sich das Königreich Westphalen schließlich doch noch zu einer positiv zu erinnernden Episode ihrer Geschichte. Johannes von Müller gelang es, den anfangs nicht sonderlich aufgeschlossenen König zur Wissenschaft zu bekehren: Er bat den französischen Schriftsteller Charles de Villers, der 1792 nach Deutschland geflohen war, das deutsche Universitätssystem zu erklären. Das tat dieser anhand einer Schrift über die Göttinger Universität.[5] Er stellte die Verbindung von Wissenschaft, Methode und Studium als zentrale Idee heraus, die es einer deutschen Universität ermögliche, aus dem nationalen Rahmen herauszutreten, eben eine Universität für die Welt zu werden. Der Plan ging auf, der König in Kassel war geschmeichelt, eine so bedeutende Universität in seinem Reich zu haben. Er besuchte Göttingen bis zum Ende seiner Herrschaft 1813 fünf Mal und schmückte sich mit der Rolle des Mäzens, indem er die Fertigstellung der bereits im Bau befindlichen Sternwarte sowie die Errichtung eines modernen Gewächshauses unterstützte.

Die Universität expandiert: Neubauten in der ersten Hälfte des 19. Jahrhunderts

Diese „westphälischen" Baumaßnahmen blieben nicht die einzigen Neubauten. Um die Jahrhundertwende hatte eine zweite Bauphase begonnen, um dem steigenden Platzbedarf der wachsenden Universität und dem gestiegenen Repräsentationsbedürfnis der renommierten Lehranstalt Rechnung zu tragen. Göttingen verwandelte sich in eine elegante Stadt des Klassizismus. Schon in den 1760er-Jahren hatte die Bibliothek gänzlich vom Kollegienhaus Besitz ergriffen. Damit wurden die dort angesiedelten Einrichtungen verdrängt und mussten andernorts unterkommen. Ob das chemische Laboratorium sich jemals, wie ursprünglich geplant, dort befunden hat, wird bezweifelt.[6] 1783 bekam es ein neues Gebäude an der Hospitalstraße. Es war zugleich das Wohnhaus des Chemikers Johann Friedrich Gmelin, der eine für mehr als 100 Jahre grundlegende Geschichte der Chemie verfasste.[7] Zehn Jahre später überführte man auch das Akademische Museum in ein eigenes Gebäude, das die reichhaltigen Sammlungen der Universität aufnahm.

Zwischen 1785 und 1791 entstand zudem das Accouchierhaus am Geismar Tor, die erste Entbindungsanstalt Deutschlands. Ihr Direktor war ein über die Grenzen Göttingens hinaus bekannter Mediziner, Friedrich Benjamin Osiander, der die Pockenimpfung in Göttingen einführte. Er entwickelte diagnostische Messinstrumente und setzte sich für den Gebrauch der Geburtszange ein, was nicht unumstritten war. Frauen, die uneheliche Kinder zur Welt brachten, wurden im Accouchierhaus umsonst aufgenommen, wenn sie während ihrer Niederkunft den Studenten als Demonstrati-

1) Der Augenarzt Conrad Martin Johann Langenbeck, der sich mit der Bekämpfung des grauen Stars befasste, eröffnete 1809 in der Geiststraße ein chirurgisches Hospital. Als vielgerühmter Operateur vereinfachte er Instrumente und Operationsverfahren und trieb den Bau des neuen Anatomischen Theaters voran.

2) Carl Otfried Müller, einer der Begründer der klassischen Archäologie, entwarf sein Wohnhaus selbst nach griechischem Vorbild mit einem großen Gartensaal. Heute beherbergt das Gebäude am Wochenmarkt das Junge Theater sowie das Kommunikations- und Aktionszentrum KAZ.

3–4) Das repräsentative Gewächshaus im Botanischen Garten wie auch die Neue Sternwarte draußen vor dem Geismar Tor entstanden mit Unterstützung des Königs von Westphalen, Jérôme Bonaparte.

5) Nach der Beleidigung eines Studenten durch einen Tischlergesellen kam es 1790 zu einer Massenprügelei. Ein Großteil der Studenten verließ die Stadt und lagerte vor den Toren. Das war ein beliebtes Mittel, um die Stadtväter unter Druck zu setzen. Zwei Tage später begab sich eine Delegation der Stadt zu den Studenten und am 28. Juli kam es zum triumphalen Wieder-Einzug der Studenten nach Göttingen.

onsobjekte zur Verfügung standen.⁸ Heute erinnert eine Gedenktafel an der Westwand des Gebäudes an diese unwürdige Praxis. Es handelte sich nicht selten um Dienstmädchen oder die Aufwärterinnen, die den Studenten die Zimmer in Ordnung hielten. Die jungen Männer sammelten erste sexuelle Erfahrungen mit diesen „Weibs-Personen"⁹, die von der Universität als die allein verantwortlichen Verführerinnen ihrer Schützlinge betrachtet wurden.

Es war nicht unüblich, dass sich die Kindsväter ihrer Verantwortung entzogen. Oft wurde, wenn überhaupt, nur gezahlt, solange die Männer in Göttingen studierten, Schweigegeld gewissermaßen, um die Reputation zu wahren. Wenn eine Frau so weit ging, reguläre Alimente einzuklagen, hatte sie nach einem Gesetz von 1793 den Beweis einer Verführung zu erbringen. Eine Eheschließung kam ohnehin nicht in Frage und wenn es in seltenen Ausnahmefällen doch einmal dazu kam, wurde sie für ungültig erklärt. Liest man die Äußerungen des Studenten Becker aus dem Jahr 1798, dann war sie wohl auch nicht intendiert: „Ein Bordell wäre in Göttingen eher schädlich als nützlich. Wer würde es besuchen, solange es noch gefällige Aufwärterinnen giebt, die wohlfeiler und heimlicher zu haben sind, als die Mädchen in so einem Hause. [...] Wenn sich einmal der Fall ereignet, daß ein lebendiger Zeuge eines vertrauten Umganges zwischen einem Studenten und Mädchen zum Vorscheine kommt, so ist schon durch ein eigenes Gesetz dafür gesorgt, daß der Student dabey nicht gefährdet werden kann."¹⁰

Weitere Hospitäler folgten: Dem Accouchierhaus direkt gegenüber lag seit 1781 das Wundärztliche Hospital, eingerichtet von August Gottlieb Richter. Der Chirurg hatte bei seinem Onkel Georg Gottlob Richter in Göttingen studiert und als Student im Siebenjährigen Krieg im Göttinger Lazarett Erfahrungen gesammelt. Er beabsichtigte, seine Kenntnisse als Chirurg und als Mediziner – zwei bis dahin voneinander völlig unabhängige Berufe, der eine rein praktisch, der andere rein akademisch – in einem Lehrhospital zusammenzuführen. Mit finanzieller Unterstützung der Freimaurer, denen er angehörte, konnte er ein Haus mit 15 Betten einrichten.

Nimmt man Haller als Physiologen, Blumenbach als Anatomen, Gmelin als Chemiker und auch Lichtenberg als Physiker, der viele Medizinstudenten in seiner Vorlesung hatte, so hat Göttingen „eine dreifache Pionierleistung vollbracht, indem hier eine beispiellose Integration von Forschung und Unterricht, von Natur- bzw. medizinischen Grundlagenwissenschaften und klinischer Medizin, sowie von Medizin und Chirurgie, institutionalisiert wurde".¹¹

Die seit 1793 Akademisches Spital genannte Klinik wurde ab 1809 unter diesem Namen von Karl Gustav Himly (daher im Volksmund: Himmlische Klinik) an der Mühlenstraße weitergeführt und 1810 zum Stumpfebiel hin erweitert. Ein Schwerpunkt des Hauses lag, dem Interessensgebiet seines Leiters gemäß, auf der Augenheilkunde. Himlys „Ophthalmologische Beobachtungen und Untersuchungen oder Beiträge zur Kenntniß und Behandlung der Augen im gesunden und kranken Zustande" (Bremen 1801) stellten Grundlagen für die Diagnostik von Augenkrankheiten bereit.

Nicht weit davon entfernt eröffnete im selben Jahr 1809 Conrad Martin Johann Langenbeck ein Chirurgisches Hospital an der Geiststraße. Langenbeck, ebenfalls Augenarzt, befasste sich mit der Bekämpfung des Grauen Stars, hat sich aber vor allem als Chirurg einen Namen gemacht. Als vielgerühmter Operateur vereinfachte er Instrumente und Operationsverfahren und stellte seine präzisen anatomischen Studien in einem vierbändigen Handbuch der Anatomie vor, das beim Göttinger Universitätsbuchhändler Dieterich in Göttingen erschien (1831–47). So war er es, der den Bau des neuen Anatomischen Theaters vorantrieb, das 1829 am westlichen Ende der heutigen Goethe-Allee fertiggestellt wurde.

Carl Otfried Müller, einer der Begründer der klassischen Archäologie in Göttingen

Als zweiter Nachfolger Heynes arbeitete der Altertumswissenschaftler Carl Otfried Müller in der Göttinger Tradition einer umfassenden Kenntnis der alten Sprachen, der Kunst und Architektur, der Literatur, Philosophie und Mythologie. Er war der Verfasser des „Handbuchs der Archäologie der Kunst",[12] das fast während des ganzen 19. Jahrhunderts gültig war. Er konnte im Untergeschoss der Paulinerkirche eine Abguss-Sammlung einrichten, die ihm zugleich als Vorlesungssaal diente.

Müller starb im Alter von nur 43 Jahren auf einer Forschungsreise in Griechenland. Nach seinem Tod wurde sein Wohnhaus, das er nach griechischem Vorbild selbst entworfen hatte, verkauft: Von den Erben ging das klassizistische Gebäude mit einem großen Gartensaal an das Literarische Museum über. Diese Bildungseinrichtung war auf Initiative der Georg-August-Universität und noch mit Unterstützung Müllers im Jahr 1831 gegründet worden, um wissenschaftliche Journale und politische Zeitungen den „gebildeten Männern der Stadt"[13] schnell und problemlos zur Verfügung zu stellen.

Bisher war es üblich gewesen, dass Zeitungsausträger im Dienst der Universität Journale und Wochenschriften gegen Gebühr stundenweise von Haus zu Haus trugen. Jetzt entstanden Lesegesellschaften, in denen Männer sich trafen, um zu lesen und zu diskutieren. Leihbibliotheken waren auch Frauen zugänglich und wurden rege genutzt. Das Literarische Museum unterschied sich vom 1791 gegründeten Civilklub dadurch, dass man hier auch Studenten ansprach. Dahinter verbarg sich die Idee, zum einen die Lektüre – im Angebot waren zirka 300 vornehmlich wissenschaftliche Zeitschriften, davon gut ein Drittel ausländische – und zum anderen die Freizeit der Studenten zu kontrollieren.

Die Universität zu Zeiten der Karlsbader Beschlüsse

Nach dem Niedergang Napoleons verschwanden auch die Satellitenstaaten, die seine Brüder regiert hatten. Die hannoversche Regierung bemühte sich, das Königreich Westphalen quasi ungeschehen zu machen, indem sie alle Gesetze zurücknahm. Man nutzte den Machtwechsel, um auch an der Universität Göttingen die alten Verhältnisse, zum Beispiel die Universitätsgerichtsbarkeit, wiederherzustellen. Darüber hinaus wollte man den Einfluss der Zentralgewalt stärken. Die Angst der Regierenden vor der Revolution war seit 1789 in der Welt, und gerade die Universitäten, nicht nur Göttingen, galten als Brutstätte der neuen Ideen.

Als 1819 der Jenenser Student Karl Ludwig Sand den als reaktionär geltenden Dichter August von Kotzebue ermordete, nahmen verschiedene Staaten des Deutschen Bundes dies zum Anlass, ein Bündel repressiver Maßnahmen zu beschließen, welches nach dem Tagungsort Karlsbader Beschlüsse genannt wurde. Sie sahen unter anderem die Einschränkung der Meinungs- und Pressefreiheit sowie der Lehrfreiheit vor, zudem auch das Verbot von Burschenschaften; sie ermöglichten darüber hinaus die Entlassung revolutionär gesinnter Lehrkräfte und die Überwachung der Universitäten in Gestalt von Regierungsbevollmächtigten. Solche wurden auch in Göttingen eingesetzt, ohne jedoch zunächst viel auszurichten. Zwei Jahre später schaffte man das Amt des Syndikus' ab, der bis dahin als Jurist den Prorektor in der Verwaltung unterstützt hatte, und ernannte zwei Universitätsräte, die dessen Aufgaben übernahmen. Zugleich erhob man sie in den Rang von ordentlichen Professoren, sodass sie dauerhaft Mitglieder des Senats wurden. Obendrein wurde bestimmt, dass die Universitätsdeputation sich nicht länger aus den Dekanen der vier Fakultäten zusammensetzte, sondern von vier durch das Kuratorium in Hannover ernannten Professoren für ein Jahr gebildet wurde.

Der Privatdozentenaufstand von 1831

Die Maßnahmen infolge der Karlsbader Beschlüsse stellten einen massiven Eingriff in die Selbstverwaltung der Universität dar, die noch einmal – zehn Jahre später (1831) – während des sogenannten Privatdozentenaufstands weitere Einschnitte erfuhr. Die Julirevolution in Frankreich hatte der Opposition in ganz Europa wieder Auftrieb gegeben, so auch in Göttingen. Anlass für die Unruhen in Göttingen war die Zensur einer juristischen Dissertation, in der Kritik an der Reformunwilligkeit der deutschen Fürsten geübt worden war. Drei Privatdozenten der Juristerei griffen den Senat an und beklagten die Einschränkung der akademischen Freiheit. Aber sie beließen es nicht dabei, sondern protestierten auch in der Presse. Es gelang ihnen, gleichgesinnte Studenten und Bürger zu mobilisieren, mit denen sie das Göttinger Rathaus besetzten. Sie erklärten den Magistrat für aufgelöst, bildeten einen neuen Gemeinderat und sogar eine Nationalgarde. Der Senat ließ es geschehen, unternahm nichts, Hannover war empört und handelte. Die Universität wurde geschlossen. Die Aufständischen wurden unter Androhung eines Militärschlags zur Aufgabe gezwungen. Die drei Anführer Julius Heinrich Ahrens, der Verfasser der Dissertation, Johann Ernst Hermann von Rauschenplat und Carl Wilhelm Theodor Schuster flohen nach Frankreich, die übrigen wurden verhaftet und angeklagt.

Die Folgen für die Universität waren massiv. Im entfernten London war Wilhelm IV. derartig empört über die Erhebung, dass er die Universität an einen anderen Ort verlegen wollte, was sich jedoch als reichlich unpraktisch erwies und unterlassen wurde. Man beschloss weitreichende Maßnahmen, um die Kontrolle über die Universität zu gewährleisten. Das Amt des Prorektors wurde fast ausschließlich auf repräsentative Funktionen beschränkt. Den zwei Universitätsräten, die schon seit 1821 die Interessen der Regierung in der Verwaltung wahrnahmen, übertrug man dessen Aufgaben. Der Senat wurde ganz neu zusammengesetzt, sodass die Professoren den hannoverschen Beamten gegenüber in der Minderheit waren. Gleichzeitig mussten die Dekane den Senat verlassen, wodurch die Fakultäten ihre Vertretung verloren. Schließlich wurde der städtische Polizeidirektor mit eigener Stimme in die Universitätsdeputation und in die Universitätsgerichtsbarkeit aufgenommen. Die Universitätsprofessoren konnten die Maßnahmen nicht abwehren, aber sie waren alarmiert. Der Keim der Unruhe, die sich 1837 Bahn brechen sollte, war gelegt.

Die Göttinger Sieben

1837 war zunächst das Jubiläumsjahr der Universität. Schon 1833 erhielt der Universitätsbaumeister Otto Praël den Auftrag, einen Entwurf für eine Aula am damaligen Neuen Markt vorzulegen. Seine Arbeit wurde von dem Altertumswissenschaftler Carl Otfried Müller begleitet, der maßgeblichen Einfluss auf den Bau nahm.[14] 1835 genehmigte König Wilhelm IV., der seinen Groll gegen die Aufständischen von 1831 überwunden hatte, den Bau und bewilligte sogar einen beträchtlichen Zuschuss. Daher wurde der Platz vor der Aula in Wilhelmsplatz umbenannt und ein Denkmal des edlen Spenders errichtet. Es entstand ein eleganter klassizistischer Bau, der noch heute Sitz des Präsidiums ist. Die Stirnseite des zweigeschossigen Festsaals zieren Porträts und Büsten der Landesherren, die jeweils das Amt des Rektors bekleideten.

Schon 1829 waren drei Vertreter der historisch arbeitenden Disziplinen nach Göttingen gekommen: der Historiker Friedrich Christoph Dahlmann und die Begründer der Germanistik Jakob und Wilhelm Grimm. Dahlmann war der Initiator des sprichwörtlich gewordenen „Dahlmann-Waitz", einer historischen „Quellenkunde der deutschen Geschichte", die von ihm begonnen und von dem Göttinger Historiker Georg Waitz fortgesetzt wurde und mit allen Überarbeitungen erst kurz vor der Jahrtausendwende in Göttingen ihren Abschluss fand. Auf die Grimms, in Göttingen als Professoren und Bibliothekare tätig, geht das umfangreichste historische Wörterbuch der deutschen Sprache zurück,[15] dessen erster Band 1854 erschien, der letzte von „Zobel" bis „Zypressenzweig" hundert Jahre später. Seit 1965 erscheinen die Bände der Neubearbeitung, die inzwischen auf verschiedene Akademien und Universitäten verteilt ist. Alle drei waren Bedienstete des Königs von Hannover und als solche werden sie etwas später in Erscheinung treten.

Jakob Grimm beteiligte sich zunächst mit eigenen Vorschlägen an der Planung der Jubiläumsfeierlichkeiten und hatte zum Beispiel die Idee, auf einer Wiese zu feiern, damit möglichst viele Studenten am Fest teilnehmen könnten. Gäbe es „Wein, Braten und Kuchen", ein Freudenfeuer, „geregelte Gesänge", schließlich „einen feierlichen Fackelzug hinein in die Stadt", so verzichte er gerne auf „ein langweiliges Diner, wo der Magen mit Speisen und Wein überladen wird".[16] Auch auf die Talare legte er keinen Wert. Sie waren bereits 1802 abgeschafft worden, weil sie in der revolutionsgesättigten Stimmung der Zeit anachronistisch erschienen. Man hatte sie verkauft und den Erlös der Witwen- und Waisenkasse zukommen lassen. Aber Grimm konnte sich nicht durchsetzen. Am 17. September 1837 begab sich die Prozession der Professoren und Studenten vom Bibliotheksplatz zur neuen Aula „unter fortwährendem Läuten und Lösen der Kanonen".[17]

Drei Tage dauerten die Feierlichkeiten, doch die Festfreude war im Vorfeld durch den Tod Wilhelms IV. am 20. Juni 1837 getrübt worden. Damit endete nach 123 Jahren die Personalunion Hannovers, das 1814 zum Königreich erhoben worden war, mit Großbritannien. Ernst August, der Bruder Wilhelms, wurde König von Hannover, denn das welfische Hausrecht ließ die weibliche Thronfolge nicht zu. Anders war es dagegen seit 1801 im Vereinigten Königreich, wo Wilhelms Nichte Viktoria den Thron bestieg.

Ernst August wiederum hatte schon in seinem Proklamationspatent vom 5. Juli 1837 erklärt, dass er das 1833 verabschiedete Staatsgrundgesetz, das unter Mitarbeit des Göttinger Historikers Friedrich Christoph Dahlmann entstanden war, nicht akzeptiere und es einer genauen Prüfung unterziehen wolle. Hannover hatte sich in diesem eine Verfassung gegeben, die unter anderem Bauern und Bürgern Zugang zur zweiten Kammer der Ständeversammlung verschaffte und die Bauernbefreiung festlegte. Dahlmann war empört, sah darin einen Verfassungsbruch und versuchte Widerstand zu organisieren, was ihm aber nicht gelang, weil die Universität die genannten Feierlichkeiten im September nicht gefährden wollte.

Am 1. November 1837 erklärte der neue Herrscher Ernst August das Staatsgrundgesetz für ungültig, denn es verletze seine agnatischen Rechte, also seine Rechte als männlicher Blutsverwandter der männlichen Linie, dessen Zustimmung man nicht eingeholt habe. 14 Tage später verlangte man von allen Staatsdienern einen Treueeid, nicht auf die Verfassung, sondern auf die Person des Königs. Daraufhin entwarf Dahlmann am 17. November eine Protestnote, die den 32 Professoren der Universität vorgelegt wurde. Lediglich sechs billigten das Protestschreiben, das am 18. November an das Kuratorium in Hannover abging.[18]

Dennoch entfaltete die Protestation eine enorme Wirkung. Dahlmann sorgte dafür, dass einige Abschriften angefertigt wurden, von denen der Journalist Heinrich Albert Oppermann eine am Abend des 19. Novem-

Die Göttinger Sieben: der Historiker Gottfried Gervinus, der Jurist Wilhelm Eduard Albrecht, der Orientalist Heinrich Ewald, der Historiker Christoph Friedrich Dahlmann, der Physiker Wilhelm Weber sowie die Philologen Jakob und Wilhelm Grimm (von links oben nach rechts unten).

ber erhielt. Über Nacht kopierte er das Schreiben und schickte es anderntags an Zeitungsredaktionen, bevor er zwölf Studenten den Text diktierte und sie bat, davon mit so vielen Kommilitonen wie möglich weitere Kopien herzustellen. Diese sollten dann an weitere Zeitungsredaktionen im In- und Ausland, an Freunde und Bekannte verschickt werden. Schätzungen besagen, dass sich etwa 300 der 900 Studenten an der Kopieraktion beteiligten. Innerhalb von zwei Tagen existierten bereits fast 1.000 Abschriften.[19] In Hannover hielt man das Schriftstück zurück, in der falschen Annahme, die Sache würde versickern und weiter kein Aufsehen erregen, denn der König hielt sich in seinem Schloss Rotenkirchen im Solling auf, würde also bestenfalls nichts davon erfahren. Der allerdings hätte den gegen ihn gerichteten Protest schon längst in vielen deutschen, französischen und englischen Zeitungen lesen können, so erfolgreich war die Verbreitungsaktion gewesen.

Als man ihm das Schreiben am 27. November in Rotenkirchen vorlegte, musste er erfahren, dass die Protestierer die Überzeugung vertraten, das Staatsgrundgesetz sei weiterhin gültig. Sie, die sich als die Berechtigten bezeichneten, argumentierten, sie wollten es nicht hinnehmen, dass „dasselbe ohne weitere Untersuchung und Verteidigung von Seiten der Berechtigten allein auf dem Wege der Macht zugrunde gehe".[20] Eine ungeheuerliche Provokation für Ernst August, den Erzreaktionär und in den Augen der Briten „the most unpopular prince of modern times"[21], der unter gar keinen Umständen bereit war, das monarchische Prinzip aufzugeben. Am 4. Dezember kam es zur Vernehmung der Sieben vor dem Universitätsgericht, am 14. Dezember überreichte man ihnen ihre Entlassungsurkunden, verbunden mit der Auflage, dass Dahlmann, Gervinus und Jakob Grimm das Land innerhalb von drei Tagen verlassen mussten, weil man sie in Sonderheit für die Verbreitung der Schrift verantwortlich machte. Am 16. Dezember machten sich die drei, begleitet von 200 Studenten, auf, um die Grenze

1) Blick in die „Fifth Avenue" von Göttingen, heute die Goethe-Allee. Am Ende der Straße ist das neue Anatomische Theater zu sehen, das 1829 fertiggestellt wurde.

2) Der ehemalige Neue Markt heißt heute Wilhelmsplatz. Anlässlich der Saecularfeier der Universität wurde der Platz umbenannt und ein Denkmal des Landesherrn und Rektors, Wilhelm IV. als Beitrag der Stadt zur Feier aufgestellt.

3) 1784 wurde das Kollegienhaus mit einem Mittelrisalit versehen, um auf diese Weise mehr Platz für die Bücher zu schaffen. Schon drei Jahre später bedurfte es einer Erweiterung des Ostflügels.

nach Hessen – und damit ins Ausland – zu überqueren. Die Obrigkeit hatte sich alle Mühe gegeben, diese Solidaritätsbekundungen, die noch einmal große, ungewollte Aufmerksamkeit auf die Geschehnisse im Königreich Hannover lenkten, zu unterbinden, indem das Verbot erging, Pferde oder Kutschen zu vermieten. Daher gingen die Studenten zu Fuß, eskortiert von Militär und beobachtet von den Pedellen der Universität, die den Namen eines jeden aufschreiben sollten, den sie kannten. Am 17. Dezember schließlich erschien in der Casseler Allgemeinen Zeitung eine Solidaritätserklärung der sechs heute sogenannten Nachprotestierer Carl Otfried Müller, Wilhelm Theodor Kraut, Heinrich August Ritter, Johann Heinrich Thöl, Ernst von Leutsch und Friedrich Wilhelm Schneidewin.

Jakob Grimm veröffentlichte 1838 eine Schrift über seine Entlassung, in der er die Beweggründe für sein Handeln zusammenfasste. Mit seinem Engagement als einer der Göttinger Sieben, wie man diese weiterhin nannte, betrat der politische Professor die Bühne der Geschichte. Jakob Grimm und Friedrich Dahlmann bekräftigten ihre politische Arbeit als Abgeordnete des ersten deutschen Parlaments, das 1848 in der Frankfurter Paulskirche zusammentrat. Diese Männer waren keine Demokraten, sondern Anhänger einer konstitutionellen Monarchie, dennoch entfaltete ihr Tun auch und besonders im 20. Jahrhundert große Wirkung. Das hängt damit zusammen – da ist Ulrich Hunger zuzustimmen –, dass die „legalistische Bewertung" ihres Handelns zu kurz greift. „Die wirkliche Bedeutung des Protestes liegt neben seiner positiven Auswirkung auf den deutschen Konstitutionalismus und Liberalismus nach wie vor darin, dass sieben Professoren damals ein Exempel gaben für die Charakterfestigkeit, Moralität, Überzeugungstreue, Meinungsfreiheit und Zivilcourage."[22]

1) Schütz/Nissen 2016, S. 221.
2) http://www.mainzer-republik.de/startseite.html, abgerufen am 19.01.2017.
3) Zitiert nach Geyken 2002, S. 157.
4) Siehe dazu Wilhelm 2008.
5) Villers 1808.
6) Der Apotheker Ganß vermutete 1937 in seiner Dissertation zur Geschichte der pharmazeutischen Chemie an der Universität Göttingen, dass das *Laboratorium Chymicum* zwar im Plan des Kollegienhauses von 1733 vorgesehen war, aber nie eingerichtet wurde. Er bezog sich auf Pütters Gelehrtengeschichte, in der berichtet wird, dass die Erweiterung der Bibliothek zulasten des Medizinischen Auditoriums ging, die Bibliothek schließlich ein ganzes Stockwerk in Anspruch nahm und damit für ein chemisches Labor kein Platz mehr war. Ganß 1937, S. 17.
7) Göttingen 1797.
8) Ausführlich dazu siehe http://geschichtswerkstatt-goettingen.de/stadtrundgaenge/frauengeschichte-19-jahrhundert/entbindungshaus/mehr-zum-entbindungshaus.html, abgerufen am 17.02.217.
9) Zitiert nach Kühn 1987 (2), S. 180.
10) Zitiert nach Kühn 1987 (2), S. 180f.
11) Tröhe 1988, S. 20.
12) Müller 1830.
13) Zitiert nach Gottschalk/Koerner 1988, S. 78.
14) Auf Müllers Expertise geht auch der symbolträchtige Fries über dem Hauptportal zurück, von dem das Göttinger Tageblatt an einem 1. April behauptete, er würde, wie so manch andere aus Griechenland erworbene Kunstschätze, von Griechenland zurückgefordert werden. Der Aprilscherz wurde am folgenden Tag aufgedeckt.
15) Deutsches Wörterbuch von Jacob Grimm und Wilhelm Grimm auf CD-ROM und im Internet: http://dwb.uni-trier.de/de/, abgerufen am 17.02.2017.
16) Zitiert nach Georg-August-Universität Göttingen 1987, S. 33.
17) Zitiert nach Georg-August-Universität Göttingen 1987, S. 30f.
18) Text der Protestnote auf den Webseiten der Universität unter www.uni-goettingen.de/historischetexte
19) Siehe dazu Aufgebauer 2008.
20) Zitiert nach Aufgebauer 2008, S. 13.
21) Geyken 2005, S. 79.
22) Hunger 2002, S. 201.

1 8 3 7 ———

1 8 8 7

Die Ära des Königreichs Hannover (1816–1866) ist nicht als eine Zeit des Aufbruchs und der Dynamik in Erinnerung geblieben. Aber für die Universität fiel die Bilanz schließlich positiv aus. Doch zunächst war der Imageschaden zu überwinden, den der Protest der Göttinger Sieben – besser: dessen Unterdrückung – verursacht hatte. Die Studentenzahlen gingen nach 1837 um 30 Prozent zurück,[1] die Lehrstühle der entlassenen Professoren waren schwer oder gar nicht mit auswärtigen Kollegen zu besetzen. Die Universität hatte durch die Entlassungen stark an Attraktivität verloren. König Ernst August begann zu begreifen, dass er etwas ändern musste, und das tat er. Möglicherweise war ihm die Sentenz Lichtenbergs bekannt, der in den 1780er-Jahren in Göttingen sein Erzieher gewesen war: „Ich kann freilich nicht sagen, ob es besser werden wird wenn es anders wird; aber so viel kann ich sagen, es muß anders werden, wenn es gut werden soll."[2] Gegen den Willen des Kuratoriums forderte Ernst August, die Position des Prorektors zu stärken, der anlässlich der Karlsbader Beschlüsse von 1819 durch die Einsetzung von Universitätsräten an Einfluss verloren hatte. Allerdings ließ sich die negative Entwicklung im kommenden Jahrzehnt zunächst nicht aufhalten. Erst die revolutionären Ereignisse von 1848, die auch an Göttingen nicht spurlos vorübergingen, konnten den Trend allmählich umkehren, denn die Angst der Obrigkeit, durch Unnachgiebigkeit dem Ansehen der Georgia Augusta weiter zu schaden, war groß.

Die Georgia Augusta während der Revolutionszeit

Göttingen galt weiterhin als Hort demokratischer Umtriebe. Tatsächlich dauerte es nicht lange, bis die revolutionäre Stimmung, die 1848 zum vorerst letzten Mal durch Europa fegte, zu illegalen studentischen Treffen – es galt ein Versammlungsverbot – am Rohns oberhalb der Stadt führte. Man diskutierte über allgemeine Fragen der Hochschulpolitik und eine Studienreform. Unabhängig davon waren es die eher unpolitischen, dafür betrunkenen Corpsstudenten, die in der Nacht vom 11. auf den 12. März in der Stadt randalierten und Auseinandersetzungen provozierten. Der städtische Polizeidirektor Heintze ließ die Krawalle gewaltsam beenden und forderte überdies Kavallerie aus dem benachbarten Northeim an. Damit hatte er den Bogen überspannt: „Einen einfachen, ganz gefahrlosen Straßenlärm von einigen Dutzend trunkenen Studenten, der ohne allen politischen Charakter, ohne alle Gefahr der Weiterverbreitung, ohne Beschädigung des benachbarten Eigentums etc. war, den man als solchen mit dem einfachsten Sinn erkennen mußte, durch scharfes Einhauen auseinandertreiben zu lassen, ist ganz unentschuldbar"[3], schrieb der Physiologie-Professor Rudolf Wagner an einen Freund. In wohl seltener Übereinstimmung mit Professoren und der Bürgerschaft griffen die Studenten am 17. März zum wirksamsten Mittel, das ihnen zur Verfügung stand: Sie zogen aus der Stadt aus.[4] Mit Erfolg! Am 1. Mai 1848 kehrten sie nach Göttingen zurück, weil man ihre Forderungen erfüllte: Der Polizeichef musste gehen und war somit auch nicht mehr in den universitären Gremien vertreten, in die ihn die Strafmaßnahmen des Privatdozentenaufstands von 1831 hineingespült hatten.

Die Hundertjahrfeier der Universität im September 1837 wurde mit mehrtägigen Feierlichkeiten begangen, zu denen auch ein Festgottesdienst gehörte. In einer feierlichen Prozession zogen die Teilnehmer in die Johanniskirche. Neben den Studenten waren das die Honoratioren von Stadt und Universität sowie Abgesandte anderer Hochschulen und des Ministeriums aus Hannover. Das Jubiläum war überschattet vom Tod Wilhelms IV., des letzten Herrschers der Personalunion.

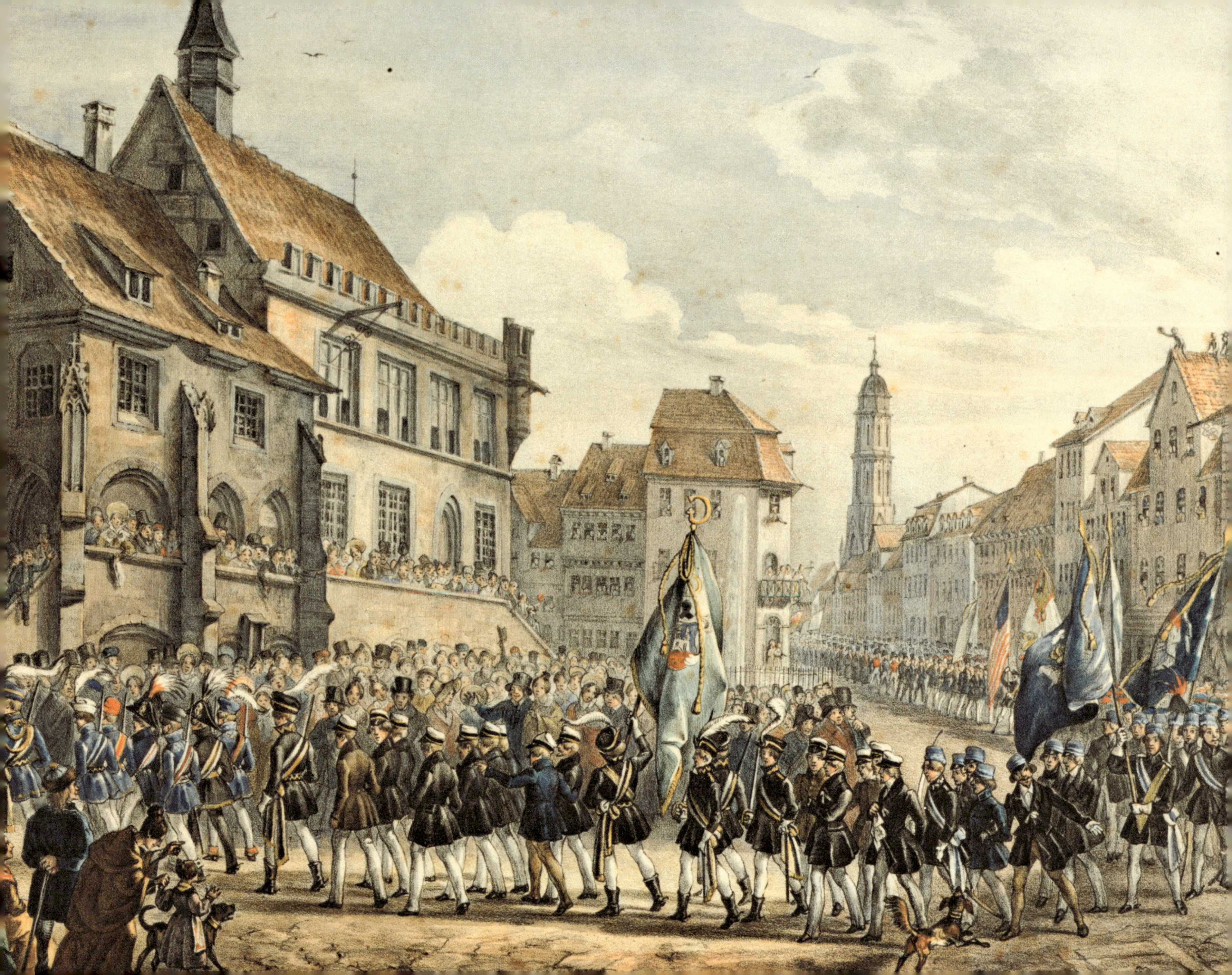

1) Die Studenten verfügten über ein sehr probates Mittel, um Göttingen unter Druck zu setzen – sie verließen die Stadt: „Auszug der Studenten 12 Uhr mittags am 17. März 1848."

2) Der Stich von Friedrich Besemann zeigt einen Blick von Westen, „Von den Stufen der neuen Anatomie" auf die Stadt in die Allee im Jahr 1830.

3) Schon 1820 hatte Christian Friedrich Andreas Rohns vor dem Albanitor ein Badehaus errichtet, in dem Reinigungs- und medizinische Bäder angeboten wurden. Im Hintergrund Selens Garten, eine beliebte Ausflugsgaststätte.

4) Feierlicher Wiedereinzug der Studenten am 1. Mai 1848, nachdem ihre Forderungen nach mehr Demokratie erfüllt worden waren. Im Hintergrund die Fassade des Reitstalls.

Die Polizeigewalt blieb fortan auf städtische Belange beschränkt, Studenten unterstanden jetzt wieder vollständig der akademischen Gerichtsbarkeit. Darüber hinaus wurden Vereine zugelassen, die Versammlungsfreiheit ausgeweitet, die Polizeistunde verlängert, und es kam zu einer Liberalisierung des Rauchens und Trinkens in der Öffentlichkeit – die Schankbeschränkungen wurden nämlich aufgehoben. In der Folge entstanden unzählige neuen Kneipen.

Die Stadt Göttingen im Vormärz

Auch die Göttinger Bürger ließen sich vom revolutionären Geist anstecken. Das harte Vorgehen gegen die Studenten hatte nicht nur bei Professoren wie zum Beispiel Rudolf Wagner Empörung ausgelöst – wohl nicht zuletzt deshalb, weil das Schicksal der Stadt inzwischen eng an den Zustand der Universität und die Zahl der Studenten gekoppelt war. Mangelnde Attraktivität des Wissenschaftsstandorts bedeutete auch weniger Mieter, weniger Käufer, weniger Dienstleistungen. Eine Schätzung aus dem Jahr 1824 besagte, dass jeder Student der Stadt etwa 400 Taler im Jahr einbrachte.[5]

Also zogen erboste Bürger vor das Haus des Polizeipräsidenten Heintze, um ihrem Unmut Luft zu machen, und dabei kam es zur Gründung einer Bürgerversammlung. Begeisterte Bürger engagierten sich unter anderem für mehr Rede- und Pressefreiheit sowie politische Gleichberechtigung aller Staatsbürger, worauf die Staatsbürgerinnen noch 70 Jahre lang, bis zur nächsten Revolution, warten mussten. Wenig überraschend dauerte es nicht lange, bis sich einzelne Lager herausbildeten, von Parteien kann man noch nicht sprechen. Im sogenannten Mittwochskränzchen versammelte sich ein bürgerlich-liberales Lager, das sich im Bürgerverein institutionalisierte. Im analog bezeichneten Montagskränzchen fanden sich demokratisch-sozialistisch gesinnte Genossen zusammen, die dann den Demokratischen Verein gründeten. Honoratioren von Stadt und Universität organisierten sich im Verein von Freunden von Freiheit und der Ordnung. Der war insgesamt konservativer als der Bürgerverein, teilte aber mit diesem zum Beispiel das Ziel einer konstitutionellen Monarchie, deren Abschaffung zu diesem Zeitpunkt nur für eine Minderheit eine Option darstellte. Aber es gab sie, diejenigen, die eine Demokratie und damit eine Republik anstrebten. Daneben gab es auch noch andere, die sogar noch weiter gingen, zum Beispiel einige Mitglieder des Demokratischen Vereins, die Anhänger des Kölner Bundes der Kommunisten waren. Unter den Studenten fanden sich die sogenannten Progressisten, die ebenfalls im linken politischen Spektrum anzusiedeln waren. Sie befassten sich mit sozialen Fragen, im Hinblick auf die Universität forderten sie Beteiligung an den Berufungen oder die Aufhebung der Zulassungsbeschränkungen.

Radikalere Kräfte waren es auch, die schließlich die Bürgerversammlung sprengten. Seit dem 18. Mai 1848 tagte das erste frei gewählte deutsche Parlament in der Frankfurter Paulskirche, in dem als Abgeordnete die Göttinger Juristen Heinrich Albert Zachariae und Emil Hugo, der Historiker Georg Waitz sowie der aus Göttingen vertriebene Christoph Friedrich Dahlmann vertreten waren. Dort hatte man sich für eine provisorische Zentralregierung ausgesprochen, welche die lang ersehnte deutsche Einheit auf den Weg bringen sollte. In Göttingen sprach sich eine Studentengruppe dagegen aus und forderte stattdessen eine regionale Volksversammlung, was die Göttinger Bürgerversammlung ablehnte. Es kam zu Tumulten. Ihr Vorsitzender, der Pfarrer Rettig, der sich zuvor immer als ausgleichende Kraft erwiesen hatte, trat zurück. Sein Nachfolger, der Bibliothekar Adolf Ellissen, konnte aber den Untergang nicht abwenden, man verlor sich in Diskussionen und Ende 1848 löste sich die Bürgerversammlung auf. Die gleichzeitig gebildete Bürgerwehr hingegen hielt sich bis 1857.

Damit war das demokratische Potenzial noch nicht erloschen. Ellissen ließ sich in das Bürgervorsteherkollegium wählen, ein städtisches Gremium, dessen zwölf Mitglieder vorwiegend aus der Handwerkerschaft kamen. Aber dafür musste der Bibliothekar zunächst seinen rechtlichen Status ändern und vom Universitätsangehörigen zum Stadtbürger werden. Seine politischen Unterstützer initiierten eine Unterschriftenliste und sammelten Geld, um den kostspieligen Erwerb des Bürgerrechts zu finanzieren. Ellissen übernahm das Amt des „Bürgervorsteher-Wortführers". Das Kollegium entwickelte sich zu einem ernst zu nehmenden Partner des Magistrats, einem Organ der bürgerlichen Selbstverwaltung, das gehört wurde und Einfluss nahm.

Wie schon bei den Erhebungen in den vergangenen Jahrzehnten zu beobachten war, entwickelten sich bald radikale Ableger der neuen Strömung. Anlässlich einer Versammlung der Radikaldemokraten am 30. Juli 1848 unter Otto Volger auf der Burg Plesse im hessischen Bovenden kam es zu gewalttätigen Auseinandersetzungen, bei denen ein Student angeschossen wurde. Er starb am nächsten Tag. Gewalt und Radikalität diskreditierten die demokratische Sache, die dadurch mehr und mehr Anhänger verlor, auch weil auf nationaler Ebene kein Durchbruch zu erzielen war. Ein Jahr nach dem revolutionären Aufbruch beschloss die Nationalversammlung eine Reichsverfassung für einen Bundesstaat mit erblichem Kaisertum. In diesem projektierten und endlich geeinten deutschen Reich sollte Gleichheit vor dem Gesetz gelten, ebenso Presse-, Meinungs-, Versammlungs- und Glaubensfreiheit, Unverletzlichkeit der Person und des Eigentums sowie der Schutz vor staatlicher Willkür. Als aber im April 1849 der preußische König Friedrich Wilhelm IV. die ihm angebotene Kaiserkrone ausschlug, weil ihr der „Ludergeruch der Revolution" anhafte,[6] war mit der demokratischen Idee buchstäblich kein Staat mehr zu machen.

„Man lebte ungestört in Göttingen": die Stadt in der Spätphase des Königreichs Hannover

Und Göttingen? „Man lebte ungestört in Göttingen", so ist es in der Stadtgeschichte nachzulesen.[7] Eines der bedeutendsten Ereignisse dieser postrevolutionären Zeit war sicherlich die Ankunft der Eisenbahn in Göttingen im Jahre 1854. Schon lange war die Verlängerung der sogenannten Südbahn von Alfeld, das eine gute Stunde nördlich von Göttingen liegt, nach Göttingen gefordert worden. Zwei Jahre später wurde sie über Hannoversch Münden bis nach Kassel weitergebaut. Die Eröffnung des stattlichen Bahnhofsgebäudes wurde mit einem Volksfest begangen, das selbst die Kritiker zum Verstummen brachte, die sich vor allzu viel Fortschritt fürchteten. Gefeiert wurde die Verbindung zwischen der „Hauptstadt des Landes" mit der „Hauptstadt der Intelligenz"[8] – Göttingen eben, das, gleichfalls keineswegs unumstritten, 1861 ein eigenes Gaswerk zur Versorgung der Straßenlaternen bekam.

Mit größerer Freude nahm die Stadtbevölkerung die Wiedereinrichtung der Garnison im Jahr 1857 auf, denn Soldaten waren, wie Studenten, Kunden und potenzielle Schwiegersöhne. Vor allem die Kaufmannschaft und die Handwerker begrüßten die wirtschaftlichen und politischen Veränderungen. Magistrat und Bürgervorsteher hingegen bemühten sich, Loyalität gegenüber dem Königshaus zu beweisen. Ernst August hatte sich im Laufe seiner Regierungszeit eine gewisse Beliebtheit erarbeitet. Der Umstand, dass er nach 123 Jahren der erste Herrscher war, der endlich wieder in Hannover residierte, mag ihm dabei zu Hilfe gekommen sein. Göttingen, seit Jahrzehnten nun schon Hort demokratischer Umtriebe, war ihm zutiefst suspekt. Er kam erst im Jahr seines Todes, 1851, zu Besuch, und dies anlässlich der Eröffnung des nach ihm benannten Ernst-August-Spitals an der Geiststraße.[9] Diese Klinischen Anstalten beherbergten sowohl eine Abteilung für innere Krankheiten als auch eine chirurgische Klinik, eine Klinik für „Sinneskranke", womit Augen- und Ohrenkranke gemeint waren, und eine Pathologische Anatomie. Der Student Robert Koch aus Clausthal begann hier sein Medizinstudium, als Berliner Bakteriologe bekam er 1905 den Nobelpreis für Medizin. Ernst August folgte sein Sohn Georg V. auf den hannoverschen Thron. Auch er fand nur ein einziges Mal den Weg in die Universitätsstadt, nämlich 1865 zur Eröffnung des Auditoriums, des dringend erforderlichen neuen und ersten zentralen Hörsaalgebäudes der Universität.

Am 22. Juni 1866 marschierten die ersten preußischen Truppen in die Stadt ein. Zwar sollte die hannoversche Armee den Preußen fünf Tage später in der Schlacht von Langensalza eine herbe Niederlage zufügen, sie konnte sich aber auf Dauer der preußischen Übermacht nicht erwehren. Preußen annektierte das Königreich, und Hannover wurde zu einer preußischen Provinz degradiert. Noch im Juni 2016 hielten wehmütige Welfen am Langensalza-Denkmal in Göttingen zur Erinnerung an diese Übernahme eine Gedenkstunde ab.

Die Herausbildung des modernen Fächerkanons am Beispiel der Chemie

Unterdessen hatte sich an der Universität Göttingen eine Entwicklung angebahnt, die von der preußischen Regierung erkannt und für einen Wiederaufstieg der Georgia Augusta in das Spitzenfeld deutscher Universitäten genutzt werden sollte: die Ausdifferenzierung der Naturwissenschaften. Die Göttinger Professoren hatten sich stets konsequent am Pragmatismus der Grün-

Das Auditorium Maximum der Georg-August-Universität, das 1865 feierlich eröffnet wurde.

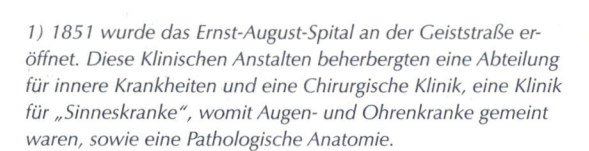

1) 1851 wurde das Ernst-August-Spital an der Geiststraße eröffnet. Diese Klinischen Anstalten beherbergten eine Abteilung für innere Krankheiten und eine Chirurgische Klinik, eine Klinik für „Sinneskranke", womit Augen- und Ohrenkranke gemeint waren, sowie eine Pathologische Anatomie.

2) 1812 zog man eine Zwischendecke in die Paulinerkirche ein, um hier einen weiteren Büchersaal zu eröffnen. Diese Kirche war bisher Universitätskirche gewesen. Ab 1822 wurde dies die Nikolaikirche.

dergeneration orientiert, während man den Idealismus der neu gegründeten Universität zu Berlin überließ, wo unter anderem Fichte, Hegel, Schelling und Schleiermacher lehrten.

Anschaulich wird der Prozess in der allmählichen Trennung der Chemie von der Medizin. Die Chemie war zur Gründungszeit der Universität kein eigenständiges Fach, sondern eine Art Hilfswissenschaft der Medizin, gleichzeitig eng verbunden mit der Pharmazie und der Hüttenkunde. Gleichwohl war ein chemisches Laboratorium, das allerdings vermutlich nie gebaut wurde, von Anfang an in Münchhausens Konzept vorgesehen. Nachweislich hielt Johann Andreas Segner, Professor für Naturlehre und Mathematik, seit 1748 von Vorführungen begleitete chemische Vorlesungen innerhalb der Medizinischen Fakultät. Einen förmlichen Lehrauftrag dafür erhielt allerdings erst 1753 der Professor für Medizin Rudolf Augustus Vogel, dessen „Lehrsätze der Chemie" weite Verbreitung fanden.[10] In der Universitätsapotheke hielt ebenfalls ein Mediziner, Johann Gottfried Brendel, Vorlesungen und zeigte Experimente. 1775 veröffentlichte der in der Philosophischen Fakultät beheimatete Professor für Tierheilkunde und Physik Johann Christian Polycarp Erxleben seine „Anfangsgründe der Chemie"[11], und ein Jahr später „Physikalisch-chemische Abhandlungen" (Leipzig 1776). Hierin bezog er mit der Streitschrift „Über die fixe Luft und die fette Säure" Stellung in der Frage über die Entstehung des Kohlendioxids („fixe Luft").[12] Seine Mutter war übrigens die praktizierende Quedlinburger Ärztin Dorothea Erxleben (1715–1762), die 1754 als erste Medizinerin in Halle promoviert wurde.[13]

Ein wichtiger Schritt hin zur Eigenständigkeit der Chemie war die Berufung Johann Friedrich Gmelins, Angehöriger einer Tübinger Gelehrtenfamilie, der 1775 nach Göttingen kam. Zunächst war er für nur drei Jahre ordentlicher Professor der Philosophie und außerordentlicher Professor der Medizin. 1778 ernannte man ihn zum ordentlichen Professor der Medizin, zusätzlich bekleidete er die Professur für Chemie, Botanik und Mineralogie. Gmelin erhielt nicht nur die erste Denomination für Chemie, er regte auch den Bau eines chemischen Laboratoriums an, das 1783 fertiggestellt wurde. Es war eines der ersten, heute noch erhaltenen, modernen chemischen Laboratorien an einer deutschen Universität, Wohnhaus und Arbeitsstätte der Göttinger Chemiker für über hundert Jahre. Gmelins Nachfolger Friedrich Stromeyer, der heute als Mitentdecker des Cadmiums gilt (1817), war der erste, der ab 1806 ein *Collegium Practicum* einrichtete. Das bedarf der Erwähnung, weil die praktische Ausbildung hier erstmals in das Curriculum einer deutschen Universität aufgenommen wurde, die im Übrigen auch den Studenten erst einmal plausibel gemacht werden musste, da die jungen Herren Handarbeit keineswegs für gesellschaftlich angemessen hielten. Friedrich Wöhler bezog in seiner Zeit in Göttingen, dem Beispiel Justus Liebigs in Gießen folgend, die Studenten in seine Forschungen mit ein. Die Praktika dienten der Ausbildung, oft nach einem festgelegten Curriculum. Die Forschungstätigkeit, in die Friedrich Wöhler, der ab 1836 in Göttingen lehrte, seine Studenten mit einbezog, schloss sich daran an. Daraufhin studierten viele ausländische Studenten, unter ihnen zahlreiche Amerikaner, in Göttingen Chemie.

Die Physik, das sei ergänzend bemerkt, bekam erst sehr viel später für Studenten nutzbare Räume. Der 1831 zum Professor der Physik ernannte Wilhelm Weber hatte sich gleich nach seiner Ankunft in Göttingen dafür eingesetzt, dass aus dem Physikalischen Cabinet ein eigenes Institut mit beheizbaren Räumen wurde, in denen Studenten nicht mehr nur Zuschauer von Versuchen waren, sondern selbst experimentieren konnten. Es setzte sich also immer mehr die Vorstellung durch, dass die durch Anschauung und Erfahrung gesättigte Lehre die Forschung befruchte.

CARL FRIEDRICH GAUSS

Carl Friedrich Gauß war nicht nur der Fürst der Mathematiker, als der er unter anderem in einem Gutachten für die Witwen- und Waisenkasse (1851) auch die Grundlagen der Versicherungsmathematik schuf, sondern machte sich auch als Astronom, Geodät und Physiker einen Namen.[I] Lange vor seiner Göttinger Zeit gelang ihm ein Meisterstück der astronomischen Theorie, das den 24-Jährigen weit über Fachkreise hinaus berühmt machte: Der italienische Astronom Piazzi hatte an verschiedenen Tagen im Januar 1801 einen Stern beobachtet, den er als Planeten erkannte, aber bald wieder aus den Augen verlor. Um diesen kleinen Planeten Ceres wieder zu entdecken, reichte das gedankliche Instrumentarium, welches der zeitgenössischen Astronomie zur Verfügung stand, nicht aus. Berechnungen, wo er wieder auftauchen würde, fußten stets auf einer fast kreisförmigen Bahn. Gauß jedoch ging von einer Ellipse aus, die bis dahin niemand zu berechnen imstande war, und er sollte Recht behalten: Ceres konnte im Januar 1802 wiedergefunden werden.

Im Jahre 1820 beauftragte der Landesherr Gauß mit der Vermessung des gesamten Königreichs Hannover – eine Aufgabe, die den Stubengelehrten fünf Jahre lang durch das ganze Land führte. Bisher beruhten Karten auf Entfernungsschätzungen. Um die Messgenauigkeit steigern

Carl Friedrich Gauß, der Princeps Mathematicorum, *behauptete von sich selbst, er habe eher rechnen als sprechen gelernt. Gauß entwickelte unter anderem das Heliotrop, einen Sonnenspiegel zum Sichtbarmachen weit entfernter Vermessungspunkte.*

zu können, ersann Gauß das von ihm so benannte Heliotrop, ein durch Spiegel erweitertes Fernrohr zur Winkelmessung. Sein Ausgangspunkt war die bewährte Methode der Triangulation: Als Nullpunkt legte er die Sternwarte Göttingen fest, und auf den nun folgenden Reisen überzog er das Terrain mit einem Netz von Dreiecken,[II] von deren Knotenpunkten aus, das war die Neuerung, mit dem Heliotrop optische Signale gesandt werden konnten. Gauß berechnete die fast 2.600 trigonometrischen Punkte, anhand derer Mitarbeiter die Landesvermessung von 1825 bis 1845 vornahmen. Die Methode wurde grundlegend für die moderne Kartographie.

1828 unternahm Gauß eine seiner wenigen Reisen, um an der Versammlung Deutscher Naturforscher und Ärzte in Berlin teilzunehmen. Hier lernte er den begabten Wilhelm Weber kennen,[III] mit dem gemeinsam er später in Göttingen den elektromagnetischen Telegrafen erfand.

Es schlossen sich Forschungen zum Erdmagnetismus an. Göttingen wurde Zentrum eines weltweiten Forschungsverbunds, in dem 53 erdmagnetische Observatorien zu jeweils vorher festgelegten Terminen 24 Stunden lang alle fünf Minuten Zeitmessungen des Magnetfeldes nach Göttinger Zeit vornahmen. Ziel war es, die zeitlichen Schwankungen genau zu verfolgen.

Friedrich Wöhler

1836 berief man Friedrich Wöhler als Ordinarius für Chemie und Pharmazie. Auf seinen ausdrücklichen Wunsch hin und entgegen den Vorstellungen der Universität beließ man das Ordinariat in der Medizinischen Fakultät und verlegte es nicht in die Philosophische Fakultät.[14] Der Frankfurter Wöhler hatte mangels Gelegenheit nicht Chemie, sondern Medizin studiert, unter anderem in Heidelberg bei Leopold Gmelin, dem Sohn des Göttinger Gmelin – Chemie gab es als eigenständiges universitäres Lehrfach noch nicht. Nach dem Studium ging er 1823/24 nach Stockholm zu dem damals berühmtesten Chemiker seiner Zeit, Jacob Berzelius. Dieser hatte die in Grundsätzen noch heute gültige Schreibweise für chemische Elemente und Verbindungen geschaffen. Außerdem ist es im Wesentlichen Berzelius zu verdanken, dass sich das Atomkonzept in der Chemie durchgesetzt hat. Zurück in Deutschland gelang Wöhler 1827 als Professor für Chemie an der Gewerbeschule in Berlin die Herstellung reinen Aluminiums. Ein Jahr später machte er eine Entdeckung, für die er berühmt werden sollte. Es gelang ihm die Herstellung von Harnstoff im Labor, das heißt die Synthese von organischen Verbindungen aus anorganischem Material. Damit hatte er den Nachweis erbracht, dass es einer wie auch immer gearteten Lebenskraft ('vis vitalis'), gewissermaßen eines göttlichen Lebenshauchs, nicht bedurfte, um organische Materialien zu erstellen. Diese Harnstoffsynthese wurde über Jahrzehnte zum Gründungsmythos der Organischen Chemie hochstilisiert.[15] Neuere Darstellungen sehen dies allerdings inzwischen sehr kritisch.

Das Denkmal für Carl Friedrich Gauß (sitzend) und Wilhelm Weber. Es wurde 1899 eingeweiht und nimmt Bezug auf die Entwicklung des elektromagnetischen Telegrafen: Gauß hält einen Draht (dieser ist inzwischen verschwunden) in der Hand, zu seinen Füßen die Spule.

1) Mathematik und Physik, vertreten durch Gauß und Weber, sowie die Chemie mit Wöhler waren die tragenden Säulen, die der Universität zum Wiederaufstieg verhalfen. Hier das Chemische Labor 1860.

2) Dem alten Museum fehlte ein schlüssiges Konzept, sodass die zoologischen und mineralogischen Exponate 1877 in ein neues Naturhistorisches Museum umzogen, das den neuzeitlichen Naturwissenschaften eher entsprach. Lange beherbergte das Gebäude die Zoologie. Seit 2017 entsteht dort das Forum Wissen, ein moderner Veranstaltungsort, der Teile der universitären Sammlungen zeigt und zugleich die Prozesse der Wissens-Entstehung für die Öffentlichkeit zugänglich macht.

3) Göttingen war die erste Universität im Reich mit einem eigenen Museum. Hier wurden die Sammlungen der Universität gezeigt, zum Beispiel die Modellkammer. 1799 kam Lichtenbergs Physikalisches Kabinett dazu, ab 1805 folgten eine Bildersammlung und andere mehr.

4) Der Chemiker Friedrich Wöhler, der sich durch die Herstellung von Harnstoff im Labor (das heißt die Synthese von organischen Verbindungen aus anorganischem Material) einen Namen gemacht hatte, kam 1836 nach Göttingen.

Es gelang, ihn nach Göttingen zu holen. Die Universität erbaute ihm ein neues Institut neben dem Gmelin'schen Ursprungsgebäude mit einem Hörsaal für 80 Zuhörer und Laboratorien für 30 bis 40 Praktikanten.[16] Dort las er täglich – und gern – von 9 bis 10 Uhr über Allgemeine und Anorganische Chemie sowie viermal die Woche von 6 bis 7 Uhr über Organische Chemie.[17] Der Kurator von Warnstedt informierte Wöhler, dass in den vergangenen 42 Semestern (von 1845/46 bis 1866) „im Ganzen 8.243 Studenten chemische Vorlesungen in Göttingen hörten. [...] Es steht die Chemie unter allen anderen Unterrichtszweigen voran".[18] Acht Jahre nach seinem Tod errichtete die Deutsche Chemische Gesellschaft Wöhler ein Denkmal, das sie bei der Enthüllung 1890 der Stadt Göttingen übergab. Es stand zunächst vor dem Auditorium, seit 1985 aber am heutigen Platz an der Hospitalstraße, dort, wo ehemals Wöhlers Institut stand.

Carl Friedrich Gauß und Wilhelm Weber

Derselbe Künstler[19] wurde einige Jahre später damit beauftragt, ein zweites Denkmal zu errichten, das 1899 nur wenige Meter von Wöhler entfernt am Wall in der sogenannten Gauß-Weber-Anlage aufgestellt wurde. Es diente der Erinnerung an Carl Friedrich Gauß, schon zu Lebzeiten mit dem Titel des *Princeps Mathematicorum* versehen,[20] der von sich selbst behauptete, er habe eher rechnen als sprechen gelernt. Die Begabung des Kindes fiel auf, er wurde vom Herzog von Braunschweig gefördert. Von 1795 bis 1798 studierte er in Göttingen bei Kaestner Mathematik, bei Lichtenberg Physik, bei Arnold Heeren Geschichte und bei Heyne klassische Philologie, die er zugunsten der Astronomie bei Carl Felix Seyffer aufgab, obwohl er sehr sprachbegabt war. Noch vor seiner Promotion 1799 ‚in absentia' an der Landesuniversität Helmstedt stellte er sein mathematisches Hauptwerk, die „Disquisitiones Arithmeticae" fertig, von einem Biographen als „die Magna Charta der Zahlenlehre" bezeichnet.[21] Als mit dem Tod des Herzogs 1806 die Förderung endete, nahm Gauß, der unterdessen in Braunschweig gelebt hatte, 1807 eine Professur in Göttingen an. Er war Mitglied der Philosophischen Fakultät, die noch die Mathematik, Physik und Astronomie umfasste. Und er wurde zum Leiter der neuen Sternwarte ernannt, die seit 1803 gebaut, aber erst 1816 fertiggestellt wurde.

Gauß war, ähnlich wie Haller, durch private Tragödien eigenbrötlerisch geworden. Im Gegensatz zu Wöhler hielt er nicht gerne Vorlesungen und lebte vorzugsweise in gelehrter Einsamkeit. Während er anfangs durchaus noch am gesellschaftlichen Leben in Göttingen teilnahm, zog er sich 1809 nach dem frühen Tod seiner Frau zurück. Zwar heiratete er bald wieder, um seine zwei überlebenden Kinder versorgt zu wissen, die Ehe, aus der drei weitere Kinder hervorgingen, war allerdings unglücklich.[22]

Gauß veröffentlichte zu Lebzeiten wenig – mit der Begründung, wenn er etwas aus der Hand gebe, dann müsse es reif sein. Dabei verfasste er seine Werke auf Latein, was nicht unüblich, aber auch nicht mehr die Regel war. Obwohl einer seiner Schwiegersöhne, der Orientalist Heinrich Ewald, zu den Göttinger Sieben gehörte, schloss Gauß sich diesem Protest nicht an. Auch die enge Verbindung zu seinem Mitarbeiter Wilhelm Weber, einem weiteren Protestierer, überzeugte ihn nicht von dieser politischen Stellungnahme. Beide kehrten mit Gauß' Unterstützung 1848 beziehungsweise 1849 nach Göttingen zurück.

Das genannte Denkmal zeigt Gauß und Weber ins Gespräch vertieft. Es konnte nach Webers Tod 1891 durch Spenden aus aller Welt errichtet werden. Festgehalten ist die Entwicklung des elektromagnetischen Telegrafen: Gauß hält einen Draht in der Hand, der allerdings inzwischen verschwunden ist, zu seinen Füßen die Spule. An diese bahnbrechende Erfindung aus dem Jahr 1833, auf die auch die Darstellung auf dem letzten

Zehn-DM-Schein Bezug nimmt, erinnert heute ein grüner Laserstrahl, der in der Dunkelheit von der Sternwarte zur Johannisstraße geschickt wird, wo sich das Physikalische Institut befand.

Die Universität in den 1870er- und 1880er-Jahren: bereit für den Wiederaufstieg

Unter Webers Nachfolgern errichtete und erweiterte man schon bald ein neues Physikalisches Institut am Leinekanal. Direkt gegenüber wurde zwischen 1878 und 1882 endlich die dringend notwendige Vergrößerung der Bibliothek in Angriff genommen, obwohl die Pläne des Universitätsbaumeisters für den Ausbau schon seit 1787 vorlagen. Man riss das Konzilienhaus, das Professorenwohnungen beherbergt hatte, und das Akademische Museum für einen zweckdienlichen Neubau ab. Das Konzept des Museums hatte sich überlebt, nach Blumenbachs Tod begann man, Teile der Sammlungen, zum Beispiel die mineralogischen und die ethnografischen Bereiche, getrennt zu verwalten. Die Zoologisch-Anthropologische Sammlung erhielt zwischen 1873 bis 1877 einen Neubau neben dem Bahnhof, jetzt als Naturhistorisches Museum. Der nie versiegende Platzhunger der Bibliothek führte schließlich dazu, dass die allerersten Neubauten aus preußischer Zeit (1871 bis 1874), die landwirtschaftlichen Institute am Nikolausberger Weg 9, 1988 dem vorerst letzten Neubau der Universitätsbibliothek weichen mussten. Neue Gebäude waren dringend erforderlich, weil sich der Fächerkanon immer weiter entfaltete.

1874 wurde für Hans Hübner ein Ordinariat der Chemie in der Philosophischen Fakultät eingerichtet. Dies markiert insgesamt den Übergang in die Philosophische Fakultät (1875). Wöhler allerdings blieb bis zu seinem Tod auf seiner ursprünglichen Position. Ihm folgte einige Jahre später ein eigenes Institut für Physikalische Chemie. Gauß, Weber, Wöhler und andere hatten der Georgia Augusta einen Ruf als vorzügliche naturwissenschaftliche Universität erarbeitet. Drei Männer – der Mathematiker Felix Klein, seit 1887 in Göttingen, der Nationalökonom Wilhelm Lexis und der preußische Minister Friedrich Althoff – sahen hier den Ausgangspunkt für die Nobelpreisschmiede des 20. Jahrhunderts.

Blick vom Wall auf die Neue Sternwarte, die in den Jahren 1803 bis 1816 für Gauß erbaut worden war. Bis heute ist sie die einzige staatliche (früher königliche) Sternwarte in Niedersachsen. Das Wohnhaus von Carl Friedrich Gauß schloss sich direkt an seine Wirkungsstätte an.

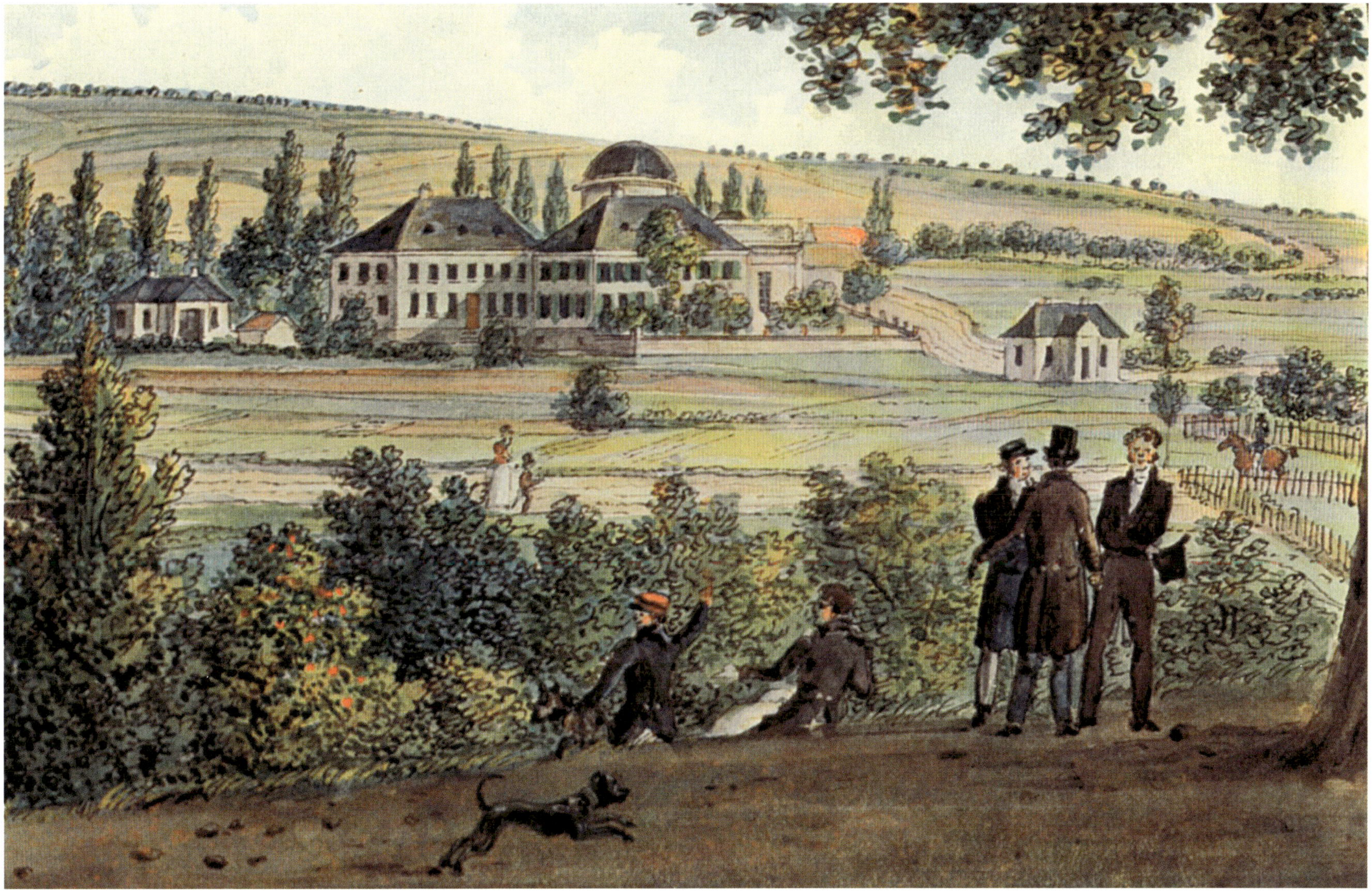

1) Hunger 2002, S. 202.
2) Zitiert nach Schöne 2005, S. 87.
3) Gresky 1973, S. 33.
4) Zum Thema Auszug (1790) siehe auch Brüdermann 1991 sowie Römling 2012, S. 194.
5) Wellenreuther 1988, S. 163.
6) Zitiert nach Hein 1998, S. 122.
7) Schumann 2002, S. 123.
8) Zitiert nach Schumann 2002, S. 128.
9) Siehe dazu Jentzsch 1988.
10) Vogel's Lehrsätze der Chemie 1775.
11) Dieterich 1775.
12) Franck 1988, S. 55.
13) Siehe dazu Meixner 1999.
14) Gustav Ganß: Geschichte der pharmazeutischen Chemie an der Universität Göttingen, Marburg 1937, S. 47f.
15) Peter J. Ramberg: The death of vitalism and the birth of organic chemistry: Wöhler's urea synthesis and the disciplinary identity of organic chemistry, Ambix 47 (3/2000), S. 170–195.
Herbert Teichmann: 175 Jahre Wöhlers Harnstoff-Synthese, in: Mitteilungen der Gesellschaft Deutscher Chemiker, Fachgruppe Geschichte der Chemie 17 (2004), S. 3–29 (online zugänglich unter: https://www.gdch.de/netzwerk-strukturen/fachstrukturen/geschichte-der-chemie/mitteilungen-der-fachgruppe-online.html).
Johannes Uray: Die Wöhlersche Harnstoffsynthese und das wissenschaftliche Weltbild: Analyse eines Mythos, Graz 2009.
16) Oberdiek 2002, S. 53.
17) Franck 1988, S. 73.
18) Zitiert nach Beer 1998, S. 10f.
19) Hartzer (1838-1906), Berlin. siehe auch http://webdoc.sub.gwdg.de/ebook/e/2005/gausscd/html/kapitel_denkmal.htm, abgerufen am 14.02.2017.
20) Nach seinem Tod 1855 prägte man im Königreich Hannover eine Medaille zu Ehren von Gauß, auf der er als *Princeps Mathematicorum* bezeichnet wurde.
21) ADB, https://www.deutsche-biographie.de/sfz69883.html#adbcontent, abgerufen am 10.02.2017.
22) Daniel Kehlmann hat 2005 Gauß' Biographie in „Die Vermessung der Welt" literarisch verarbeitet.

Kasten Carl Friedrich Gauß
I) Siehe auch Mania 2009, Tent 2006 sowie:
http://www.gauss-goettingen.de/index.php,
http://www.hs.uni-hamburg.de/DE/GNT/gauss/gaussges.html,
http://www.gauss-goettingen.de/index.php,
jeweils abgerufen am 14.02.2017.
II) http://www.hs.uni-hamburg.de/DE/GNT/gauss/vermess.htm, abgerufen am 14.02.2017.
III) Zu Weber siehe auch Nickol 2017, S. LXXIXff.

1 8 8 7

1 9 3 3

"Er hieß bei uns der ‚Große Felix' und herrschte über unser Schicksal." So erinnerte sich der damalige Student und spätere Physik-Nobelpreisträger Max Born an den Mathematiker Felix Klein, der in Göttingen vor allem als, wie wir es heute nennen würden, Wissenschaftsmanager wirkte. „Eine der wesentlichen Leistungen Kleins", so Born weiter, sei die „Berufung anderer Mathematiker von Weltruhm. Dass er dies tat ohne den leisesten Anfall von Eifersucht, ist der beste Beweis seiner menschlichen Größe. Mit den Jahren wurde Klein immer mehr der Zeus, der über den anderen Olympischen Größen thronte".[1]

Der Mathematiker Felix Klein in Göttingen

Klein hatte sich im Jahr 1871 in Göttingen habilitiert und sich in Erlangen, München und Leipzig den Ruf eines hervorragenden Mathematikers erarbeitet. Als solcher wurde er 1886 im Alter von 37 Jahren an die Unversität Göttingen berufen. Er brachte viele Ideen mit, um Göttingen zu einem Wissenschaftsstandort ersten Ranges zu machen – und dies für Professoren wie für Studenten gleichermaßen. Er hatte dabei einen einflussreichen Mitstreiter, nämlich Friedrich Althoff, der seit 1882 Universitätsreferent im preußischen Bildungsministerium sowie ab 1897 Leiter des Unterrichts- und Hochschulwesens in Berlin war.

Das Ministerium war bestrebt, die Universitäten in Preußen mit jeweils einem Schwerpunkt zu versehen, um gezielter fördern zu können. Während die Hochschule der Hauptstadt ein geisteswissenschaftliches Zentrum werden sollte, wurde in Halle der Ausbau der evangelischen Theologie betrieben, in Kiel wurde die Skandinavistik, in Breslau die Slawistik und in Göttingen wurden die Naturwissenschaften und die Mathematik gefördert. Unter Althoffs Ägide verdoppelte sich der Etat der preußischen Universitäten ebenso wie die Zahl der Studenten.

Durch Kleins und Althoffs Bemühungen gelang es in Göttingen, die Zahl der mathematischen Ordinariate von fünf auf zehn zu erhöhen. Der wichtigste Neuzugang war 1895 der Königsberger David Hilbert, der Wegbereiter der Mathematik des 20. Jahrhunderts. Der herausragende Mathematiker unterstützte Klein vorbehaltlos in dessen Bemühungen für die Göttinger Mathematik. Zum Beispiel handelte er im Jahr 1902, als er ein Angebot aus Berlin erhielt, aus, dass er in Göttingen bliebe, falls sein Königsberger Kollege und Freund Hermann Minkowski hier einen Lehrstuhl erhielte – was bewilligt wurde. Minkowski allerdings starb schon 1909 und so bildeten zunächst Klein und Hilbert den Kern der Göttinger Exzellenz in den kommenden Jahren. Von ihrer Arbeit und ihrem Einsatz ausgehend entwickelten sich gute äußere Bedingungen, verbunden mit einer anregenden, kommunikativen Arbeitsatmosphäre, die Gelehrte hervorbrachte, deren Forschungsergebnisse mit zahlreichen Nobelpreisen gewürdigt wurden.

Klein war ein Verfechter des interdisziplinären Arbeitens. Deshalb schlug er 1889 vor, Magnetismus, Meteorologie sowie die abstrakten Teile der Geografie, Geologie und Geodäsie in einem Institut zu vereinen, was ihm nicht gelang. Ähnlich schwierig war zunächst die Errichtung eines Instituts für Physikalische Chemie. Der Vorschlag wurde von den Kollegen als „unstatthaft"[2] zurückgewiesen, eine Begründung, die in ihrer Hilflosigkeit kaum verschleiert, wo der Kern des Problems lag: in der Besitzstandswah-

Der Göttinger Karzer im Aulagebäude am Wilhelmsplatz. Generationen von Studenten haben sich hier verewigt. Der freundliche, helle Raum deutet an, dass es die Studenten im Universitätsgefängnis nicht allzu schwer hatten. Der Universitätspedell nahm zum Beispiel Bestellungen für Bier entgegen, auf den Fluren unterhielt man sich.

Paul Kork
R. Harms
6-13. III
05.
SEITZ
JANKE
Parken verboten
BÜCHLER.
d. 8-11. I. 03.
H. Bartels
20.-22. II. 03.
v. Buttlar

DER GÖTTINGER KARZER

Das Wort Karzer leitet sich vom lateinischen carcer für Kerker ab, doch mit einem furchterregenden Kerker hatte das studentische Gefängnis wenig gemein.[I] Dieser studentische Arrestraum, wie es im Duden etwas zurückhaltender heißt, war notwendig, weil die Universitäten eine eigene Rechtsprechung für die Angehörigen ihrer Korporation hatten.

Der erste Göttinger Karzer verfügte über vier Arrestzellen und lag zwischen der Paulinerkirche und dem benachbarten Kollegienhaus. Je mehr Studenten es gab, desto mehr Rauf- und Trunkenbolde gab es und das Gefängnis musste in das ehemalige Wohnhaus des Theologen Christoph August Heumann in der heutigen Prinzenstraße verlegt werden. In diesem Gebäude tagte dienstags und freitags auch das akademische Gericht. Es hatte unter anderem darüber zu befinden, wer zur Karzerhaft verurteilt wurde, weil er durch beleidigendes Verhalten, öffentliche Trunksucht, nächtliche Ruhestörung, Faulheit oder zu schnelles Reiten in der Stadt auffiel. Die Strafe belief sich in der Regel auf bis zu 14 Tagen Haft.

Die jedoch wurde von den Studenten des 19. Jahrhunderts kaum noch ernst genommen: Man rechnete es sich zur Ehre an, zumindest einmal in seiner studentischen Karriere im Karzer gesessen zu haben. Einer der bekanntesten Karzerinsassen war der Jurastudent Otto von Bismarck, der durch ostentative Devianz Stadt und Universität derartig herausforderte, dass er vor die Tore der Stadt verbannt wurde. Dort am Wall ist noch heute das Bismarckhäuschen zu besichtigen, in dem er sein fröhliches Studentenleben fortsetzte, bis er 1833 nach Berlin wechselte. Dem Reichskanzler Bismarck baute die Stadt später den ebenfalls noch zu besichtigenden Bismarckturm, weithin sichtbar im Merkel'schen Stadtwald gelegen.

Wenige Jahre vor Bismarcks Aufenthalt in Göttingen studierte ein anderer Jurist an der Georgia Augusta, der später ebenfalls große Berühmtheit erlangen sollte, allerdings als Literat, Heinrich Heine. Der Dichter setzte dem Karzer in seiner Harzreise ein literarisches Denkmal: „Nachdem ich meinen Magen etwas beschwichtigt hatte, bemerkte ich in derselben Wirtsstube einen Herrn mit zwei Damen, die im Begriff waren abzureisen. Dieser Herr war ganz grün gekleidet, trug sogar eine grüne Brille... Der Grüne wünschte, daß ich ihm ein Hotel in Göttingen empfehlen möchte, und ich riet ihm, dort von dem ersten besten Studenten das Hotel de Brühbach zu erfragen. ... Beide Damen fragten mich zu gleicher Zeit: ob im Hotel de Brühbach auch ordentliche Leute logirten. Ich bejahte es mit gutem Gewissen, und als das holde Kleeblatt abfuhr, grüßte ich nochmals zum Fenster hinaus. Der Sonnenwirt lächelte gar schlau und mochte wohl wissen, daß der Karzer von den Studenten in Göttingen Hotel de Brühbach genannt wird."[II] Brühbach war der Name des Universitätspedellen, der auch Karzerwächter war.

Nach dem Bau der Aula 1837 wurde der Karzer dorthin verlegt. Er verlor im Lauf der Jahrzehnte an Bedeutung und wurde im Februar 1933 geschlossen. 2007 ließ die Universität die Räume grundlegend sanieren. Heute ist von den ehemals acht Karzerzellen eine mit der Originalmöblierung zu besichtigen. Mit ihren farbenprächtigen Grafitti, Namen, Silhouetten und den Zeichen ihrer jeweiligen Studentenverbindung, die die Studenten aus verschiedenen Jahrhunderten hinterließen, sind sie eine touristische Attraktion.

rung. Aber der „Große Felix" ließ sich nicht entmutigen. Die Physikalische Chemie unter Leitung des späteren Nobelpreisträgers Walter Nernst entstand 1894 an der Bürgerstraße 50. Anknüpfend an die Gauß'schen Arbeiten zum Erdmagnetismus erbaute man 1901 im Osten der Stadt am Hainberg das erste Institut für Geophysik weltweit.[3] Es stand unter der Leitung von Emil Wiechert, der Göttingen zum Zentrum der seismischen Forschung machte, indem er 1902 in der Nachbarschaft des stattlichen Institutsgebäudes eine Erdbebenwarte in Betrieb nahm, mit der noch heute Messungen vorgenommen werden können.

Auf dem dazugehörigen Gelände stellte man unter anderem das sogenannte Gaußhaus auf. Das kleine hölzerne Gebäude, in dem nur nichtmagnetische Metalle wie Kupfer, Messing oder Zink verbaut wurden, hatte Gauß 1833 als elektromagnetisches Observatorium im Garten der Sternwarte erbauen lassen. Neuer Leiter der Sternwarte wurde 1901 Karl Schwarzschild, der Begründer der modernen Astrophysik. Schließlich regten Klein, Hilbert und Minkowski an, einen Lehrstuhl für Angewandte Mathematik einzurichten, da ihnen an der Anwendung der grundlegenden mathematischen und physikalischen Wissenschaften gelegen war. 1904 entstand dieser als erster seiner Art in Deutschland. Flankiert wurde dies von der Idee, auch ein Institut für Angewandte Elektrizität und eines für Angewandte Mechanik einzurichten, Letzteres mit dem Gründungsdirektor Ludwig Prandtl. Der bayerische Physiker hatte durch Veröffentlichungen zur Strömungsforschung die Fachwelt auf sich aufmerksam gemacht und war deshalb 1901 mit 26 Jahren ordentlicher Professor für Mechanik an der Technischen Hochschule Hannover geworden. Felix Klein holte ihn nach Göttingen. Und Prandtl kam, obwohl man ihm in Göttingen zunächst nur ein außerordentliches Ordinariat anbieten konnte, denn die Attraktivität des Wissenschaftsstandorts Göttingen reizte ihn.[4]

Verbesserung der Lehre

Aber dem Zeus unter den Olympioniken an der Georgia Augusta lagen nicht nur Ruhm und Ehre seiner Alma Mater am Herzen, sondern er setzte sich auch für die Studenten ein. Schon in seinen Berufungsverhandlungen hatte er erreicht, dass ein Lesezimmer des mathematisch-physikalischen Seminars im oberen Stock des Auditoriums eingerichtet wurde. Hier lagen auch viele ausländische Zeitschriften aus. Zugehörig war eine Präsenzbibliothek, die um 1890 mit gut 500 Bänden eröffnet wurde und bis 1914 bereits auf 7.000 Bände angewachsen war.[5] Ergänzend ist die Sammlung mathematischer Instrumente und Modelle zu sehen,[6] die sich aus der Modellkammer des 18. Jahrhunderts heraus entwickelt hatte.

Wichtig war es Klein, auch in der Lehre die Interdisziplinarität zu praktizieren. Legendär ist das Seminar über Elektrotheorie, das er zusammen mit den Mathematikern David Hilbert, Hermann Minkowski und Gustav Herglotz sowie dem Geophysiker Emil Wiechert veranstaltete. Studentische Teilnehmer waren unter anderem die späteren Nobelpreisträger für Physik Max Laue und Max Born.

Ein anderes Betätigungsfeld fand Klein in der Lehrerfortbildung. Seiner Anregung folgend wurde der erste Lehrstuhl für Didaktik der mathematischen Wissenschaft an einer deutschen Universität in Göttingen eingerichtet. Klein war darüber hinaus Mitbegründer und Vorsitzender der Internationalen Kommission zur Förderung des mathematischen Unterrichts sowie Vorsitzender der Internationalen Mathematischen Unterrichtskommission (IMUK). Seinem Einsatz ist es zu verdanken, dass im Jahr 1900 an den Schulen in Deutschland die mathematisch-naturwissenschaftlichen Fächer den humanistischen Fächern gleichgestellt wurden. Ab 1892 initiierte Klein während der Schulferien Fortbildungskurse für Mathematik- und Physiklehrer.

1) *Das sogenannte Gaußhaus, in dem nur nichtmagnetische Metalle wie Kupfer, Messing oder Zink verbaut sind, hatte Gauß 1833 als elektromagnetisches Observatorium im Garten der Sternwarte erbauen lassen. Anknüpfend an die Gauß'schen Arbeiten zum Erdmagnetismus erbaute man 1901 im Osten der Stadt am Hainberg das erste Institut für Geophysik weltweit.*

2) *und 3) Das Michaelishaus, die ehemalige Londonschänke, war seit 1842 im Besitz der Universität. Bis 1905 beherbergte es die physikalischen Institute. Als die Physik 1905 an der Bunsenstraße neue Gebäude bekam, zog der Physiker Prandtl mit der neu eingerichteten Angewandten Mechanik ein. 1908 wurde auf sein Betreiben hin die Modellversuchsanstalt gebaut, das „erste wissenschaftliche Institut für Luftfahrt in der Welt", wie es in einer Festschrift hieß. Die Gründung der Kaiser-Wilhelm-Gesellschaft 1911 nahm er zum Anlass, dort Unterstützung für ein Institut für Hydro- und Aerodynamik zu beantragen, das prinzipiell genehmigt, dessen Ausbau aber durch den Kriegsausbruch unterbrochen wurde.*

Gründung der Göttinger Vereinigung

1893 reiste Klein im Auftrag des preußischen Kultusministeriums in die USA, um in Chicago an einem Mathematiker-Kongress anlässlich der Weltausstellung teilzunehmen. Dort lernte er kennen, was bis dahin in Deutschland völlig unbekannt war: die Zusammenarbeit von Wissenschaft und Industrie. Ergebnis dieser und weiterer Reisen (zum Beispiel 1896 nach Princeton) war 1898 die Gründung der Göttinger Vereinigung zur Förderung der angewandten Physik (seit 1900 fügte man „und Mathematik" hinzu), eines Zusammenschlusses von Wissenschaftlern und Industriellen. Unter ihnen befanden sich im Laufe der Jahre Henry Theodor Böttinger, Direktor der Elberfelder Farbenwerke (später Bayer), Emil Rathenau von der AEG, Isidor Loewe von der Ludwig Loewe & Co. AG, Wilhelm von Siemens sowie Gustav Krupp von Bohlen und Halbach.[7] Klein verfolgte damit zwei Ziele: Zunächst ging es auch hier wieder um die Verbesserung der Lehre, ein Vorhaben, von dem seine Gesprächspartner nicht überzeugt werden mussten, denn die Nachfrage nach anwendungsorientierten Nachwuchswissenschaftlern war groß. Damit unterschied sich die Göttinger Vereinigung deutlich von der prinzipiell ähnlich strukturierten, 1911 gegründeten Kaiser-Wilhelm Gesellschaft, der Vorgängerinstitution der heutigen Max-Planck-Gesellschaft, deren Schwerpunkt die Forschung unter anderem durch Freistellung von der Lehre war. Durch die Göttinger Vereinigung flossen erhebliche Gelder in die Stadt. So finanzierte sie 1905 ein neues Hauptgebäude des Physikalischen Instituts ebenso wie das neue Institut für Angewandte Elektrizität und schließlich auch Prandtls Windkanal von 1908.

Zusammenarbeit von Wissenschaft und Technik

Klein, der übrigens als wohl einziger Ordinarius Mitglied im Verein Deutscher Ingenieure war, war überdies an der engen Zusammenarbeit von Wissenschaft und Technik gelegen. Immer bemüht, Lehrenden und Lernenden einen breiten Horizont zu bieten und Spezialistentum zu vermeiden, hatte er sich jahrelang – vergeblich – dafür eingesetzt, die Technischen Hochschulen, die sich eben erst endgültig institutionalisiert hatten, an die Universitäten zurückzuholen. Aus diesem Grund war er strikt gegen eine Ausgliederung der Mathematik und der Naturwissenschaften aus der Philosophischen Fakultät, die aber 1922 durchgesetzt wurde. Althoff, Klein und Hilbert – als Trio durchaus vergleichbar mit ihrem historischen Pendant Münchhausen, Haller und Heyne – hatten, indem hier Taten- und Erkenntnisdrang auf politische (und später auch wirtschaftliche) Förderung stießen, ein weltweit beachtetes universitäres Universum erschaffen, das 1933 jäh zerschlagen wurde.

Wissenschaftlerinnen in Göttingen

Es war ein Universum der Männer, in das nur ausnahmsweise Frauen Eingang fanden – zunächst aufgrund ihrer außergewöhnlichen Begabung, wie im Falle der russischen Mathematikerin Sofja Kowalewskaja. Sie war die erste Frau, die überhaupt in der Mathematik promoviert wurde: eine Promotion in absentia und dies 1874 in Göttingen, das sie nie in ihrem Leben betreten hat. Frauenbildung im russischen Reich war noch nicht institutionalisiert. Aber seit den 1860er-Jahren lehnten sich vermehrt junge Frauen dagegen auf, indem sie sich heiratswillige junge Männer suchten, die mithilfe einer Scheinehe bereit waren, ihren Teil zur gesellschaftlichen Veränderung beizutragen. Als verheiratete Frau konnte Kowalewskaja das Land verlassen. Das Paar ging nach Preußen, wo Frauen zwar bis 1908 auch nicht studieren durften, wo sie jedoch bei dem damals berühmtesten Mathematiker Deutschlands, Karl Weierstraß, in Berlin vier Jahre lang Privatstunden nahm. Er war es, der vorschlug, sie möge in Göttingen um Promotion nachsuchen, denn die Universität sei diejenige, „mit der sich, was altbegründeten Ruhm betrifft, keine andere messen kann".[8] Die 24-Jährige legte nicht nur eine, sondern gleich drei Abhandlungen vor, die so ausnehmend gut waren, dass man ihr, trotz der Bedenken einiger Professoren, wie beantragt die mündliche Prüfung erließ und sie mit summa cum laude promoviert wurde. Kowalewskaja war schließlich auch die erste Frau, die einen ordentlichen Lehrstuhl an einer neuzeitlichen Universität (in Stockholm) erhielt.

Ihre Freundin und Mitstreiterin war die russische Chemikerin Julia Lermontowa, die zusammen mit Kowalewskaja zum Wintersemester 1869/70 zunächst nach Heidelberg kam, wo sie bei Professor Robert Bunsen (der einst in Göttingen studiert hatte) im Labor arbeiten durfte, ohne Vorlesungen besuchen zu können. Sie wurde die erste promovierte Chemikerin weltweit. Allerdings erließ man ihr die mündliche Prüfung nicht: Sie musste am 24. Oktober 1874 in Göttingen einem Prüfungsgremium Rede und Antwort stehen, wo es ihr mit Bravour gelang, auch scharfe Kritiker des Frauenstudiums von ihren Leistungen zu überzeugen.

Erst 21 Jahre später wurde Grace Chisholm promoviert, die als erste Frau Preußens in Göttingen ihren Doktortitel im Anschluss an ein reguläres Studium erhielt. Die 1868 geborene Engländerin wurde von ihrem Vater gefördert, der die Begabung seiner Tochter erkannte und sie ermutigte, in Cambridge zu studieren, wo sie 1893 ihr Studium abschloss. Dort riet man ihr, die Studien in Göttingen fortzusetzen, wohl nicht zuletzt, weil Felix Klein ein erklärter Befürworter des Frauenstudiums war. Seine Reise in die USA hatte auch den Zweck gehabt, talentierte Studentinnen für Göttingen zu gewinnen, so der ausdrückliche Auftrag Althoffs. Tatsächlich traf er dort mit Mary Winston eine Mathematikerin, die bereits am Frauencollege Bryn Mawr und in Chicago studiert hatte. Sie kam, wie Grace Chisholm, zum Wintersemester 1893/94 nach Göttingen, ebenso wie Margret Eliza Maltby aus Ohio. Klein half ihnen, ihre Anträge auf Hospitanz auszufüllen, denn immatrikulieren durften sie sich in Deutschland nicht. Er unterstützte und forderte seine Studentinnen so wie die Studenten; während Maltby sich als Physikerin bewährte, promovierten die beiden anderen bei ihm.

Eine Frau zu habilitieren, das gelang im Kaiserreich nicht, obwohl es in Göttingen eine Kandidatin gegeben hätte: Emmy Noether. 1882 in Erlangen geboren, studierte sie dort bei ihrem Vater, dem Mathematiker Max Noether. Nach ihrer Promotion 1907 blieb sie zunächst acht Jahre lang am Erlanger Institut, stand aber bereits seit 1913 in engerem Kontakt mit Klein und Hilbert. 1915 folgte sie der Einladung nach Göttingen, wo die zwei Professoren, von ihren außerordentlichen Fähigkeiten überzeugt, sie aufforderten, einen Antrag auf Habilitation zu stellen. Die Antwort, besser die Ablehnung des Ministers ließ zwei Jahre auf sich warten. Zwar befürwortete die mathematisch-naturwissenschaftliche Abteilung der Philosophischen Fakultät den Antrag, auch in der Hoffnung, „Fräulein Noether" hege keine feministischen Hintergedanken, sondern werde eine „eifrige und stille Arbeiterin auf dem Felde ihres Berufes sein".[9] Doch die historisch-philologische Abteilung war geschlossen dagegen, denn die Angst, einen Präzedenzfall zu schaffen, war groß. David Hilbert ermöglichte es ihr daraufhin, unter seinem Namen Seminare abzuhalten, bis man es 1919 unter anderen politischen Rahmenbedingungen wagen konnte, einen neuen Antrag zu stellen, dem stattgegeben wurde. Nach drei Jahren Privatdozentur bekam sie 1922 in einem beschleunigten Verfahren den Professorentitel verliehen – mit dem Argument, sie wäre schon 1915 habilitiert worden, wenn sie keine Frau wäre.[10] Emmy Noether, so die Wissenschaftshistorikerin Cordula Tollmien, war und wurde immer mehr – mit einem wachsenden Kreis von Schülern – der „Kristallisationspunkt der Göttinger mathematischen Aktivitäten".[11] Die Begründerin der modernen axiomatischen Algebra erfuhr steigende internationale Anerkennung, die Forscher aus aller Welt – aus Westeuropa, Russland, den USA, Palästina, China und Japan – nach Göttingen zog. Gut zwei Wochen nach Inkrafttreten des sogenannten „Arierparagraphen" vom 7. April 1933 wurde ihr per Telegramm verboten, weiter an der Georgia Augusta zu lehren. Sie verließ Göttingen schweren Herzens im Oktober 1933 und ging in die USA, wo sie im April 1935 starb. Hertha Sponer, die Physikerin und einzige andere Frau, die sich während der Weimarer Republik in Göttingen habilitierte (1925), verließ Stadt und Universität 1934 mehr oder weniger freiwillig aus politischen Gründen.[12] Die nächste Habilitation einer Frau in Göttingen erfolgte erst in den 1970er-Jahren: Anneliese Sprengler-Ruppenthal ernannte man 1970 zur außerplanmäßigen Professorin der Theologie. Ihr folgte 1972 Helga Grebing als ordentliche Professorin der Mittleren und Neueren Geschichte.

Ausbau der Universität bis 1914

Als die Georgia Augusta 1887 ihr 150-jähriges Bestehen feierte, hatte sie 1.056 Studenten, im ganzen Reich waren es 28.380.[13] Hundert Jahre später platzierte sie der Theologe Rudolf Smend hinsichtlich ihrer Bedeutung hinter Berlin und Leipzig vor Jena, Heidelberg und München.[14] In einem mehrtägigen Festakt feierten Stadt und Universität gemeinsam. Der Prorektor, der Theologe Theodor Ritschl, nahm die Gelegenheit wahr, um das Rektorat dem preußischen König, der Landesherr und zugleich deutscher Kaiser war, anzubieten. Das Amt war seit 1866 verwaist, denn der ehemalige Rektor, der Welfe Georg V., lebte im österreichischen Exil. Wilhelm I. akzeptierte, übertrug das Rektorat aber seinem Neffen Prinz Albrecht von Preußen. Nach dessen Tod blieb es erneut zehn Jahre lang unbesetzt, bis die Universität 1916 eine neue Verfassung bekam, die den Prorektor abschaffte und das Amt des Rektors jeweils für ein Jahr einem zu wählenden Professor übertrug.

Eine der zentralen Festreden hielt 1887 der Altphilologe Ulrich von Wilamovitz-Moellendorff, der befürchtete, dass sich die Universitäten „in eine Anzahl Fachschulen" auflösen könnten, „wenn die akademische Lehre ein Unterricht werden sollte, bestimmt, eine Summe von Kenntnissen zu übermitteln, welche jeweilig für bestimmte Berufe als notwendig erachtet würden, wenn Lehrer oder Hörer auf den Einfall kämen, hier oder dort zu fragen, wozu nützt das, wozu kann man das brauchen? – dann ist es vorbei, dann hat die Universität keine Seele mehr. Denn ihre Seele ist allein die Wissenschaft." Was die Professoren bieten könnten, das sei „ja nicht mehr, als daß wir einem jeglichen behülflich sind bei der Selbstbefreiung durch eigene Kraft zu eigenem Denken und Sinnen. Wir können nur Lernen lehren, und das weit besser, indem sie teilnehmen an unserem Lernen, denn an unserer Lehre."[15]

Die Ausdifferenzierung des Fächerkanons schritt voran: Das agrarwissenschaftliche Institut aus dem Jahr 1872 musste hundert Jahre später dem Neubau der Bibliothek weichen. 1873 gründete man das Institut für Pharmakologie, 1880 die Geografie, 1883 kam das Hygieneinstitut, 1887 entstand nicht nur das Fach Wirtschaftswissenschaften, sondern auch die Psychologie mit Georg Elias Müller als Ordinarius. Seit 1895 gab es das Seminar für Versicherungswesen unter dem Nationalökonomen Wilhelm Lexis, der ähnlich wie Felix Klein Ansprechpartner für Friedrich Althoff war. Bereits seit 1894 existierte das Institut für Physikalische Chemie in Göttingen. 1899 errichtete man ein Ordinariat für Organische Chemie für den späteren Nobelpreisträger Otto Wallach. 1903 wurde der erste deutsche Lehrstuhl für Anorganische Chemie mit Gustav Tammann besetzt.

In den Geistes- und Kulturwissenschaften kam es ebenfalls zu Spezialisierungen, so trennte sich die Anglistik 1882 von der Germanistik einerseits, 1888 von der Romanistik andererseits. 1893 richtete man einen Lehr-

FRAUEN AN DER UNIVERSITÄT

Generell war Frauen bis zum Ende des 19. Jahrhunderts der Zugang nicht nur zur Universität, sondern zu höherer Bildung insgesamt verwehrt, so dass auch die Geschichte der Universität über weite Strecken eine Geschichte „großer Männer" ist. Man glaubte sogar wissenschaftlich beweisen zu können, dass geistige Arbeit für Frauen ein „naturwidriges Bestreben" sei, so der Göttinger Gynäkologe Max Runge, einer der profiliertesten Gegner des Frauenstudiums, das sich sehr langsam aber stetig durchzusetzen schien. Erst ab 1892 war es Frauen in Deutschland möglich, Gasthörerin zu werden. Von den 546 Frauen, die 1896 bis 1908 in Göttingen Vorlesungen hörten – vorausgesetzt der jeweilige Professor genehmigte dies – waren 36,2 Prozent ausländische Studentinnen, davon 96 Amerikanerinnen und 42 Russinnen.[III] Der Grund lag darin, dass es bis 1918 in Deutschland keine Schulform gab, die Mädchen zum Abitur führte. Eine andere Möglichkeit, an der Universität aufgenommen zu werden, war das Lehrerinnenexamen, das unterschiedlich aussehen konnte, da es eine einheitliche, wissenschaftliche Lehrerinnenausbildung in Deutschland nicht gab. In Göttingen bot diese Aufnahme von Lehrerinnen immer wieder Anlass, Frauen den Zugang zur Georgia Augusta zu verweigern, insbesondere unter dem Rektorat eines vehementen Gegners des Frauenstudiums, des Theologen Rudolf Smend. Als Förderer standen ihm aber zum Beispiel Felix Klein, David Hilbert und der Historiker Max Lehmann gegenüber.

Maria Goeppert-Mayer

Kurioserweise erließen einzelne Staaten des Deutschen Reiches schon 1902 eine Promotionsordnung für Philosophische Fakultäten, die auch für Frauen galt, obwohl ausschließlich in Baden Frauen seit 1900 regulär studieren durften. Bayern folgte 1903, Württemberg 1904, in Preußen, dem größten deutschen Teilstaat, dauerte es noch weitere vier Jahre bis zur Einführung des Frauenstudiums. Bis zum Sommer 1907 promovierten im Deutschen Reich 170 Frauen.[IV]

Aber das eröffnete Frauen noch keine Karriere an den Universitäten. Wenn sie an einer Hochschule arbeiten durften, dann zumeist unentgeltlich. Bevor die Mathematikerin Emmy Noether von Klein und Hilbert nach Göttingen geholt wurde, arbeitete sie acht Jahre lang ohne Vertrag in Forschung und Lehre an der Universität Erlangen. An der Georgia Augusta wurde sie zwar 1922 zum nicht-beamteten Außerplanmäßigen Professor[V] ernannt, aber Geld bekam sie weiterhin nicht. Erst als ein Jahr später das bescheidene Vermögen, von dem sie lebte, durch die Inflation vernichtet wurde, erhielt sie einen, ihrer tatsächlichen Leistung nicht angemessenen, vergüteten Lehrauftrag.

Ähnlich erging es der späteren Physik-Nobelpreisträgerin Maria Goeppert-Mayer. Sie studierte ab 1921 in Göttingen und Cambridge erst Mathematik, dann Physik und arbeitete später bei Max Born wieder in Göttingen. Nach ihrer Heirat mit dem Chemiker J. E. Mayer ging sie mit ihm in die USA, wo sie zunächst ohne Stelle arbeitete, weil es an amerikanischen Universitäten untersagt war, beide Ehepartner zu beschäftigen. Selbst die Mitarbeit am sogenannten Manhattan-Projekt, das dem Bau der Atombombe galt, brachte ihr zwar eine Stelle, aber kein Geld. 1960 erhielt sie mit 54 Jahren ihre erste reguläre Stelle, drei Jahre vor der Verleihung des Nobelpreises, zwölf Jahre vor ihrem Tod.

stuhl für Kunstgeschichte und 1895 ein Ordinariat für die Vergleichenden Sprachwissenschaften ein. Die Alte Geschichte wurde schon seit der Mitte des 19. Jahrhunderts als eine eigene Disziplin betrachtet, während eine hauptamtliche Neuere Geschichte als weiterer Zweig der Historiografie erst um 1870 sichtbar wurde. In Karl Brandi fand sie seit 1902 einen prominenten Vertreter. Zwischen 1886 und 1920 gab es das Fach Bibliothekswissenschaft in Göttingen.

Diese Entwicklung musste die räumliche Expansion der Universität nach sich ziehen. In rascher Folge entstanden neue Gebäude. 1913 wurde das neue große Seminargebäude für verschiedene Geisteswissenschaften am Nikolausberger Weg eingeweiht. Aber man baute inzwischen auch jenseits des Walls. Noch 1866, im letzten Jahr der Zugehörigkeit zum Königreich Hannover, hatte man im südöstlich vor Göttingen gelegenen Rosdorf eine Psychiatrie fertiggestellt. Diametral entgegengesetzt, in der nach dem genehmigenden Minister Gustav von Goßler benannten Goßlerstraße, entstand im Nordwesten der Stadt in stilistisch gleicher gelber Klinkerbauweise der große neue Klinikkomplex (errichtet zwischen 1887 und 1911). Er ist heute, nachdem die Naturwissenschaften noch weiter nach Norden ausgegriffen haben, Teil des geisteswissenschaftlichen Campus. Die Liste ließe sich vervollständigen, aber im Kern war damit das Repertoire an Bauten und Fächern bis in die 1960er- beziehungsweise 1970er-Jahre fast unverändert.

Die Stadt Göttingen unter Merkel und Calsow

Was Felix Klein für die Universität war, das war Georg Merkel für die Stadt Göttingen. Der 1829 in Hannover geborene Jurist wurde mit 41 Jahren Bürgermeister und blieb es für die nächsten 22 Jahre. Mit bemerkenswerter Energie betrieb er die Modernisierung der Stadt. Die Ergebnisse sind bis heute sichtbar. Augenfälligstes Beispiel ist wohl die Bewaldung des Hainbergs, heute als Göttinger Stadtwald beliebtes Naherholungsgebiet. Zu Beginn seiner Amtszeit waren in Göttingen immer wieder Typhusfälle aufgetreten. Das Chemische Institut, noch unter Leitung von Merkels Schwiegervater Friedrich Wöhler, stellte durch infizierte Wasserproben fest, dass einige Brunnen zu nahe an den immer noch in der Stadt existierenden Viehställen lagen. Daraufhin wurden ab 1877 Wasserleitungen verlegt, die 1890 durch eine Kanalisation ergänzt wurden, der dann die Pflasterung der Straßen folgte. Eine ähnlich hygienisch begründete Maßnahme war der Bau des Schlachthofs. 1880 beschloss man die Auflösung der Gemeindefriedhöfe innerhalb des Walls und die Errichtung des Zentralfriedhofs an der westlichen Ausfallstraße. Er sollte in den kommenden Jahrzehnten den zahlreichen Koryphäen von Universität und Stadt als letzte Ruhestätte dienen und ist heute ein historisches Biotop der besonderen Art.

Zusammen mit dem Stadtbaurat Gerber ließ Merkel mehrere Schulen errichten. Das eigentliche Denkmal aber setzte er sich 1890 mit dem Neubau des Theaters, das damals wie heute den Theaterplatz dominiert. Von Merkel stammte übrigens die Idee der Göttinger Gedenktafeln, die bis heute an wichtige Persönlichkeiten erinnern, welche mit der Stadt auf unterschiedliche Art und Weise in Verbindung standen. Er hatte die Idee in Jena kennengelernt, bestand aber darauf, dass die Göttinger Tafeln aus Marmor sein sollten.[16]

Seinem Nachfolger Georg Friedrich Calsow gelang es tatsächlich in seiner 32-jährigen Amtszeit (1893–1926), allmählich den enormen Schuldenberg abzubauen, den Merkels Tatendrang verursacht hatte. Nachdem das gelungen war, setzte er das Modernisierungswerk fort, indem er 1902 das Stadthaus in der Gotmarstraße bauen ließ, heute Sitz der Stadtbibliothek. 1906 entstand das Stadtbadehaus am Stumpfebiel, ganz im Stil der Zeit ein elegantes Jugendstilbad. Ein Jahr später kam die Feuerwache am Ritterplan hinzu und 1912 das Städtische Krankenhaus an der Groner Chaussee. Die Stadt dehnte sich mehr und mehr über ihren vom Wall umgebenen Kern hinaus aus. Ein ganz neues Viertel entstand unterhalb des Hainbergs, nach der Himmelsrichtung schlicht Ostviertel benannt. Doch dieser bevorzugte Wohnort der Professoren war alles andere als schlicht, wie noch heute zum Beispiel entlang der Herzberger Landstraße zu sehen ist, wo individuelle und originelle Architektur das Stadtbild prägt. In der sogenannten Südstadt baute ab 1891 der genossenschaftlich organisierte Spar- und Bauverein und errichtete an der Gartenstraße Mietshäuser mit Gartengrundstück. Zwischen 1860 und 1900 vervielfachte sich die Zahl der Einwohner außerhalb des Walls und wuchs von 200 auf 12.000.[17]

1876 entstand, wie in vielen Städten zu dieser Zeit, der Verschönerungsverein, der 2016 sein 140-jähriges Bestehen feiern konnte. 1892 folgte die Gründung des Geschichtsvereins für Göttingen und Umgebung, bis heute lebendiger und aktiver Zusammenschluss vieler historisch interessierter Bürgerinnen und Bürger. Schließlich eröffnete 1897 das Städtische Museum, das aus der ursprünglich im Grätzelhaus untergebrachten Altertumssammlung hervorging, die maßgeblich vom Germanisten Moriz Heyne mitinitiiert worden war. Es fand seinen idealen Standort im Hardenberger Hof am Ritterplan, als ehemaliger Adelshof der Familie von Hardenberg selbst ein historisches, ansprechendes Gebäude mitten in der Stadt.

Der Tuchfabrikant Johann Heinrich Grätzel, der das größte Haus an der Allee besaß und einst an Professoren Häuser vermietete, ging 1846 in Konkurs. Der Tuchmacher Hermann Levin erwarb die Grätzel'sche Konkursmasse und errichtete damit eine moderne Fabrik, in der um die Jahrhundertwende 500 Arbeiter mithilfe von Dampfmaschinen Tuch herstellten.[18] Der zweite große Arbeitgeber war das Eisenbahnausbesserungswerk hinter dem Bahnhof. Außerdem entwickelte sich in der Tradition der Arbeiten von Gauß und Weber, die die für ihre Messungen notwendigen Geräte selbst entwarfen, ein für Göttingen typischer und wichtiger Gewerbezweig mit feinmechanischen Werkstätten. Er ist verbunden mit Namen wie Winkel, Lambrecht, Sartorius, später Spindler und Hoyer, Ruhstrat und Phywe, von denen sich noch heute einige im sogenannten Measurement Valley zusammengeschlossen haben (zum Thema Ausgründungen sowie Wissenstransfer zwischen Wissenschaft und Wirtschaft siehe auch Kapitel 9).[19]

Der Erste Weltkrieg

Im August 1914 brach der Erste Weltkrieg aus, und man weiß heute, dass es keine allgemeine, tosende Kriegsbegeisterung gegeben hat. Begeistert, „sich bewähren" zu können, waren fast ausschließlich junge, akademisch gebildete Männer. 726 der Göttinger Studenten sind gefallen. Als weitere Opfer waren zehn Dozenten zu beklagen, ganz überwiegend Privatdozenten, zehn Assistenten und ein Bibliotheksdiener.[20]

„Göttingen war im Krieg eine Universität fast ohne Studenten"[21], konstatiert der ehemalige Göttinger Universitätsarchivar Ulrich Hunger. Dies erweckte bei den Zeitgenossen den Eindruck, es gäbe mehr Studentinnen als Studenten. Zu Unrecht: Die Einführung des Frauenstudiums lag erst sechs Jahre zurück. 1914 lag der Anteil studierender Frauen in Göttingen bei nur 9 Prozent. Zwar stieg die Zahl im Folgenden auf 41 Prozent, doch 1919 lag sie wieder auf Vorkriegsniveau. Die absolute Anzahl der Studentinnen bewegte sich im fraglichen Zeitraum zwischen 200 und 300.[22] Bemerkenswert war lediglich, dass zwischen 1914 und 1918 mehr Frauen promoviert wurden, von denen einige Assistentenstellen auf Zeit bekamen.[23]

Neben den Studentinnen prägten jetzt die Kriegsversehrten das Bild der Universität, in deren Räumen auch Lazarette eingerichtet wurden. Die meisten Studenten hatten sich freiwillig gemeldet und konnten deshalb nur ein Notabitur machen.²⁴ Seit 1915 gab es daher eine Art studentischer Selbsthilfe in Form des Akademischen Hilfsbundes, den die Deutsche Burschenschaft in Berlin gegründet hatte. Dessen Göttinger Ortsgruppe bot ab 1916 Nachhilfekurse an, aber auch Beratung, Stellenvermittlung, Verwaltung und Verteilung von Unterstützungsgeldern. Die Universität bot ebenfalls „Ergänzungskurse für Kriegsteilnehmer" an, in denen man das Versäumte nachholen konnte. Göttinger Professoren beteiligten sich an Weihnachtsgaben für die Studenten an der Front. In ihren Beiträgen verbanden sie ihr jeweiliges Fachgebiet mit dem Thema Krieg, anfangs noch kämpferisch und aggressiv, aber mit den Jahren, in denen die Entbehrungen und das Grauen wuchsen, erschien das immer unangemessener, der Ton wandelte sich.

Der „Krieg der Geister"

Deutsche Professoren fühlten sich berufen, ihren Beitrag zum, wie sie meinten, Gelingen des Krieges beizutragen.²⁵ 3.000 Unterzeichner von allen 53 deutschen Universitäten, darunter 113 Göttinger, veröffentlichten am 16. Oktober 1914 die „Erklärung der Hochschullehrer des Deutschen Reichs". Das Pamphlet war eine Antwort auf das versöhnliche Angebot britischer Wissenschaftler, die öffentlich erklärt hatten, dass sie zwischen deutschen Universitäten und deutschem Heer unterscheiden würden. Sie knüpften damit an die im Vereinigten Königreich weit verbreitete und sehr geläufige Vorstellung von den „two Germanies" an, die man seit dem 19. Jahrhundert

1897 eröffnete das Städtische Museum, das aus der ursprünglich im Grätzelhaus untergebrachten Altertumssammlung hervorgegangen war. Es fand seinen idealen Standort im Hardenberger Hof am Ritterplan, einem ehemaligen Adelshof der Familie von Hardenberg.

1) Die russische Mathematikerin Sofja Kowalewskaja war die erste Frau, die überhaupt in der Mathematik promoviert wurde – eine Promotion in absentia, und dies 1874 in Göttingen, das sie nie in ihrem Leben betreten hat.

2) Der Mathematiker Felix Klein, der unter anderem in Göttingen studiert und sich hier habilitiert hatte, folgte 1886 dem Ruf an die Georg-August-Universität. Dank seiner herausragenden Arbeiten, insbesondere auf dem Gebiet der Geometrie, war er ein wesentlicher Wegbereiter, durch den Göttingen zu einem weltweiten Zentrum der Mathematik wurde.

3-4) Der bedeutende Mathematiker David Hilbert war ebenso wie Felix Klein einer der wenigen Förderer des Frauenstudiums im Kaiserreich. Er ermöglichte Emmy Noether, der Begründerin der modernen axiomatischen Algebra, unter seinem Namen Seminare zu geben, weil sie selbst keine Anstellung erhielt.

5) Der Krieg bot Ludwig Prandtl die Möglichkeit, den Ausbau der Göttinger Modellversuchsanstalt zu einem vollwertigen aerodynamischen Forschungsinstitut für Heer und Marine in den Blick zu nehmen. Das Kriegsministerium und das Reichsmarineamt bezahlten 1917 die Erweiterung zur Aerodynamischen Versuchsanstalt AVA.

zu kennen glaubte: Das Land der Dichter und Denker des frühen 19. Jahrhunderts stand seit 1870/71 neben dem Land des preußischen Militarismus, untrennbar verknüpft mit dem Namen Bismarck. Da man beide Bilder nicht in Übereinstimmung bringen konnte, stellte man sie unverbunden nebeneinander. Die deutschen Kollegen waren jedoch weit davon entfernt, diesem freundschaftlichen Vorschlag der Briten zu folgen. Im Gegenteil: Sie propagierten die Einheit von Volk, Heer und Wissenschaft. Allerdings zerfiel das einheitliche Spektrum schon ein Jahr später in zwei gegensätzliche Lager. Der Berliner Theologe Rudolf Seeberg brach im Juni 1915 eine Kriegszieldiskussion vom Zaun. Er forderte die europäische Expansion des Deutschen Reichs nach Ost und West in Europa sowie ein bedeutendes Kolonialreich in Übersee. Der Historiker Hans Delbrück, ebenfalls aus Berlin, hielt dagegen, wobei auch er koloniale Eroberung und Grenzkorrekturen im Osten keineswegs zurückwies. Die Seeberg-Adresse erhielt rasch 1.347 Unterschriften, darunter 352 Professoren, acht von ihnen aus Göttingen. Die Eingabe Delbrücks an den Reichskanzler unterzeichneten lediglich 141 Unterstützer, hier 70 Professoren, 15 aus Göttingen.[26] Der Göttinger Historiker Max Lehmann war ein Freund von Hans Delbrück und hatte für dessen Position geworben. Die Auseinandersetzungen wurden fortgeführt, es gab im Verlauf des Krieges immer wieder Anlässe, an denen sich der Schlagabtausch entzündete. Die Studenten schließlich meldeten sich bei einer Studentenversammlung im Januar 1918 zu Wort; sie tendierten mehrheitlich zur Delbrückschen Seite, die keinen Verzichtfrieden forderte, sondern einen Verständigungsfrieden mit den Alliierten befürwortete.

Politische Profilierung nach außen wurde seitens der Universität als Privatsache betrachtet. Inneruniversitäre Konflikte, die aus diesen verschiedenen Ansichten zwangsläufig entstehen mussten, so zum Beispiel die Denunziation des Philosophen Leonard Nelson durch den Indogermanisten Jakob Wackernagel, sollten möglichst nicht nach außen dringen.[27] Letzterer hatte den Dekan der Philosophischen Fakultät informiert, der Privatdozent Nelson habe in einer Übung „die Frage [...] behandeln lassen, ob der Durchmarsch der deutschen Truppen durch Belgien ethisch gerechtfertigt sei".[28] Diese Diskussion wurde als politische Stellungnahme bewertet und deshalb Gegenstand einer langen, schriftlich geführten Auseinandersetzung zwischen Fakultät und Dozent. Die Angelegenheit drang aber nicht an die Öffentlichkeit. Die Rumpfuniversität, bestehend aus den nicht an der Front kämpfenden Professoren und Studenten, war bemüht, ihren Teil zum Sieg beizutragen und sich in die Heimatfront einzufügen. Es wurde klaglos hingenommen, dass Personalknappheit und Papiermangel die Forschung behinderten, Gelder mit zunehmender Dauer des Krieges knapper wurden, Projekte eingefroren und Baumaßnahmen aufgeschoben werden mussten.

Junge Männer, die sich aus unterschiedlichen Gründen unbehelligt in Göttingen aufhielten, gerieten unter Rechtfertigungsdruck. Eine Möglichkeit, in dieser Situation die nationale Zuverlässigkeit zu beweisen, war der vermeintlich notwendige Kampf gegen ausländische Spione und Saboteure. Eine vehemente Ausländerfeindlichkeit brach sich Bahn, obwohl von den im Winter 1914/15 immatrikulierten 167 Kommilitonen (die meisten von ihnen kamen aus England, Frankreich, der Sowjetunion und Amerika) nur noch 30 blieben.[29] Angehörige der „Feindstaaten", die es nicht mehr vor Ausbruch des Krieges nach Hause geschafft hatten, wurden interniert. Ein kanadischer Student, Winthrop Bell, durfte seine Doktorprüfung im Gefängnis ablegen. Insbesondere den russischen Studenten war die rechtzeitige Abreise nicht mehr geglückt, aber nachdem ihre Professoren für sie gebürgt hatten, kamen sie nach ein paar Tagen wieder frei. Als drei von ihnen an einer Vorlesung von Hilbert teilnahmen, zeigten deutsche Studenten sie an, weil dies feindlichen Ausländern untersagt war. Hilbert setzte sich für sie ein.

1) Die Akademische Lesehalle wurde bereits 1913 diskutiert, entwickelte sich aber schnell über die Idee eines Zeitschriftenlesesaals hinaus zu einem Treffpunkt der verschiedenen studentischen Gruppen.

2) Ausgehend von einem seit 1919 bestehenden Küchenausschuss gründete man 1920 die Akademische Speiseanstalt. Aber um die Not nach dem Krieg zu lindern, bedurfte es weiterer Anstrengungen. Mit großem Einsatz gelang es den Studenten, Spenden in einer Stiftung „Studentenhaus" zusammenzufassen, sodass 1921 das am Wilhelmsplatz gelegene Studentenhaus als Organisation der Selbsthilfe in studentischer Selbstverwaltung eingeweiht wurde – der Vorläufer des heutigen Studentenwerks.

Der Krieg endete am 11. November 1918. Das Kaiserreich fiel in Trümmer, aber die „Korporation Universität blieb intakt"[30]. Sie wurde nicht grundsätzlich in Frage gestellt, es hatte keine strukturellen oder rechtlichen Veränderungen gegeben.

Stadt und Universität nach dem Krieg

Bereits am 9. November 1918 war in Berlin die Republik ausgerufen worden. Wie überall im Reich bildete sich auch in Göttingen ein Arbeiter- und Soldatenrat – hier allerdings als Soldaten- und Volksrat, da er nicht nur Anhänger der Linken einschloss, sondern auch gemäßigte Bürger Mitglieder waren. Der Volksrat bekam sogar ein Dienstzimmer im Rathaus und der Soldatenrat Mitspracherecht in militärischen Angelegenheiten, da Bürgermeister Calsow erkannte, dass er durch die Einbindung der revolutionären Kräfte mehr für die Aufrechterhaltung der Ordnung tun konnte, als wenn er Konflikte mit ihnen schürte. Die Stadt hatte enorme Aufgaben zu bewältigen: Demobilisierung, Versorgung der Bevölkerung mit Lebensmitteln nach vier Jahren desaströser Kriegswirtschaft sowie die Bereitstellung von Wohnraum, was vermehrt durch genossenschaftlichen Siedlungsbau geschah, erschwert durch eine galoppierende Inflation, die erst mit der Währungsreform 1924 ein Ende fand.

Am 19. Januar 1919 fanden die Wahlen zur verfassunggebenden Nationalversammlung statt. Die Sozialdemokratische Partei Deutschlands (SPD) kam auf 37 Prozent, gefolgt von der linksliberalen Deutschen Demokratischen Partei (DDP) mit 21,2 Prozent. Damit hatten zwei Parteien, die sich uneingeschränkt zum neuen deutschen Staat bekannten, die Mehrheit errungen. Aber mit der Deutschen Volkspartei (DVP) und der Deutschnationalen Volkspartei (DNVP) waren ihnen die Parteien dicht auf den Fersen, die die Republik vehement ablehnten.[30] Diese fanden auch an der Universität die meisten Anhänger. Laut einer Erhebung aus dem Jahr 1921, waren 1920 von den insgesamt 98 Professoren 36 Prozent politisch aktiv, davon 42 Prozent im Rahmen der DNVP, 31 Prozent für die DVP. Damit standen 73 Prozent der parteipolitisch gebundenen Professorenschaft den die Weimarer Republik bekämpfenden Parteien nahe, während die staatsbejahende DDP nur auf 25 Prozent kam.[31] Zwar gab es mit dem Mathematiker Richard Courant einen Angehörigen der Professorenschaft, der öffentlich als SPD-Anhänger in Erscheinung trat, zeitweilig sogar als Stadtrat, und der Chemiker Adolf Windaus sowie die Historiker Paul Darmstädter und Max Lehmann waren Mitglied der linksliberalen DDP. Der Großteil der Professoren – und sehr viel mehr noch der Studenten – blieb jedoch kaisertreu und wählte die Parteien, die für die Abschaffung der Republik votierten: Der Historiker Karl Brandi war Vorsitzender der rechtsliberalen DVP. Der Germanist Eduard Schröder engagierte sich für die noch sehr viel weiter rechts stehende DNVP. Selbst als Mitarbeiter einer staatlichen Einrichtung, welche die Universität nun einmal war, gab man sich keine große Mühe, diese Haltung zu verbergen, die eher die Regel als die Ausnahme war. An vielen deutschen Universitäten wurde alljährlich mit einem Festakt an die Gründung des wilhelminischen Kaiserreichs 1871 gedacht. Das Weimarer Kultusministerium versuchte, dieser Entwicklung mit einer obligatorischen Verfassungsfeier etwas entgegenzusetzen, was aber nicht gelang – sie wurde ignoriert.

Wiederaufbau: Gründung des Studentenwerks und des Universitätsbundes

Ausgangspunkt organisierter studentischer Selbstverwaltung[32] war die Idee einer Akademischen Lesehalle, die schon 1913 diskutiert wurde.[33] Die Pläne gingen jedoch sehr bald über den Rahmen eines Zeitschriftenlesesaals hinaus und entwickelten sich weiter zu einem allgemeinen studentischen

14 NOBELPREISE

Die Georg-August-Universität ist mit den Lebensläufen von über 40 Nobelpreisträgern verbunden.[VI] 14 von ihnen sind explizit für Forschungsarbeiten und -erkenntnisse, die sie während ihrer Göttinger Zeit entwickelt haben, mit dem Nobelpreis ausgezeichnet worden:

1910: *Otto Wallach, Chemie (1847–1931),* ***1919:*** *Johannes Stark, Physik (1874–1957),* ***1920:*** *Walther Hermann Nernst, Chemie (1864–1941),* ***1925:*** *James Franck, Physik (1882–1964),* ***1925:*** *Richard Zsigmondy, Chemie (1865–1929),* ***1928:*** *Adolf Otto Reinhold Windaus, Chemie (1876–1959),* ***1932:*** *Werner Heisenberg, Physik (1901–1976),* ***1936:*** *Peter Debye, Chemie (1884–1966),* ***1939:*** *Adolf Butenandt, Chemie (1903–1995),* ***1954:*** *Max Born, Physik (1882–1970),* ***1967:*** *Manfred Eigen, Chemie (1927–2019),* ***1991:*** *Bert Sakmann, Medizin (geboren 1942) und Erwin Neher, Medizin (geboren 1944),* ***2014:*** *Stefan W. Hell, Chemie (geboren 1962)*

Zentrum. Alle Ämter studentischer Selbstverwaltung sollten unter diesem Oberbegriff zusammengefasst und ein Treffpunkt der verschiedenen studentischen Gruppen geschaffen werden. 1915 wurde der Verein Akademische Lesehalle gegründet. Doch er war den schwerwiegenden Problemen in Zeiten großer sozialer und wirtschaftlicher Not nicht gewachsen. Im Mai 1919 gab sich die Göttinger Studentenschaft eine Satzung, aufgrund derer eine Vertretung von 20 Personen in allgemeiner, gleicher, direkter und geheimer Wahl ermittelt wurde. In der Folgezeit bildeten sich die Fürsorgeeinrichtungen der Studentenschaft heraus: 1919 der Büchervermittlungsdienst, 1920 das Studentische Wohnungsamt und 1921 das Studentische Arbeitsamt.

Der seit 1919 bestehende Küchenausschuss, dem es zwar 1920 gelang, die sogenannte Akademische Speiseanstalt zu etablieren, war auf der Suche nach einer weiter gehenden Lösung, um neben dem Mittagstisch ein Studentenheim einzurichten. Als im Juni 1921 die Gaststätte Kaiser-Café zum Verkauf stand, entfaltete man groß angelegte Werbeaktivitäten und suchte sogar bei hanseatischen Kaufleuten Unterstützung. Aber erst nachdem die Universität als Verhandlungsführerin auftrat, ließ sich das Projekt bewerkstelligen. Viele Spender sahen ungern ein großes Spendenvermögen einzig und allein in den Händen von Studenten. Das Problem löste sich, indem man die Spenden in einer Stiftung „Studentenhaus" zusammenfasste, die dem Universitätsbund angeschlossen wurde, den es schon seit 1918 gab.[34] Das am 30. Oktober 1921 am zentral gelegenen Wilhelmsplatz eingeweihte Studentenhaus wurde als Organisation der Selbsthilfe in studentischer Selbstverwaltung der Vorläufer des heutigen Studentenwerks.

„Am heutigen Nachmittag um 4 Uhr wird in diesem Saale der Universitätsbund Göttingen gegründet."[35] In Anwesenheit der Honoratioren der Universität und der Stadt wurde am 26. Juni 1918 die Gründung dieser Organisation, die sich die Ergänzung der staatlichen Leistungen in allen Bereichen der Universität zum Ziel gesetzt hatte, verkündet. Dieser Zweck sollte nicht nur durch Zuwendungen aller Art wie Sammlungen, Stiftungen, Erbschaften und Mitgliedsbeiträge, sondern auch durch gemeinsame Beratungen der Mitglieder, durch Vorträge und Publikationen erreicht werden. Die Idee für diesen Bund, der schon im Jahr seiner Gründung 375 Mitglieder zählte, stammte von dem Physiker Hermann Theodor Simon.[36] Ihm war daran gelegen, die Verbindung zwischen Wissenschaft und Wirtschaft zu fördern, zum Wohle beider, ganz im Sinne der Klein'schen Mathematischen Vereinigung, die dementsprechend 1921 im Universitätsbund aufging. Simon starb noch 1918, zu seinem Nachfolger bestimmte er den Historiker Karl Brandi, der den Vorsitz bis zu seinem Tod im Jahr 1946 innehatte.

Das Mekka der Naturwissenschaften

Die Mathematisch-Naturwissenschaftliche Fakultät war seit 1922 aus den Fesseln der traditionellen Verbindung mit der historisch-philologischen Abteilung befreit, wo ständige Streitereien Ausdruck einer grundsätzlich anderen Haltung den Herausforderungen der Moderne gegenüber waren. Man wollte nachholen, was während der vier Kriegsjahre versäumt worden war. So konnte zum Beispiel endlich das geplante Mathematische Institut an der Bunsenstraße gebaut werden, und zwar mit Mitteln der Rockefeller-Stiftung. Vor allem in der Personalpolitik traf die Fakultät richtungsweisende Entscheidungen, die Göttingen in der Weimarer Republik zum weltweit anerkannten Zentrum mathematisch-naturwissenschaftlicher Forschung machte. In der Mathematik folgte Richard Courant auf Felix Klein, Nachfolger David Hilberts war Hermann Weyl. In der Chemie übernahm der spätere Nobelpreisträger Adolf Windaus (1928) den Lehrstuhl des ebenfalls nobelprämierten Otto Wallach (1910). Richard Zsigmondy, seit 1908 in Göttingen, wurde 1925 in Stockholm ausgezeichnet. Die neuen Rahmenbedingungen Anfang der 1920er-Jahre trafen auf günstige Umstände, um das Fach Physik, bisher mit Ludwig Prandtl nur außeruniversitär gefördert, neu aufzustellen: Unter der Ägide von Robert Pohl, James Franck (Nobelpreis 1925) und Max Born (1954 für einen Forschungszusammenhang aus dem Jahr 1924 geehrt) studierten Werner Heisenberg, Friedrich Hund, Pascual Jordan, Robert Oppenheimer, Edward Teller und Maria Goeppert-Mayer.

Reformversuche scheitern am vorherrschenden nationalkonservativen Milieu

Die Versuche des Ministeriums, eine Hochschulreform auf den Weg zu bringen, blieben erfolglos. Bisher waren einzig die Lehrstuhlinhaber in der Verwaltung der Universität beschlussberechtigt. Lange schon bestand die Forderung, außerplanmäßigen Professoren, Dozenten und sogar Studenten ein Mitspracherecht einzuräumen. Diese berechtigten Ansprüche wurden nach dem Krieg vom Kultusministerium aufgegriffen und erweitert. Alle akademischen Statusgruppen sollten in Zukunft an der Selbstverwaltung teilhaben können. Extraordinarien und Privatdozenten lebten, wie im 18. Jahrhundert, von den Kolleggeldern, gegebenenfalls von ihrem eigenen Vermögen. Ihre materielle Absicherung sollte durch die Reform eingeleitet werden. Ein weiterer wichtiger Punkt sah vor, dass Studenten unabhängig von ihrer finanziellen Situation ein Studium aufnehmen können sollten, wenn sie entsprechende Leistungen vorweisen. In Göttingen antwortete man dem Ministerium ungerührt: „Die geplante Neuordnung scheint weder dringlich noch notwendig, da sie in keinem der Punkte den wissenschaftlichen oder Lehraufgaben der Universität, oder ihrem Ansehen und ihrer Würde irgendeine Förderung bringt, auch keine offenbaren Übelstände beseitigt".[37] Eine Neuerung konnte die preußische Regierung jedoch durchsetzen: die Einführung einer Altersgrenze für Professoren von 68 Jahren.

Noch ein weiterer Plan des preußischen Kultusministeriums scheiterte: Man wollte über die Neubesetzung von Stellen in der Geschichte das Fach Soziologie in Göttingen etablieren. Die Hoffnung war, dass davon ein Demokratisierungsschub für die gesamte Hochschule ausginge und sich die Möglichkeit eröffnete, das soziologische Teilfach Staatsbürgerkunde in der Lehrerausbildung anzubieten. Tatsächlich einigten sich Fakultät und Ministerium 1921 auf den Mittelalterhistoriker Andreas Walther, der zugleich einen Lehrauftrag für Soziologie erhielt. Innerhalb des Faches ließ man jedoch jedwede Unterstützung vermissen, sodass Walther 1927 an die Universität Hamburg wechselte, wo er später entgegen seiner bisherigen Positionen als aktiver NS-Soziologe ein eigenes soziologisches Forschungsinstitut aufbauen konnte. Sein Nachfolger in Göttingen wurde 1929 der Mediävist Percy Ernst Schramm. Die Soziologie wurde nur noch verwaltet und nach 1933 zwar nicht abgeschafft, aber durch konsequente Nichtbeachtung verlor sie zunehmend an Bedeutung.[38]

Ebenfalls 1921 berief man den Althistoriker Ulrich Kahrstedt, der sich nicht zuletzt durch seine dezidiert politischen Aktivitäten dem Kollegium empfahl. Er legte ein Konzept für die Einrichtung eines Seminars vor, das Alte Geschichte und Klassische Philologie unter einem Dach vereinigte; und er engagierte sich für die DNVP. Die überregionale Presse verfolgte die Göttinger Besetzungspolitik gerade im Fach Geschichte, denn, so die Frankfurter Zeitung am 7. April 1921: „Die Besetzung von sechs Professuren der Geschichte an deutschen Universitäten ist eine entscheidende Stunde für die Erneuerung des Geistes."[39] Und sie quittierte die Berufung Kahrstedts mit Enttäuschung: Er sei „wissenschaftlich wenig hervorgetreten, aber als stramm rechtspolitisch bekannt".[40] Diese Haltung bekräftigte er in der Tat in einem Geheimpapier „Irredenta" für die politische Strategie der DNVP, in dem er zum „Hass gegen die Feinde Deutschlands" aufrief, den man unter anderem mit Filmmaterial zu schüren gedachte, das „die Schändung lieblicher deutscher Mädchen durch Neger und Polen" belegen sollte.⁴¹ Sein Parteifreund Hugo Willrich, Honorarprofessor für Alte Geschichte, war es, der Anfang der 1920er-Jahre den „Bund zur Befreiung vom Judenjoch" gründete, der alsbald in der Göttinger Ortsgruppe des „Deutsch-Völkischen Schutz- und Trutzbundes" aufging. Dieser DVSTB war dann das erste Mitgliederreservoir für die schon im Mai 1922 gegründete Göttinger NSDAP, die recht bald Kaufleute und Handwerker für sich gewann.

Mehr noch als Professoren waren Studenten am rechten Rand des politischen Spektrums zu verorten. Die 1919 gegründete Deutsche Studentenschaft, der erste übergreifende studentische Zusammenschluss überhaupt, plante, jüdischen Studenten die Mitgliedschaft zu verwehren. Der preußische Kultusminister Carl Becker untersagte dies, man solle darauf verzichten oder er würde den Verband auflösen. Mit einer überwältigenden Mehrheit von 1.866 zu 291 Stimmen sprachen sich die Studenten bei einer Abstimmung für die Beibehaltung des „Arierparagraphen" aus, was die Auflösung nach sich zog.⁴² Die Deutsche Studentenschaft existierte fortan als private Vereinigung.

Der Student Ludolf Haase war der „Führer" der Göttinger Ortsgruppe der NSDAP, einer der ersten in Norddeutschland; ein weiterer, wie Haase Medizinstudent, gründete 1927 den Göttinger NS-Studentenbund, nämlich Walter Gross, der später als Leiter des „Rassenpolitischen Amtes der NSDAP" Karriere machte. Anfangs wenig erfolgreich, stieg die Mitgliederzahl mit wachsender wirtschaftlicher Unsicherheit gegen Ende der 1920er-Jahre. 1925 war es der Chemiestudent Achim Gehrke, nach 1933 „Sachverständiger für Rasseforschung beim Reichsminister des Inneren", der das „Archiv für rassenkundliche Berufsstatistik" begründete. Er entwickelte den ehrgeizigen Plan, ein „Register sämtlicher Juden in Deutschland" zu erstellen. Einige Beschäftigte der Universitätsbibliothek verschafften Gehrke und seinen Unterstützern Zutritt zu den Magazinen, wo sie aus Schulverzeichnissen und Lebensläufen in den Dissertationen diese Informationen herausfilterten. Die Listen wurde sofort erfolgreich in die politische Propaganda eingebracht. Die Verheißung, dass die „Entfernung" jüdischer Akademiker die prekäre Situation des universitären Nachwuchses schlagartig verbessern könnte, bescherte dem NS-Studentenbund ab 1931 die Mehrheit im Studentenparlament.⁴³

1) Artmann 2008, S. 21.
2) Zitiert nach Tobies 1991, S. 95.
3) http://www.erdbebenwarte.de/9/, abgerufen am 27.02.2017.
4) http://www.uni-math.gwdg.de/entwicklung.xhtml, abgerufen am 27.02.2017.
5) http://modellsammlung.uni-goettingen.de/, abgerufen am 28.02.2017.
6) Siehe auch Tollmien 1999, S. 373.
7) Zitiert nach Tollmien 1993, S. 355.
8) Zitiert nach Tollmien 1993, S. 234.
9) Zitiert nach Tollmien 1993, S. 238.
10) Zitiert nach Tollmien 1993, S. 238.
11) https://www.dpg-physik.de/dpg/gliederung/ak/akc/sponerpreis/sponervita.html, abgerufen am 02.03.2017. Siehe dazu auch Weber-Reich 1993, S. 369–371.
12) Boockmann 1997, S. 52.
13) Smend 1988, S. 88f.
14) Zitiert nach Smend 1988, S. 80f.
15) Schütz/Nissen 2016.
16) Zitiert nach Römling 2012, S. 213.
17) Zitiert nach Römling 2012, S. 215.
18) Siedbürger 2002.
19) Tollmien 1999, S. 386.
20) Hunger 2015, S. 145.
21) Hunger 2015, S. 146.
22) Busse 2008, S. 275.
23) Hunger 2015, S. 145.
24) Tollmien 1993.
25) Tollmien 1999, S. 389.
26) Siehe dazu Tollmien 1999, Busse 2008, Hunger 2015.
27) Zitiert nach Busse 2008, S. 246.
28) Hunger 2015, S. 148.
29) Busse 2008, S. 279.
30) Römling 2012, S. 238.
31) Dahms 1998, 2. Auflage, S. 35.
32) Siehe dazu Gutmann [zirka 1972] sowie Sellert 2018.
33) Gutmann [zirka 1972], Bd. 2, S. 247.
34) Zur Gründung des Universitätsbundes siehe Sellert 2018.
35) Ebel o. J., S. 3; siehe auch Sellert 2018.
36) Ebel o. J., S. 5.
37) Zitiert nach Dahms 1999, S. 400.
38) Siehe Neumann 1998, S. 454–468.
39) Zitiert nach Dahms 1999, S. 405.
40) Zitiert nach Dahms 1999, S. 406.
41) Zitiert nach Dahms 1999, S. 406.
42) Boockmann 1997, S. 55.
43) Siehe auch Busse 2008.

Kasten: Der Göttinger Karzer
I) Siehe dazu Gert Hahne: Der Karzer - Bier! Unschuld! Rache! Der Göttinger Universitätskarzer und seine Geschichte(n). Göttingen 2005.
II) Heinrich Heine, Die Harzreise

Kasten: Frauen an der Universität
III) Siehe Runge 1908.
IV) Maurer 2016, S. 71.
V) Maurer 2016, S. 71.

Kasten: 14 Nobelpreise
VI) https://www.uni-goettingen.de/de/mehr-/76066.html, abgerufen am 28.02.2017.

1 9 3 3

————— 1 9 4 5

Die Zeit des Nationalsozialismus markiert für die Universität Göttingen einen gravierenden Einschnitt, dessen Folgen noch heute spürbar sind. Die Diskriminierung und Ausgrenzung, schließlich Vertreibung und Ermordung von Wissenschaftlerinnen und Wissenschaftlern, Studierenden und weiteren Angehörigen der Universität hinterließen Lücken, die nicht zu schließen waren.

Tatsächlich zeigte sich schon Ende der 1920er-Jahre – und umso mehr ab 1933 – dass die Universität Göttingen dem Nationalsozialismus gegenüber sehr aufgeschlossen war. Das 200. Jubiläum der Georgia Augusta im Jahr 1937 bot einen willkommenen Anlass, um die Universität im In- und Ausland als eine Art „Neugründung" zu präsentieren.[1] Denn es hatte sich viel getan, seitdem die Nationalsozialisten Deutschland regierten; nicht nur durch die seit 1933 zahlreich verabschiedeten Gesetze, Erlasse und Verordnungen aus Berlin, sondern auch durch die selbstmobilisierenden Kräfte derjenigen, die ihre Stunde gekommen sahen. Der Boden in Göttingen war bereitet. Die Ortsgruppe der NSDAP war bereits 1922 von einem Studenten gegründet worden, als eine der ersten in Deutschland. Der NS-Studentenbund erreichte schon 1931 die Mehrheit im Studentenparlament. Die NSDAP errang bei der letzten freien Reichstagswahl im November 1932 in Göttingen 43,9 Prozent (reichsweit 33,1 Prozent). Nimmt man die Stimmen der DNVP dazu, so lag der Anteil der Parteien, die dem Weimarer Staat ablehnend gegenüber standen, in Göttingen bei 58 Prozent.[2] Ihr Sprachrohr war das Göttinger Tageblatt, die auflagenstärkste Zeitung der Stadt, die schon seit Anfang der 1920er-Jahre das politische Programm der NSDAP publizistisch propagierte.[3] Bei der Reichstagswahl am 5. März 1933 gelang es der NSDAP, die Mehrheit der Stimmen (51,2 Prozent in Göttingen) auf sich zu vereinigen (reichsweit 43,9 Prozent). Die SPD lag bei 21,3 Prozent, damit höher als im Reichsdurchschnitt (18,3 Prozent), die KPD gewann 6,1 Prozent (nur die Hälfte der reichsweit 12,3 Prozent).[4] Der Wahlkampf der Kommunisten war massiv behindert und Parteimitglieder waren zum Teil bereits verhaftet worden.[5]

Entlassung von Hochschulangehörigen

Der nationalsozialistische Staat betrieb von Anfang an gezielte Säuberungsmaßnahmen an den Hochschulen. Eine der ersten, die auch internationale Beachtung fand, war die Einführung des sogenannten „Gesetzes zur Wiederherstellung des Berufsbeamtentums" am 7. April 1933. Es bot dem Staat die Möglichkeit, missliebige, politisch „unzuverlässige" und „nichtarische" Personen umstandslos aus dem Amt zu jagen.

Allein die Ankündigung des Gesetzes provozierte Protest, wenn auch nicht auf breitem Fundament, sondern den einsamen Widerstand eines Einzelnen, des Physikers James Franck. Als Weltkriegsteilnehmer war der „Nichtarier" Franck zunächst von dem Gesetz gar nicht betroffen. Aber er wollte sich solidarisch zeigen mit seinen von Entlassung bedrohten Kollegen und kündigte von sich aus. Während er reichsweit und international Anerkennung erfuhr, war die Reaktion der Göttinger Kollegen eine ganz andere. Franck hatte die Begründung seines Rücktritts am 18. April 1933 in der liberalen Göttinger Zeitung veröffentlicht. Am 24. April erschien im

---

In der Mitte, im pelzverbrämten, festlichen Ornat, der Rektor der Universität Friedrich Neumann. Links neben ihm Reichsminister Bernhard Rust, rechts Johannes Popitz, preußischer Finanzminister, der später – als Mitglied des Widerstands gegen Hitler – am 2. Februar 1945 in Berlin-Plötzensee hingerichtet werden sollte. Sie stehen vor einer hölzernen Festhalle für mehr als 3.000 Gäste, die zur 200-Jahr-Feier der Universität auf dem heutigen Albaniplatz errichtet wurde. Die Universität nutzte diesen Anlass, um sich als nationalsozialistische Vorzeigeuniversität zu präsentieren. Dazu gehörte auch die Vertreibung jüdischer oder politisch missliebiger Wissenschaftlerinnen und Wissenschaftler.

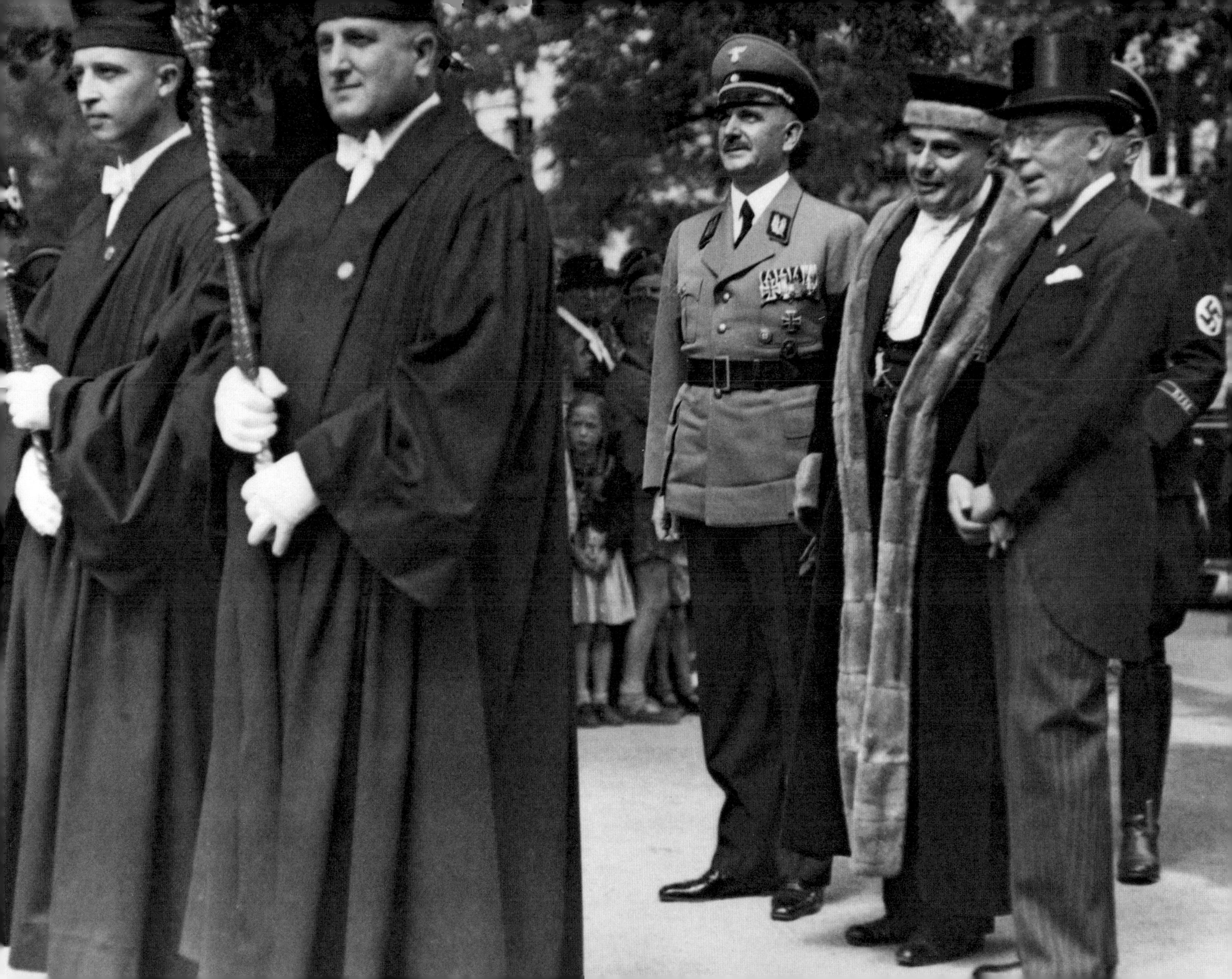

NS-freundlichen Göttinger Tageblatt die Stellungnahme von 42 Professoren der Georgia Augusta, die Francks Schreiben als einen „Sabotageakt" an der „innen- und außenpolitischen Arbeit unserer Regierung der nationalen Erhebung" bezeichneten und „beschleunigte Reinigungsmaßnahmen"[6] verlangten. Unterschrieben hatten alle erklärten Nationalsozialisten an der Universität, Parteigänger der DNVP und fast alle Agrarwissenschaftler – diejenigen, die sich seit Jahren durch die herausgehobene Rolle der Mathematiker und Physiker in Göttingen benachteiligt und in den Hintergrund gedrängt fühlten. Auffällig war schließlich die hohe Zahl der Nichtordinarien auf der Unterschriftenliste, die hofften, von der Verdrängung der jüdischen Kollegen unmittelbar zu profitieren.

Man ließ sich nicht lange bitten in Berlin und schon am nächsten Tag wurden die ersten sechs Professoren per Telegramm entlassen, versehen mit dem Nachsatz: „schriftlicher Erlass folgt."[7] Betroffen waren die Mathematiker Felix Bernstein, Richard Courant, Emmy Noether, der Physiker Max Born, der Sozialpsychologe Curt Bondy und der Jurist Richard Honig. Sie waren die ersten in einer Reihe von über 95 Entlassungen – die meisten sollten also noch folgen.[8] Heute erinnern eine Tafel in der Aula sowie eine weitere an der Außenseite des Aulagebäudes am Wilhelmsplatz an diese unrühmlichen und für die Universität folgenschweren Ereignisse.

An der Forstlichen Hochschule in Hannoversch Münden, die 1921 aus der dortigen Forstakademie hervorgegangen war (und die 1939 als Forstliche Fakultät in die Universität Göttingen eingegliedert wurde), hatte der Mykologe Richard Falck[9] schon seit den 1920er-Jahren antisemitische Anfeindungen erdulden müssen. Studierende boykottierten seine Vorlesungen. Noch vor dem Erlass des Gesetzes vom 7. April 1933 sah er sich „genoetigt", so beschrieb er es später, Deutschland zu verlassen und im März 1933 nach Palästina ins Exil zu gehen. Sein Assistent Otto Reis, der ebenfalls 1933 von der Forsthochschule vertrieben worden war, starb unter ungeklärten Umständen im Konzentrationslager Majdanek. Die Göttinger Forstwissenschaften haben die Geschichte ihrer Fakultät in der Zeit des Nationalsozialismus im Jahr 2015 aufarbeiten lassen.[10]

Aber nicht nur Professoren waren betroffen, auch Studierende wurden von der Universität vertrieben. Im Sommer 1933 wurde durch zwei Erlasse verfügt, dass alle kommunistischen und marxistischen Studierenden von den Universitäten zu relegieren seien – das betraf in Göttingen insgesamt 13 Personen.[11] Die letzte Vorsitzende der Roten Studentengruppe (RSG), Hannah Vogt, war bereits im März 1933 in das 30 Kilometer von Göttingen entfernt liegende Frauen-Konzentrationslager Moringen eingeliefert worden. Dort saß sie acht Monate ein, bevor sie wieder nach Göttingen, allerdings zunächst nicht an die Universität zurückkehren durfte.[12] Ihr Vorgänger im Amt des Vorsitzenden der RSG, Rudolf von Leyen, durfte durch ein Versehen der Verwaltung noch 1933 seine Promotion beenden. Danach emigrierte er nach Indien, woraufhin ihm der Doktortitel entzogen wurde: Wer ins Exil ging (was ja nicht freiwillig geschah), der verlor die deutsche Staatsbürgerschaft und daraufhin die in Deutschland erworbenen Titel. Die Universität Göttingen entzog insgesamt 79 Personen auf diesem Wege ihre akademischen Grade.[13] Ein weiterer Grund für die „Unwürdigkeit" einen Titel zu führen, konnte ein Strafverfahren sein, in dem einem Verurteilten die bürgerlichen Ehrenrechte aberkannt wurden. Dies jedoch geschah nach 1933 „vor allem im Zusammenhang mit der Verschärfung des Strafrechts im Zuge der nationalsozialistischen Bevölkerungs- und Rassenpolitik".[14] Vereinzelt kam es zur Revision der Maßnahmen nach 1945, wobei die Initiative nicht vonseiten der Universität ausging, sondern immer durch den jeweiligen Antrag eines Betroffenen ausgelöst wurde. Max Born, nach dem Krieg Ehrenbürger der Stadt Göttingen, erhielt 1957 stillschweigend eine Urkunde zu 50 Jahre Doktordiplom. Erst 2004 wurden alle Opfer durch einen einstimmigen Senatsbeschluss offiziell rehabilitiert.[15] Die Philosophische Fakultät gedenkt seit 2014 mit einer Erinnerungstafel aller Opfer von NS-Verfolgung in ihren Fächern.[16]

Demütigung und Ausgrenzung am Beispiel des Juristen Gerhard Leibholz

Ideologie war nicht die einzige Antriebskraft, die der nationalsozialistischen Politik zur Durchsetzung verhalf oder ihre Unrechtsmaßnahmen ohne Widerspruch ließ. Nicht wenige übten sich in Anpassung, um ein Stück vom Kuchen zu erhalten, der durch die Ausgrenzung, Vertreibung, schließlich Ermordung der per Definition aus der „Volksgemeinschaft" Ausgeschlossenen neu verteilt wurde.[17] Sabine Leibholz-Bonhoeffer, die in Göttingen lebende Zwillingsschwester des Widerstandskämpfers Dietrich Bonhoeffer, erinnerte sich: „Der Dekan [der Juristischen Fakultät] gehörte zu den Unzähligen, die der Ehrgeiz dem Nationalsozialismus in die Arme trieb."[18] Ihr Ehemann, der Staatsrechtler Gerhard Leibholz, war Protestant, hatte aber jüdische Wurzeln, weshalb er nach nationalsozialistischer, rassistisch bestimmter Definition als Jude galt und dadurch an der Universität zusehends in Bedrängnis geriet. Im Laufe der Jahre kam es zu menschlichen Ent-

Seit 2017 erinnert an der Außenseite des Aulagebäudes am Wilhelmsplatz eine Gedenktafel an die 95 von Verfolgung und Vertreibung Betroffenen, die zwischen 1933 und 1945 an der Universität Göttingen aus dem Amt gejagt wurden.
Eine weitere Gedenktafel, die an 53 entlassene oder vertriebene Universitätsmitglieder erinnert, hängt im Vorraum der Aula. Nachdem die Universität in den 1980er-Jahren begonnen hatte, ihre Geschichte während der Zeit des Nationalsozialismus aufzuarbeiten, wurde sie dort 1989 angebracht.

1) Der Jurist Gerhard Leibholz war mit Sabine Bonhoeffer, der Zwillingsschwester Dietrich Bonhoeffers, verheiratet. Als Protestant mit jüdischen Wurzeln wurde er vorzeitig emeritiert. Die Familie ging ins Exil nach England, kehrte aber nach 1945 nach Göttingen zurück.

2) An der Forstlichen Hochschule in Hannoversch Münden, die 1921 aus der dortigen Forstakademie hervorgegangen war, hatte der Mykologe Richard Falck schon seit den 1920er-Jahren antisemitische Anfeindungen erdulden müssen.

3) Friedrich Neumann war von 1933 bis 1938 Rektor der Universität und ihr selbst ernannter „Führer".

4) Nach 1933 mussten Dozenten zusätzlich nichtwissenschaftliche Leistung erbringen, um zur Habilitation zugelassen zu werden. Dies geschah durch den Besuch eines Wehrsportlagers oder einer Dozentenakademie wie in Rittmarshausen.

täuschungen, die Sabine Leibholz später in ihren Erinnerungen beschrieb: Kollegen wechselten die Straßenseite, wenn sie ihnen in der Stadt begegneten, und die „Zahl der Professoren, die uns nun noch besuchten, war kleiner geworden".[19] Sie vergaß aber auch nicht den Juristen Paul Örtmann, der den Besuch des geschmähten Kollegen nicht scheute, so wie auch einige treue Studierende, die sich für ihren Mann einsetzten, wenn auch umsonst: Leibholz, der nach dem Krieg zum Richter am Bundesverfassungsgericht in Karlsruhe ernannt wurde, bat 1936 um seine Emeritierung, womit er seiner Entlassung zuvorkam. Man wies ihm eine Aufgabe in der Bibliothek zu, solange bis allen „Nichtariern" das Betreten der Universität und der Universitätsbibliothek verboten wurde. 1938 ging die Familie nach England ins Exil. Dort war Leibholz ein tatkräftiger Unterstützer des deutschen Widerstands, dem er mithilfe des Bischofs von Chichester, George Bell, Zugang zur britischen Regierung verschaffen wollte.[20] Seine Tochter Marianne, 1936 neun Jahre alt, starb Anfang 2017 in Göttingen, bis an ihr Lebensende traumatisiert von den Ereignissen in ihrer Kindheit.

Die Reorganisation der Georgia Augusta nach dem „Führerprinzip"

Die Hochschule sollte nicht nur punktuell „gesäubert", sondern strukturell verändert werden. Dazu gehörte die Einführung des Führerprinzips, was einen massiven Eingriff in die Selbstverwaltung der Universität bedeutete. Der Rektor wurde zum „Führer". Er suchte sich seinen Stellvertreter selbst aus und benannte die Dekane, die zusammen die Gruppe der „Unterführer" bildeten. Senat und Fakultät hatten nur noch beratende Funktion und wurden vom „Führer" nicht selten ganz übergangen. 1933/34 wurden die Bedingungen für die Habilitation verändert. Dozenten mussten nun neben ihrer wissenschaftlichen Qualifikation eine nichtwissenschaftliche Leistung erbringen, um zur Habilitation zugelassen zu werden, und zwar durch den Besuch eines Wehrsportlagers oder einer Dozentenakademie. Die Georgia Augusta richtete ihre Akademie in einer ehemaligen Zuckerfabrik in dem Dorf Rittmarshausen südöstlich von Göttingen ein. Zwischen 40 und 70 Teilnehmer wurden ideologisch geschult, unter anderem durch den Rektor und „Führer", den Germanisten Friedrich Neumann. Der Lageralltag war paramilitärisch geprägt, so stand an den Nachmittagen Ertüchtigung auf dem Programm, zum Beispiel durch Gewaltmärsche mit 25 Pfund Sand im Tornister. Während des Krieges wurden dann Zwangsarbeiter in den Baracken untergebracht.[21]

Berufungspolitik und Ämtervergabe unter ideologischen Vorzeichen

Bei Bedarf konnte die wissenschaftliche Qualifikation bei einer Lehrstuhlbesetzung entfallen, wie in dem sicherlich singulären Fall von Eugen Mattiat, seit 1938 Ordinarius für Volkskunde, eines der Fächer, die durch die NS-Ideologie stark aufgewertet wurden. Vor 1933 war es nur eine Unterabteilung der Germanistik gewesen. Jetzt rückte das Fach derart ins Zentrum, dass der Pastor aus Kerstlingerode (ein Dorf in der Nachbarschaft von Rittmarshausen), der weder promoviert noch habilitiert war, Lehrstuhlinhaber werden konnte, ungeachtet der Tatsache, dass er nicht einmal Volkskunde studiert hatte. Aber Mattiat präsentierte sich schon früh als Parteigänger der Nazis und war Wortführer der „Deutschen Christen" (DC), eines nationalsozialistischen Zusammenschlusses evangelischer Christen, die bemüht waren, NS-Ideologie und Protestantismus in Übereinstimmung zu bringen. Das ebnete ihm den Weg: Zunächst wurde er Kirchenrat in Hannover, dann Referent für Geisteswissenschaften beim Reichserziehungsminister in Berlin und schließlich ordentlicher Professor in Göttingen.

ALFRED HESSEL

Der 1877 in Stettin geborene Alfred Hessel[I] studierte Geschichte, Philosophie und Volkswirtschaft. 1899 wurde der Mediävist in Berlin mit einer Arbeit über den aus Modena stammenden italienischen Historiker Carlo Sigonio promoviert und 1914 habilitierte er sich in Straßburg mit der „Geschichte der Stadt Bologna von 1116 bis 1280" (erschienen in Berlin 1910).

1919 kam Hessel nach Göttingen, wo er umhabilitiert und seine *venia legendi* um Historische Hilfswissenschaften ergänzt wurde. Eine Stelle erhielt er allerdings nicht. Er lebte zwei Jahre mehr schlecht als recht als Privatdozent, bis der Historiker Karl Brandi half, ihn aufgrund seiner Expertise als Handschriftenkundler und Archivar in der Universitätsbibliothek unterzubringen. 1924 ernannte man ihn zum Bibliotheksrat und 1926 zum Honorarprofessor.

Alfred Hessel wurde Mitdirektor des Diplomatischen Apparates sowie Mitherausgeber der Zeitschrift „Archiv für Urkundenforschung". Er legte grundlegende Arbeiten zur mittelalterlichen Schriftgeschichte vor. Seine 1925 entstandene „Geschichte der Bibliotheken" war so erfolgreich, dass sie in fünf Sprachen übersetzt wurde, darunter noch im Jahre 1980 ins Arabische.

Als Weltkriegsteilnehmer war der 1895 evangelisch getaufte Hessel von dem „Arierparagraphen" zunächst nicht betroffen gewesen. Doch durch die Verschärfung, die durch die Nürnberger Gesetze 1935 eintrat, hätte auch er sein Amt verloren. Daher bat er selbst um Entlassung, zumal der Dekan der Philosophischen Fakultät, Hans Plischke, mit Eifer seine Entfernung aus dem Amt betrieb. Seine Begründung lautete: „Er ist Jude. Daher ist es notwendig, ihn auszuschalten."[II] Doch eine größere Demütigung sollte noch auf ihn warten. Alfred Hessel war seit 1928 als Mitautor für die neue „Große Geschichte der Universitätsbibliothek" festgelegt. Als aber das Buch zum Jubiläum 1937 erschien, wurde aufgrund seiner Mitwirkung keiner der Autoren genannt. Das Buch wurde mit dem ominösen Vermerk „herausgegeben von Göttinger Bibliothekaren" veröffentlicht. Tatsächlich stammten 180 der 312 Druckseiten von Hessel, wie die Bibliothekarin Christiane Kind-Doerne in ihrer Bibliotheksgeschichte 1986 feststellte.[III] Hessel war auch postum die offizielle Anerkennung als Autor verweigert worden.

1938 wurde Juden die Benutzung von Bibliotheken verboten. 1939 kam es zur gesetzlichen Kürzung von Hessels Pension. Da entschloss er sich zur Emigration; zu spät, er starb am 18. Mai 1939 in Göttingen. Und als sei das Maß menschlicher Schäbigkeit nicht längst voll, verbot ein besonders eifriger nationalsozialistischer Friedhofsdezernent seine Beerdigung auf dem Stadtfriedhof.

2012 wurde sein Grabstein auf dem jüdischen Friedhof restauriert. Im gleichen Jahr benannte die Universitätsbibliothek ihren großen Vortragssaal im Historischen Gebäude nach Alfred Hessel. Seit 2013 erinnert eine Gedenktafel an der Herzberger Landstraße 50 an den Historiker.

Vergleichbar ideologisch geadelte Fächer wie Wehrkunde, Ur- und Frühgeschichte und vor allem Rassenhygiene erlebten in Göttingen wider Erwarten nicht dieselbe Förderung wie die Volkskunde. Der Gründer der Göttinger NSDAP, der Medizinstudent Ludolf Haase, konnte nicht in gleich spektakulärer Weise wie Mattiat von der neuen politischen Situation profitieren. Als bei der geplanten Einrichtung eines Lehrstuhls für Rassenhygiene keine politisch liebsame Besetzung gefunden werden konnte und in der Not der nichtpromovierte Haase ins Gespräch gebracht wurde, winkten die Mediziner ab. Der Plan blieb bis 1945 bestehen, wurde aber de facto nie umgesetzt.

Allerdings gab es Fälle in verschiedenen Fächern, in denen Ämter mit Personen besetzt wurden, die nicht oder kaum die formalen Voraussetzungen erfüllten, sich aber durch eine lupenreine Gesinnung auszeichneten, darunter mehrere Nichthabilitierte. Dazu gehörte der Theologe Walter Birnbaum, der 1935 ohne Mitwirkung der Fakultät durch Beschluss aus Berlin einen Lehrstuhl erhielt. Die Berufung dieses Anhängers der Deutschen Christen wurde „als Lohn für politische Verdienste" gesehen.[22] Sie führte zu Auseinandersetzungen in der Theologischen Fakultät, die gespalten war zwischen dem pronationalsozialistischen Teil unter Dekan Emanuel Hirsch und den Anhängern der „Bekennenden Kirche" (BK): Hermann Dörries, Joachim

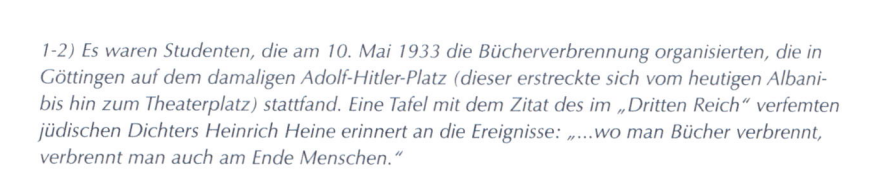

1-2) Es waren Studenten, die am 10. Mai 1933 die Bücherverbrennung organisierten, die in Göttingen auf dem damaligen Adolf-Hitler-Platz (dieser erstreckte sich vom heutigen Albani- bis hin zum Theaterplatz) stattfand. Eine Tafel mit dem Zitat des im „Dritten Reich" verfemten jüdischen Dichters Heinrich Heine erinnert an die Ereignisse: „...wo man Bücher verbrennt, verbrennt man auch am Ende Menschen."

1 und 3) Von den insgesamt 16 universitären Jubelfeiern während der NS-Zeit war die Göttinger die größte Massenveranstaltung. Fast eine Woche lang feierten Wissenschaftler und ihre Gäste, Militärs wie der Feldmarschall von Mackensen und nationalsozialistische Prominenz wie Reichserziehungsminister Rust. Der Besuch aus dem Ausland blieb hinter den Erwartungen zurück, denn die rassistisch motivierten Entlassungen waren dort sehr wohl wahrgenommen und missbilligt worden.

2) Stadt und Universität organisierten groß angelegte Werbekampagnen für das Universitätsjubiläum 1937, weil sie sich davon zum einen Anerkennung als nationalsozialistische Paradeuniversität, zum anderen wirtschaftliche Erträge versprachen.

Jeremias, Georg Hoffmann und Hans von Campenhausen. Studenten der BK boykottierten die Vorlesungen Birnbaums. Es gab Streit um Prüfungsberechtigungen, bis im Krieg die Zahl der Theologiestudenten von 46 im Herbst 1939 bis auf sieben im Sommersemester 1943 sank und die Frage von selbst an Bedeutung verlor.[23] Drei neue reguläre Stellen bekamen schließlich die Agrarwissenschaften. Sie wurden für die wissenschaftliche Absicherung der „Nahrungssicherheitspolitik" gebraucht, entsprechend der NS-Eroberungs- und -Siedlungspläne, wonach die Erweiterung des „Lebensraums im Osten" Parteiprogramm war.[24]

Ein neues Amt ergab sich auch für den Direktor der Universitätsbibliothek und Honorarprofessor Karl Julius Hartmann nach dem Frankreichfeldzug, denn das seit 1918 französische Straßburg war nun wieder deutsches Territorium. Er wurde kommissarischer Leiter der dortigen Universitätsbibliothek. Die Reichsuniversität Straßburg war ein Prestigeprojekt der Nationalsozialisten mit dem Ziel der Regermanisierung von Elsaß-Lothringen, Bibliothek und Universität wurden finanziell großzügig ausgestattet. Als im August 1944 absehbar war, dass Straßburg in die Hände der Alliierten fallen würde, gelang es Hartmann, die 33.000 Bände, die unter seiner Ägide angeschafft worden waren, nach Göttingen transportieren zu lassen. Nach Kriegsende versuchte er, die Bücher in Göttingen zu halten, doch im März 1946 wurden sie von dem französischen Direktor nach Straßburg zurückgeführt. Allerdings, wie sich fast 70 Jahre später herausstellte, nicht vollständig. Zwei großformatige Kunstbände und vor allem ein umfangreiches, wertvolles Kartenwerk waren 1946 in Göttingen verblieben, ob absichtlich oder aus Versehen, lässt sich nicht mehr rekonstruieren. Von 2009 bis 2011 hat die SUB Göttingen systematisch nach Raub- und Beutegut in ihren Beständen gesucht und die Restitution dieser Materialien an die heutige Bibliothèque Nationale Universitaire Strasbourg war ein Ergebnis dieser Bemühungen.[25]

Studium an der nationalsozialistisch geprägten Hochschule

Unrühmlichen Eifer legten die nationalsozialistischen Studenten an den Tag, die sich begeistert am „Umbau" der Universität beteiligten. Sabine Leibholz-Bonhoeffer: „Breitbeinig, wie nur diese SA-Männer stehen konnten, standen da ein paar Studenten in SA-Uniform in ihren hohen Stiefeln vor dem Vorlesungssaal und ließen niemanden hinein."[28] Neben diesen freiwilligen Äußerungen nationalsozialistischer Gesinnung, denen nur in seltenen Fällen von mutigen Kommilitonen oder Kollegen widersprochen wurde, gab es, analog zu den Bestimmungen auf Professorenebene, zahlreiche gesetzliche Vorgaben, die den Alltag der Studenten veränderten. Die „Deutsche Studentenschaft" wurde im April 1933 als Zwangskörperschaft neu begründet. Am 10. Mai fand im ganzen Deutschen Reich die von den Angehörigen der Studentenschaft organisierte Bücherverbrennung statt, in Göttingen auf dem damaligen Adolf-Hitler-Platz, der den Bereich vom heutigen Albani- bis hin zum Theaterplatz umfasste. Eine Tafel mit dem Zitat des im „Dritten Reich" verfemten jüdischen Dichters Heinrich Heine „… wo man Bücher verbrennt, verbrennt man auch am Ende Menschen" erinnert an die Ereignisse.

Studenten mussten seit dem Sommer 1933 obligatorisch Arbeits-, Wehr- und Wissensdienst leisten. Der Arbeitsdienst bestand aus einer halbjährigen Dienstpflicht, 1935 abgelöst von der Einführung der gesetzlich festgelegten allgemeinen Arbeitsdienstpflicht. Der Wehrdienst fand in einem Wehrsportlager in Levershausen nördlich von Göttingen statt und wurde ebenfalls 1935 obsolet, als die durch den Versailler Vertrag bisher verbotene allgemeine Wehrpflicht wieder eingeführt wurde. Seitdem waren beide Dienste nicht länger während des Studiums zu leisten, sondern galten als Zugangsvoraussetzung. Der sogenannte Wissensdienst wurde sowohl von der Studentenschaft, aber auch von anderen Verantwortlichen mit jeweils eigenen Zielen organisiert, sodass er schlecht zu fassen ist. Ein Beispiel hier-

EDITH STEIN: VERFOLGUNG UND ERMORDUNG

Im Sommer 1913 kam die 21-jährige Philosophiestudentin Edith Stein nach Göttingen, um hier bei dem Phänomenologen Edmund Husserl ihr Studium fortzusetzen. Zusammen mit einer Freundin aus ihrer Geburtsstadt Breslau teilte sie sich eine Zweizimmerwohnung in der Langen Geismarstraße 2.

Das erste Semester an der neuen Universität verlief so erfreulich, dass sie sich später in ihrer Autobiografie an das „liebe alte Göttingen" gern erinnerte.[IV] Aber schon das Wintersemester 1913/14 wurde schwieriger, denn nun war Edith Stein allein, ganz auf ihr Studium konzentriert und entschlossen, Staatsexamen und Dissertation gleichzeitig zu bewerkstelligen, was nicht gelingen wollte. Hier wurde ihr Husserls Assistent Adolf Reinach eine Stütze, dessen „reine Herzensgüte"[V] sie beeindruckte.

Nachdem Reinach 1917 gefallen war, erlebte Edith Stein, welchen Trost seine Witwe in ihrem christlichen Glauben fand. Die junge Edith hatte sich noch in Breslau von ihrem jüdischen Glauben gelöst und bezeichnete sich als Atheistin, interessierte sich zugleich jedoch für das Christentum und war dem Katholizismus gegenüber aufgeschlossen.

1916 promovierte Edith Stein bei Husserl, der inzwischen Professor in Freiburg war und sie als seine Assistentin annahm. Doch er verweigerte ihr die Habilitation.

Auch an drei weiteren Hochschulen blieb der Frau und Jüdin Edith Stein die Professur versagt. Worauf sollte sie ihren Ehrgeiz, ihren Fleiß und ihre überragenden intellektuellen Fähigkeiten richten?

Die Lektüre der Autobiografie der Mystikerin Teresa von Avila 1921 bezeichnete Stein selbst als ihr Erweckungserlebnis. 1922 ließ sie sich katholisch taufen, denn sie hatte einen „Zustand des Ruhens in Gott" gefunden.[VI] Sie wurde eine der bekanntesten Frauen des deutschen Katholizismus, hielt Vorträge zu Frauenfragen, bevor sie 1934 in ein Kölner Karmeliterkloster eintrat.

1938 zog Edith Stein in das holländische Karmel Echt, wo sie an ihrem letzten großen Werk arbeitete: „Kreuzeswissenschaft. Studie über Joannes a Cruce". Allerdings war sie auch in den Niederlanden vor Verfolgung nicht sicher. 1942 deportierte man sie und ihre Schwester nach Auschwitz, wo beide ermordet wurden. Ihr Vetter, Richard Courant, ging 1933 ins amerikanische Exil. Seine Frau (bis 1916), die promovierte Mathematikerin Nelli Neumann, mit der Edith Stein in der Berufsberatungsstelle für Studentinnen des Vereins „Frauenbildung-Frauenarbeit" in Göttingen zusammengearbeitet hatte, wurde 1941 nach Minsk deportiert und vermutlich ermordet.

Edith Stein wurde 1987 selig- und 1998 heiliggesprochen. Seit 1999 ist sie eine der Schutzheiligen Europas.

für bieten jedoch die „Vorlesungen für Hörer aller Fakultäten". Wo früher „Probleme und Gestalten der Renaissance" verhandelt wurden, las man jetzt „Rasse, Volk und Staat".[29] Diese außeruniversitären Maßnahmen nahmen ein Ausmaß an, das die Universitätsleitung dazu veranlasste, sich beim Ministerium zu beschweren, weil oft auch die Wochenenden miteinbezogen wurden und die Studenten zeitlich so beansprucht waren, dass das eigentliche Studium darunter litt.

Das Jubiläum 1937

Das Ereignis, das diesen inneren Umbau der Universität zu einer vom nationalsozialistischen Geist durchtränkten Organisation nach außen hin sichtbar machen sollte, war das 200. Jubiläum der Georgia Augusta im Jahr 1937.[30] Von den insgesamt 16 universitären Jubelfeiern während der NS-Zeit war die Göttinger die größte Massenveranstaltung. Die Planungen liefen seit 1926, ab 1927 gab es auch einen „Jubiläumsausschuss der Göttinger Studenten". Nach 1933 gerieten die Vorbereitungen ins Stocken. In den Kommissionen saßen überwiegend die Professoren, die nun entlassen wurden. Es war die Stadt Göttingen, die 1935 wieder Bewegung in die Sache brachte, weil sie sich das wirtschaftliche Potenzial, das die Veranstaltung bot, nutzen wollte. Oberbürgermeister Bruno Jung und Bürgermeister Albert Gnade erwirkten eine Besprechung im Reichspropagandaministerium. Erst zu einer zweiten Sitzung im Reichserziehungsministerium wurde Rektor Friedrich Neumann hinzugezogen. Damit kam es zu erneuter Aktivität an der Universität selbst. Neumann veränderte das vorliegende Konzept dahingehend, dass er die Fakultäten, die ursprünglich maßgeblich an der Vorbereitung beteiligt gewesen waren, zugunsten von NS-Organisationen, den Gaudozentenbund, die Dozentenschaft und den NS-Studentenbund weit in den Hintergrund drängte. Schließlich waren 70 Personen mit der Vorbereitung beschäftigt.[31]

Verschiedene Prestigeprojekte sollten im Zusammenhang mit dem Jubiläum durchgeführt werden, darunter fast 30 Bauvorhaben wie zum Beispiel der Ausbau der Kliniken, die Erweiterung der Aula oder die Umgestaltung des Wilhelmsplatzes zu einer Thingstätte. Kaum eine Idee konnte realisiert werden, da die finanziellen Mittel fehlten. Zu den wenigen Projekten, die tatsächlich umgesetzt wurden, gehörte die Matrikeledition, die der Bibliothekar und Honorarprofessor Götz von Selle vorlegte. Sie wurde als Beitrag zur „Sippen- und Volksforschung" vom „Sachverständigen für Rassefragen" im Reichsinnenministerium mit einem großzügigen Zuschuss unterstützt. Derselbe Autor war seit 1934 damit beauftragt, eine Geschichte der Universität zu schreiben. Für ihn galt dieselbe Maxime, die für alle Beteiligten am Jubiläum Priorität hatte: Er schenkte der Zeit zwischen 1900 und 1933 „wegen des Einflusses jüdischer Gelehrter" (die der Universität Weltgeltung verschafft hatten) keine große Beachtung, sondern betonte „die Entwicklung nach 1933, die gerade in Göttingen recht erfreulich ist".[32] Die Festschrift, die 1937 anlässlich des Jubiläums präsentiert wurde, gibt einen guten Überblick über die Entwicklung der Georgia Augusta im 18. Jahrhundert. Doch schon im frühen 19. Jahrhundert sah von Selle den Beginn einer politischen Fehlentwicklung hin zur Demokratie. Dementsprechend knapp werden die Göttinger Sieben abgehandelt und stattdessen die Gelehrten hervorgehoben, die sich als Mosaiksteinchen auf dem Weg zur nationalsozialistischen „Erlösung" präsentieren ließen, so zum Beispiel der Orientalist Paul de Lagarde.

Die Vorbereitungen waren sehr umfangreich: Man verschickte Einladungen an mehr als 300 Universitäten, Akademien und Bibliotheken in 51 Ländern, aber es kamen nur 140 Personen aus 28 Staaten.[33] Nicht wenige von ihnen nahmen erklärtermaßen als Privatpersonen teil, nicht als offizielle Vertreter ihrer Institutionen, was die Göttinger in der öffentlichen Darstel-

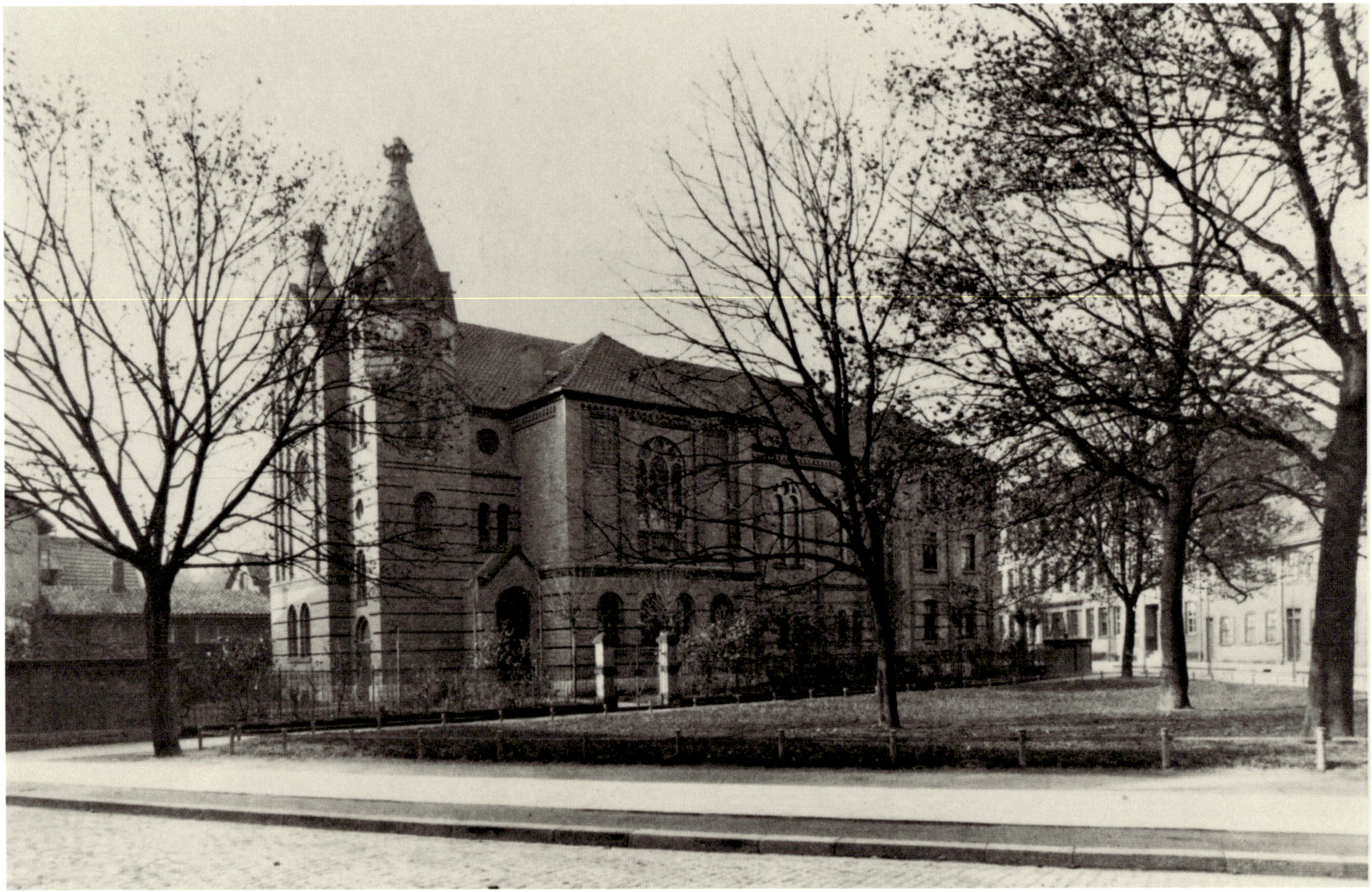

lung geschickt zu vertuschen wussten. Die Zurückhaltung der ausländischen Besucher war eng mit dem Heidelberger Jubiläum verknüpft: Dort hatte man 1936 die universitäre Festveranstaltung in einem Maße zu einer nationalsozialistischen Propagandafeier missbraucht, dass die Gäste sich hintergangen fühlten. Sie wollten kein zweites Mal ungewollt instrumentalisiert werden, noch dazu bei einem Fest, zu dem „Nichtarier" nicht zugelassen waren. Die rassistisch motivierten Entlassungen von 1933 waren im Ausland sehr wohl wahrgenommen worden. Die New York Times nahm in ihrer Berichterstattung über das Jubiläum auf die Göttinger Sieben Bezug, die genau hundert Jahre zuvor, 1837, von der Universität Göttingen vertrieben worden seien. Man feiere also nach hundert Jahren ein zweites Mal den Tod des Liberalismus in Göttingen.[34] Das Reichspropagandaministerium, dem alle Veröffentlichungen zur Göttinger Jubelfeier vorgelegt werden mussten, gab bezüglich der Göttinger Sieben eine Sprachregelung aus: „Weiterhin soll bei Betrachtungen hervorgehoben werden, daß die berühmten Göttinger ‚Sieben' seinerzeit gerade deswegen die Universität verlassen mußten, nicht weil sie eine abstrakte Wissenschaft pflegten, sondern weil sie von ihrer leidenschaftlichen Hingabe an das deutsche Volkstum nicht lassen konnten."[35]

Die Feierlichkeiten selbst erstreckten sich fast über eine ganze Woche vom 25. bis zum 30. Juni 1937. Auf dem Platz vor der Albanikirche war eine riesige Halle aus Holz für mehr als 3.000 Gäste entstanden. Die Universität hatte mit 10.000 Plakaten, die auf 200 Bahnhöfen aushingen, geworben sowie im Radio, sogar außerhalb Deutschlands, und in der Zeitung Reklame gemacht.[36] Es mischten sich im Laufe der Tage traditionelle Elemente wie Festakt, Festumzug und sogar ein Festgottesdienst mit parteigebundenen Veranstaltungen wie dem Aufmarsch der NSDAP und ihrer Gliederungen. Für die Dozenten waren Anzug oder Talar ebenso zugelassen wie die Parteiuniform, die wissenschaftliche Leistung wurde also symbolisch der Parteizugehörigkeit gleichgestellt.[37] Da sämtliche Korporationen 1936 aufgelöst und in den NS-Studentenbund überführt worden waren, musste das Farbentragen unterbleiben, was für Unmut sorgte.

Das Wochenende markierte das Zentrum der Feierlichkeiten. Zur Eröffnung hielt Rektor Neumann eine programmatische Rede zur „Neugründung" der Georgia Augusta. Er erinnerte dabei, so wie es bisher bei akademischen Festen üblich gewesen war, auch an die großartige Gründungsgeschichte der Universität, aber kritisierte das 19. Jahrhundert. Er erklärte „eine Verengung der Geschichte" auf „den Ablauf humanistisch allgemeingültiger Denkformen und Gesellschaftsformen" für „hinfällig".[38] Auf die Weimarer Zeit ging er so gut wie gar nicht ein, denn dann hätte er diejenigen erwähnen müssen, die Göttingen nachweislich Weltgeltung verschafft hatten, die aber jetzt in der „neuen Zeit" keinen Platz mehr an einer Universität hatten, die sich rassisch definierte. Die neue Hochschule sah ihre politische Aufgabe, die „getrieben von der nationalsozialistischen Bewegung" erfüllt werden sollte, in der „rassisch bedingten Volksbildung".[39]

Der Reichserziehungsminister Bernhard Rust, der das Jubiläum durch seine Anwesenheit aufwerten sollte, griff in seiner Rede Neumanns Positionen auf und unterstrich, dass die ganze Wissenschaft für die nationalsozialistische Ideologie vereinnahmt werden sollte, denn nur dadurch werde ihr Sinn und Zweck verliehen.[40] Abschließend wandte er sich an die „Demokraten der Welt, die zu uns kommen und den Kopf schütteln, weil wir marschieren". „Glauben Sie mir", erwiderte er ihnen, „hinter dem Wort Freiheit lauern die Dämonen." Am Beispiel Athens versuchte er eine Erklärung: „Aus der einmal proklamierten Freiheit wurde die Herrschaft der Masse, aus der

Die Göttinger Synagoge aus dem 19. Jahrhundert, die bei der Reichspogromnacht am 9. November 1938 zerstört wurde.

Demokratie die Demagogie, und Athen ging unter."⁴¹ Die Botschaft wurde gehört. Die New York Times, die das Jubiläum genau beobachtete, bezog sich auf Rust in ihrer Berichterstattung, wieder unter Berufung auf die Göttinger Sieben. Der Dämon der Freiheit habe sie zu ihrem Protest angestachelt. Jetzt sei es an der Zeit, dass diese Dämonen zurückkehrten: „Let the demons be unleashed. In their fury lies Germany's salvation."⁴²

Göttingen im Nationalsozialismus

Die Universität agierte nicht im luftleeren Raum, sondern war im Gegenteil eingebettet in ein der Ideologie aufgeschlossen gegenüberstehendes Milieu, denn in der Stadt Göttingen konnte sich der Nationalsozialismus schon früh etablieren.⁴³ Die Ablehnung der Weimarer Republik war im nationalkonservativen Milieu, das die Universitätsstadt bestimmte, weit verbreitet. Wer sich dem Prozess der „Machtergreifung" widersetzte, wurde ausgeschaltet, bisweilen gesetzlich verbrämt, oft genug mit roher Gewalt. Die sogenannte Reichstagsbrandverordnung vom 28. Februar 1933 setzte die Grundrechte außer Kraft. Eine umgangssprachlich als Ermächtigungsgesetz bezeichnete Bestimmung gab Hitler die Vollmacht, ohne Parlament zu regieren und verfassungsändernde Reichsgesetze zu erlassen. Flankiert von einer beispiellosen Propagandakampagne, die Aufbruch und Zukunft für die neue deutsche „Volksgemeinschaft" versprach, wandelte sich das gesellschaftliche Klima rasch.

In dieser aufgeheizten Stimmung kam es in Göttingen bereits am 28. März 1933 zum Boykott jüdischer Geschäfte, der reichsweit für den 1. April vorgesehen war. Randalierende SA-Einheiten verwüsteten die Synagoge, demolierten jüdische Geschäfte und schleppten deren Inhaber auf einem Leiterwagen durch die Stadt. Im Göttinger Tageblatt schob man den Gewaltakt kommunistischen Provokateuren unter, die die SA hätten diskreditieren wollen.⁴⁴ (Das oppositionelle Göttinger Volksblatt war längst verboten.) Die Randalierer blieben unbehelligt und wurden juristisch nicht belangt. Gewalt gehörte zum Alltag im nationalsozialistischen Deutschland und kaum jemand machte sich die Mühe, das zu kaschieren. So auch in Göttingen. Nachdem am 1. Mai mit großem Propagandagetöse der Tag der Arbeit gefeiert worden war, löste man am 2. Mai die Gewerkschaften auf. SA-Männer verhafteten Gewerkschafter und Sozialdemokraten – die Kommunisten waren längst aus dem öffentlichen Leben „entfernt" – und misshandelten sie schwer. Im September löste sich das Bürgervorsteherkollegium selbst auf und im Dezember gestaltete man die Verwaltung nach dem Führerprinzip um.

Der „Führer" der Göttinger Verwaltung war damit Professor Bruno Jung, ein DVP-Anhänger, dem es gelang, seine reguläre Amtszeit von 1926 bis 1938 auszuüben, ohne in die NSDAP einzutreten.⁴⁵ Der als begabter Verwaltungsfachmann anerkannte Jung machte Kompromisse und arrangierte sich. Er verstand es, ein gutes Verhältnis zum überzeugten Nationalsozialisten und SS-Führer Albert Gnade aufzubauen, der als Polizeidirektor (seit 1933) die exekutive Gewalt in der Stadt besaß. Gnade war ursprünglich Gastwirt gewesen, da er jedoch schon früh als nationalsozialistischer Parteigänger in Erscheinung getreten war, gelang es ihm schließlich, Jung im Amt des Oberbürgermeisters nachzufolgen. Dazu gehörte, dass er sich im NS-internen Machtkampf gegen den NS-Kreisleiter Thomas Gengler durchsetzte. Der ehrgeizige Astronom, der in seinem Beruf nicht erfolgreich war, schlug die Parteilaufbahn ein.

Gengler stand jedoch als Kreisleiter ein besonders wirkungsvolles Machtinstrument zur Verfügung: die politische Beurteilung.⁴⁶ Die Diktatur misstraute trotz aller Repression ihrer Bevölkerung und die Kreisleiter sollten die Gesinnung der Bevölkerung ermitteln. Zuhilfe kam Gengler in Göttingen dabei ein gut ausgebautes Netzwerk von 400 Block- und 80 Zellenleitern, die in ihrer Nachbarschaft Beobachtungen anstellten, um den 14 Ortsgruppenleitern regelmäßig Bericht zu erstatten. Angesichts einer Einwohnerzahl von 50.000 war damit jeweils ein Blockleiter für nur 125 Personen zuständig.[47]

Parteizugehörigkeit schützte nicht vor Beobachtung. Grundlage der Beurteilung war ein Fragebogen, der den Grad der Verflechtung des Einzelnen mit dem NS-Staat dokumentierte: In welchen Organisationen war er Mitglied? Wie aktiv war er im NS-Staat? Wie hoch war seine Bereitschaft, angesichts der zahlreichen, regelmäßigen Sammelaktionen zu spenden? Kurz: Wie willig zeigte er sich bei seiner Eingliederung in die Volksgemeinschaft? Da auch die Vergangenheit eines jeden in die Beurteilung mit einbezogen wurde, mussten alle, die sich vor 1933 als Demokraten, Freimaurer oder Christen – jedenfalls nicht als Nationalsozialisten – gezeigt hatten, ein verstärktes Maß an Selbstmobilisierung demonstrieren, um gut beurteilt zu werden. Das war zum Beispiel nötig, wenn man sich um ein Ehestandsdarlehen bewarb. Auch wer die Zulassung zu einer staatlichen Prüfung beantragte oder um Genehmigung einer Niederlassung, Arztpraxis oder Anwaltskanzlei nachsuchte, war auf die Beurteilung angewiesen. Die gesamte Göttinger Gesellschaft stand also unter einem permanenten Bewährungsdruck. Bis zum Krieg allerdings waren Frauen von der politischen Beurteilung ausgeschlossen, weil sie ohnehin nicht außerhalb des für sie vorgesehenen weiblichen Wirkungskreises in Erscheinung treten sollten.

Juden in Göttingen während der NS-Zeit

Nein, nicht die gesamte Gesellschaft, sondern nur die privilegierten Göttinger durften sich zur „Volksgemeinschaft" zählen.[48] Und diese war klar definiert, vor allem Juden – oder wen die Nationalsozialisten dafür hielten – gehörten nicht dazu. Ihre Demütigung, Ausgrenzung und Entrechtung begannen schon 1933. Der unterschwellig vorhandene Antisemitismus war seit dem 30. Januar 1933 nicht nur gesellschaftlich geduldet, sondern sogar gefordert. Er führte zur Erosion des mitmenschlichen Miteinanders.[49] Menschen wechselten, wie im Fall Leibholz, die Straßenseite, um ihrem jüdischen Nachbarn nicht begegnen zu müssen. Kunden kauften nicht länger bei jüdischen Händlern. Dies führte dazu, dass – lange bevor die „Arisierung" 1938 gesetzlich festgezurrt wurde – eine schleichende „Arisierung" längst stattgefunden hatte. In Göttingen waren von den Anfang 1933 vorhandenen 97 „jüdischen" Betrieben im November 1938 nur noch 19 übrig geblieben: Die anderen waren im Laufe der Jahre längst in „arische" Hände übergegangen, oft genug zu einem guten Preis für die Käufer, die die Zwangslage der Verkäufer schamlos ausnutzten.[50] Nur ab und zu erhob sich Protest gegen den Verlust von Anstand, der allerdings nicht ungefährlich war und sanktioniert werden konnte. So geschah es beispielsweise im Falle der Ehefrau des Göttinger Physikdozenten Kyropoulos, die sich mit einem Knüppel in der Hand vor ihren jüdischen Nachbarn stellte, als der von der SA beschimpft und bedroht wurde. Daraufhin entzog die Universität ihrem Mann die *venia legendi*.

1933 umfasste die jüdische Gemeinde in Göttingen 429 Personen, laut NS-Definition waren jedoch 491 Juden in der Stadt.[51] Der gesellschaftlichen Ausgrenzung folgte die gesetzliche. Von zentraler Bedeutung waren hier die Nürnberger Rassengesetze von 1935, die genau festlegten, wer ein „Jude", ein „Halb-" oder „Vierteljude" war und was er oder sie tun, vor allem aber nicht tun durfte. Am 9. November 1938 wurde mit der (reichsweiten) Pogromnacht, in der die Nazis die Synagoge anzündeten und die Feuerwehr nur die umliegenden Häuser vor dem Feuer schützte, ein vorläufiger gewalttätiger Tiefpunkt des Rassenwahns erreicht, aber noch nicht das Ende.

ADAM VON TROTT ZU SOLZ

Adam von Trott zu Solz wurde 1909 in eine alte hessische Adelsfamilie hineingeboren, deren männliche Mitglieder traditionell im Staatsdienst tätig waren. Adam von Trott studierte, dieser Tradition folgend, ab 1927 in Göttingen und Berlin Jura. Er unterbrach sein Studium für einen Aufenthalt in Genf, Sitz des Völkerbunds, der ihn politisierte. Von Bedeutung für den jungen Mann war das Trimester, das er am Mansfield College in Oxford verbrachte. Mit großem Interesse studierte er die englischen Verhältnisse, gewann viele neue Freunde und Bekannte. Ein Zeitgenosse bezeichnete ihn einmal als „ein Genie der Freundschaft".

1935 veröffentlichte Trott Schriften Heinrich von Kleists, die in ihrer Auswahl die Notwendigkeit des Kampfes für Freiheit und Menschenrechte akzentuieren. Adam von Trott war von Beginn an ein Gegner des nationalsozialistischen Regimes und setzte sich seit 1939 aktiv für dessen Sturz ein. Im Laufe der Jahre hatte von Trott Kontakte zu anderen Widerstandskämpfern geknüpft.[VII] Zu von Trotts Netzwerk gehörten Sozialisten, Sozialdemokraten und Gewerkschafter ebenso wie Konservative, Kirchenvertreter und Militärs. Diese Gruppe von Widerstandskämpferinnen und Widerstandskämpfern wurde später als Kreisauer Kreis bezeichnet. Dort war von Trott an der Ausarbeitung von konkreten Plänen für ein föderales Europa beteiligt, in dem ein demokratisches, gerechtes Deutschland verankert sein sollte.

Ab 1939 war er im Auswärtigen Amt tätig, was ihm Gelegenheit bot, im Ausland Solidarität für den Widerstand und die geplante Nachkriegs-Regierung zu gewinnen. Über seine englischen Freunde gelang es ihm, Churchill eine Denkschrift des Widerstands zu übermitteln, doch man nahm keinen Kontakt zum deutschen Widerstand auf. Da Adam von Trott an den Vorbereitungen zum Attentat auf Adolf Hitler am 20. Juli 1944 beteiligt war, wurde er am 25. Juli verhaftet, gefoltert und am 26. August 1944 hingerichtet. Er hinterließ seine Frau Clarita, die ihn uneingeschränkt in seinem Handeln bestärkt und gestützt hatte, und zwei kleine Töchter.

Auf Initiative des Göttinger Bundestagsabgeordneten Thomas Oppermann, ebenfalls Alumnus der Universität Göttingen, gibt es seit 2016 eine enge Kooperation[VIII] zwischen der Stiftung Adam von Trott, Imshausen e.V., dem Ort seiner Kindheit in Nordhessen, und seiner Alma Mater, der Universität Göttingen. Ausgehend vom Leben und Wirken von Trotts engagiert sich die Stiftung auf verschiedene Art und Weise: Von der jährlichen Trott-Lecture über Stipendien für Studierende aus Oxford und Göttingen bis hin zu Veranstaltungen der universitären Schülerlabore in Imshausen. Die Arbeit soll das Erbe von Trotts aufgreifen und zu einer kritischen Auseinandersetzung mit historischen Themen und aktuellen gesellschaftspolitischen Debatten anregen.

Mehr als die Hälfte der Göttinger Juden war 1938 bereits emigriert. Ab Herbst 1940 bereitete die Stadt die Einweisung der verbleibenden jüdischen Bürger in sogenannte Judenhäuser vor,[52] also die Zwangsunterkünfte der Göttinger Juden, die aus ihren Wohnungen in und um Göttingen vertrieben worden waren.[53] 79 der verbleibenden 136 Göttinger Juden wurden am 26. März 1942 in das Warschauer Ghetto verbracht und die meisten von ihnen wahrscheinlich später im Konzentrationslager Theresienstadt ermordet. Eine zweite Deportation von 36 Menschen nach Theresienstadt erfolgte am 21. Juli 1942. In einer letzten Aktion vom Februar 1945 wurden auch die durch „privilegierte Mischehen" bisher geschützten Juden deportiert.[54]

Universität und Stadt im Krieg

Mit dem Beginn des Krieges wurde die Universität für einige Monate geschlossen. Ein Großteil der Studenten und jüngeren Dozenten wurde zum Kriegsdienst eingezogen. Dies führte – ähnlich wie schon im Ersten Weltkrieg – dazu, dass der Anteil an Studentinnen nach 1939 erheblich stieg. Seit 1934 waren per Gesetz nur noch zehn Prozent Frauen an der Universität zugelassen gewesen, jetzt hörten in manchen Fächern fast nur noch Frauen und Kriegsversehrte die Vorlesungen. Zahlreiche andere Bestimmungen wurden von der Realität überholt und abgeschafft, wie zum Beispiel die nichtwissenschaftlichen Leistungen, die Studenten zu erbringen hatten. Und ähnlich wie im Ersten Weltkrieg verliefen die Entwicklungen an der Universität und an der Aerodynamischen Versuchsanstalt (AVA) jeweils sehr unterschiedlich. Während die Georgia Augusta finanziell und personell stagnierte, konnte die AVA Etat und Personalmittel im Verhältnis zur Weimarer Zeit verzehnfachen. Das bedeutete auch, dass die kriegswichtige Forschung nicht nur an der Universität geleistet wurde. Dennoch – oder gerade deshalb – versuchten die nicht zum Fronteinsatz einberufenen Professoren, ihren Anteil zum „Endsieg" beizutragen. Der praktische Theologe Walter Birnbaum leistete wissenschaftliche Schützenhilfe, um Soldaten über die „atheistischen Gefahren des Bolschewismus"[55] aufzuklären und der (ehemalige) Göttinger Agrarwissenschaftler Konrad Meyer entwarf den „Generalplan Ost", der die Besiedlung des zu erwartenden „Lebensraums im Osten" organisatorisch vorbereitete.

Euthanasie in den Rosdorfer Krankenanstalten

In der Medizin wurden Kliniken zu Lazaretten umgewidmet, es entstanden Fächer wie „Wehrpsychiatrie, -pathologie, -chirurgie" oder „Krüppelfürsorge". Seit dem 1. Januar 1934 gab es das „Gesetz zur Verhütung erbkranken Nachwuchses". Die Betroffenen, die aufgrund der schwammigen Definition von „erbkrank" durchaus auch Unzufriedene, Nonkonforme, Verweigerer oder andere „missliebige" Personen sein konnten, waren seitdem von Zwangssterilisierung bedroht. Der Göttinger Ordinarius für Psychiatrie an den Rosdorfer Krankenanstalten, Gottfried Ewald, lehnte diese Maßnahmen als vehementer Befürworter der nationalsozialistischen Rassenhygiene keineswegs ab. Als jedoch 1940 beschlossen wurde, über diese Zwangsmaßnahme hinauszugehen und die Betroffenen zu töten, verweigerte Ewald in einer schriftlichen Stellungnahme seine Teilnahme am staatlich organisierten Tötungsprogramm. Es gelang ihm, 129 gefährdete Göttinger Patienten zu retten. Die Deportation der übrigen 238 konnte er nicht verhindern.[56]

Widerstand

Es waren diese „Krüppel", die durch den Krieg an Leib und Seele zerstörten Väter, Männer und Söhne, die dem Münsteraner Bischof Kardinal von Galen Anlass boten, öffentlich gegen das von den Nazis euphemistisch „Euthanasie-Programm" genannte gezielte Töten von behinderten und psychisch

1) Der Philosophieprofessor Leonard Nelson (am Schreibtisch sitzend) war Gründer des Internationalen Sozialistischen Kampfbundes (ISK).

2–3) Der ISK verteilte Flugblätter und errichtete Nachrichtenzentralen unter anderem in der Buchhandlung Peppmüller. Die Inhaber des Ladens, Richard Schmidt und seine Frau Anni, tauchen ab 1927 in den Berichten der ISK-Ortsgruppe auf. Hier ein Ausbildungskurs des ISK von 1925.

4) Die 200-Jahr-Feier fand ihren Niederschlag auch im Reichsbahnausbesserungswerk, wo man unter dem Titel „Arbeiter und Student" die Volksgemeinschaft beschwor. Hier waren allerdings auch sehr viele Zwangsarbeiter beschäftigt.

kranken Menschen zu protestieren. In seiner Predigt vom 3. August 1941[57] führte er den Zuhörern vor Augen, wie nah der nationalsozialistische Terror jedem Einzelnen von ihnen war, dass eben nicht nur der sogenannte „erbkranke Nachwuchs", sondern auch der invalide Soldat als „unnützer Esser" dem Mordprogramm zum Opfer fallen könne. Die Predigt erregte großes Aufsehen, unterschiedliche Widerstandsgruppen im ganzen Reich vervielfältigten sie, um ihren widerständigen Geist wirksam werden zu lassen.

An der Universität Göttingen verbinden sich vor allem die Namen dreier Ehemaliger mit dem Thema Widerstand. Einer ist der Staats- und Wirtschaftswissenschaftler Jens Jessen, der von 1932 bis 1933 in Göttingen lehrte. Er legte den weiten Weg vom begeisterten Nationalsozialisten – er profilierte sich in Göttingen als solcher – zum Widerstandskämpfer zurück. Jessen hatte Verbindungen zum zivilen Widerstand, wo er an den Vorbereitungen zum Staatsstreich beteiligt war. Ein anderer ist der Alumnus Adam von Trott zu Solz, der unter anderem in Göttingen Jura studierte und 1932 hier promoviert wurde. Von Trott, ein enger Freund Stauffenbergs, arbeitete im Auswärtigen Amt und konnte seine Position für Kontakte des Widerstands ins Ausland nutzen. Beide Männer wurden wenige Monate nach dem gescheiterten Attentat vom 20. Juli 1944 hingerichtet.

Die dritte Person, die im Kontext des Göttinger Widerstands gegen den Nationalsozialismus zu nennen ist, war der Gründer des Internationalen Sozialistischen Kampfbunds (ISK), der Philosophiedozent Leonard Nelson, der allerdings schon 1927 starb. Seit 1917 hatte er seine Vorstellung eines ethisch begründeten Sozialismus zu verbreiten versucht. Unterstützt wurde er dabei von Minna Specht (1879–1961)[58], die ihn während ihres Studiums in Göttingen 1914 kennengelernt hatte und später bis zu seinem Tod mit ihm zusammenlebte. 1917 gründeten die beiden den Internationalen Jugendbund (IJB), ausdrücklich als „Partei der Vernunft" definiert, mit dem sie gegen wirtschaftliche Ausbeutung, für Meinungsfreiheit, Gleichberechtigung sowie den Schutz von Kindern und Tieren kämpfen wollten. Ergänzt wurde der IJB durch die 1922 gegründete Philosophisch-Politische Akademie, deren Maximen Minna Specht als Leiterin des Landerziehungsheims Walkemühle bei Melsungen umsetzte (1924–1933). 1926 folgte die Gründung des ISK, einer Kaderschmiede, die ihre Mitglieder zu freien und mutigen Persönlichkeiten erziehen wollte. Nach 1933 ging Minna Specht ins Exil nach Dänemark, ab 1938 nach England, wo sie bis 1946 ihre pädagogische Arbeit fortsetzte und ihr Hauptwerk vorlegte: „Gesinnungswandel. Die Erziehung der deutschen Jugend nach dem Weltkrieg" (erschienen 1943 in London). Sie kehrte nach Deutschland zurück und leitete von 1946 bis 1951 die reformpädagogisch ausgerichtete Odenwaldschule im Taunus, bis sie ihr Amt aus gesundheitlichen Gründen aufgeben musste. Von 1952 bis 1959 war sie Mitglied der deutschen UNESCO-Kommission.

Ebenfalls Mitglied des ISK war der Psychologiedozent Heinrich Düker. Als aktive, bekennende Anhänger der Linken waren er und seine Mitstreiter ihren politischen Feinden schon vor 1933 bestens bekannt, was ihren Handlungsspielraum im NS-Regime sofort stark einschränkte. Sie wurden schikaniert, verfolgt, verhaftet. Nicht wenige, so auch Düker, kamen nach ihrer Entdeckung 1936 ins KZ. Dennoch verfolgten sie im Rahmen der begrenzten Möglichkeiten weiterhin das Ziel, den Nationalsozialismus grundsätzlich zu bekämpfen. „Wir haben", so erinnerte sich Düker nach dem Krieg, „die illegale Arbeit nicht aufgegeben. Nicht, weil wir glaubten, wir könnten den Nationalsozialismus noch aus Deutschland eliminieren. Sondern weil wir diejenigen stärken wollten, die so eingestellt waren wie wir."[59] Düker wurde im November 1946 der erste frei gewählte Oberbürgermeister der Stadt Göttingen, die ihm im Jahre 1985 die Ehrenbürgerwürde verlieh.

Der ISK verteilte Flugblätter und errichtete Nachrichtenzentralen, so unter anderem in der Buchhandlung Peppmüller. „Sie nutzen Bücher für das Übermitteln von Nachrichten", erzählt der spätere Göttinger Europaabgeordnete Klaus Wettig. Die beiden Inhaber des Ladens, Richard Schmidt und seine Frau Anni, tauchen ab 1927 in den Berichten der ISK-Ortsgruppe auf.

Zwangsarbeiter

Auch wenn diese Aktionen uns heute womöglich wirkungslos erscheinen, so waren sie doch von Bedeutung, denn nichts fürchteten die nationalsozialistischen Machthaber mehr als Unruhe. Nach Kriegsbeginn bemühte man sich, Unzufriedenheit an der „Heimatfront", wie es sie im Ersten Weltkrieg gegeben hatte, gar nicht erst aufkommen zu lassen. Man wollte möglichst lange eine normale Versorgungslage aufrechterhalten, so gut, wie dies unter Kriegsbedingungen eben möglich war. Dafür wurden Millionen von Zwangsarbeitern und Zwangsarbeiterinnen während des Krieges aus 20 Nationen nach Deutschland verschleppt. In Südniedersachsen lebten während des Krieges mehrere Zehntausend von ihnen.[60] In Göttingen arbeiteten schließlich zirka 6.000[61] Zwangsarbeiter über fast alle Betriebe und viele private Haushalte verteilt. Sie wurden eingesetzt in „kommunalen Behörden, bei der NSDAP und der SA, in Theatern, auf Grünflächen und Friedhöfen, in Cafés, Gaststätten, Betriebs- und Lagerküchen, Fleischereien, Bäckereien, Hotels, Kliniken und Arztpraxen, im Einzelhandel und Handwerk, in Holzwerken, Gärtnereien, Brauereien, Autohallen, Textilbetrieben, mittleren Industriebetrieben, Baufirmen, Zeitungen und Verlagen, Gas- und Wasserwerken, bei der Müllabfuhr, für Kirchen, in Schulen und an der Universität". Hier waren sie an vielen Stellen zu finden, so zum Beispiel in diversen Abteilungen der Göttinger Universitätskliniken oder auch auf dem landwirtschaftlichen Versuchsgut der Universität in Friedland.[62] Ihre Unterbringung erfolgte in vielen verschiedenen Lagern, die über die ganze Stadt verteilt waren. Das größte von ihnen lag am Schützenplatz hinter dem Bahnhof. Bei den Luftangriffen Anfang 1945, die dem Bahnhof galten, starben daher auch viele Zwangsarbeiterinnen und Zwangsarbeiter.

Kriegsende in Göttingen

Bis zum Juli 1944 war Göttingen von Bombenangriffen weitgehend verschont geblieben. Am 24. November 1944 wurde die Paulinerkirche, Keimzelle der Universität und Kern der Universitätsbibliothek, durch eine Luftmine zerstört. Menschen kamen nicht zu Schaden. Und die Bücher? Sie lagen im Keller und konnten so gerettet werden, denn der Bibliotheksdirektor Karl Julius Hartmann hatte sich der Anordnung aus Berlin widersetzt, die Bestände auszulagern. Ursprünglich war vorgesehen, sie in einen Stollen im nahe gelegenen Volpriehausen unterzubringen, in dem auch Munition lagerte; tatsächlich ist der größte Teil dessen, was die Universität dort untergebracht hat, bei Kriegsende verbrannt. Nachdem die völlig aussichtslosen, nahezu irrwitzigen Stadt-Verteidigungspläne des Kreisleiters Gengler verhindert werden konnten, wurde Göttingen am 8. April 1945 den Amerikanern übergeben.

Aquarellierte Straßenansicht, signiert von „Breuninger", aus dem Jahre 1945. Die Szene zeigt das Gebäude an der Weender Straße 32, das nach dem Krieg als Informationszentrum der britischen Besatzungskräfte fungierte.

1) Zitiert nach Drüding 2014, S. 131.
2) Für Göttingen: Tollmien 1999, S. 132.
3) Siehe hierzu Matysiak 2014.
4) Für Göttingen: Tollmien 1999, S. 140.
5) Siehe auch http://www.ns-zeit.uni-goettingen.de/einfuehrung/, abgerufen am 30.03.2017.
6) Zitiert nach Dahms 1982, S. 41.
7) Zitiert nach Dahms 1982, Abb. 7, Faksimile des Telegramms.
8) Siehe auch http://www.ns-zeit.uni-goettingen.de/, abgerufen am 30.3.2017.
9) Steinsiek 2019
10) Steinsiek 2015.
11) Dahms 1982, S. 45.
12) Siehe auch http://gedenkstaette-moringen.de/website/willkommen.html, abgerufen am 30.03.2017.
13) Die Namensliste der Betroffenen ist einzusehen unter http://www.ns-zeit.uni-goettingen.de/umsetzung-von-ns-unrecht/entziehung/, abgerufen am 30.03.2017. Siehe dazu Thieler 1993.
14) http://www.ns-zeit.uni-goettingen.de/umsetzung-von-ns-unrecht/entziehung/, abgerufen am 30.03.2017.
15) Der Wortlaut ist nachzulesen unter http://www.ns-zeit.uni-goettingen.de/umsetzung-von-ns-unrecht/entziehung/, abgerufen am 30.03.2017.
16) http://www.ns-zeit.uni-goettingen.de/tag/gedenktafel/, abgerufen am 30.03.2017.
17) Das wird sehr anschaulich an einem Beispiel aus der Ägyptologie, die ihre Geschichte zwischen 1933 und 1945 in einer Online-Ausstellung präsentiert. Dort finden wir einen Brief des Ägyptologen Friedrich Wilhelm Freiherr von Bissing, NSDAP-Mitglied, ein enger Freund von Rudolf Heß und seit 1936 Mitglied der Göttinger Akademie der Wissenschaften, an den Göttinger Ordinarius Hermann Kees vom 21.08.1937: „[...] Ich möchte Dich heute auf eine vielleicht auszunützende Gelegenheit hinweisen. Küthmann, der Direktor des Kestnermuseums in Hannover, hat weil mit einer Jüdin verheiratet, sein Amt niederlegen müssen. Für Hannover ein schwerer Verlust, insbesondere aber für die dortige ägyptische Abteilung, die ja zum grossen Teil noch nicht geordnet ist, vielleicht nicht einmal inventarisiert. Was wird aus ihr werden? Im Grunde sind ja die Antiken im Kestnermuseum ein Fremdkörper. Sollte sich da nicht die Gelegenheit bieten, wenn der neue Direktor dem Museum etwa eine ganz andere Richtung giebt, die Ägyptiaca, nicht nur meine Sammlung, und vielleicht sogar die Antiken, nach Göttingen zu holen? Dann hätte Göttingen mit einem Schlag eine ausgezeichnete ägyptische Sammlung, viele Stelen, Bronzen, Faiencen usw. Und fast alles unveröffentlicht. Du solltest jedenfalls der Sache einmal nachgehen. [...]" http://www.uni-goettingen.de/de/487326.html, abgerufen am 23.03.2017.

18) Leibholz-Bonhoeffer 1979³, S. 97. Die folgende Darstellung ist von den Nachlassverwaltern von Marianne Leibholz freigegeben worden.
19) Leibholz-Bonhoeffer 1979³, S. 104.
20) Siehe dazu Chandler 2016.
21) Siehe auch Dahms 1982, S. 51.
22) Ericksen 1982, S. 80.
23) Zur Geschichte des Theologischen Seminars im Nationalsozialismus siehe auch Smend 2002.
24) Lebensraum war ein Begriff, der auf den Schriftsteller Hans Grimm zurückging, seit 1927 Ehrendoktor der Universität Göttingen. In seinem Roman „Volk ohne Raum" beschreibt Grimm die Lebensbedingungen in Deutschland nach dem Versailler Vertrag, beklagt unter anderem den Verlust der Kolonien und fordert ihre Rückeroberung als Lebensraum für den „deutschen Menschen". Die Nazis übertrugen den Begriff auf ihre Forderungen nach „Lebensraum im Osten". Das Buch zählt zu den am häufigsten verkauften Büchern in der Weimarer Republik und war Pflichtlektüre in deutschen Schulen.
25) Siehe dazu Enderle 2011. Außerdem https://www.sub.uni-goettingen.de/wir-ueber-uns/portrait/geschichte/ermittlung-und-restitution-von-ns-raubgut-der-sub-goettingen/, abgerufen am 10.04.2017.
Im Jahr 2016 wurden aus dem Bestand der Sammlungen an der Universität Göttingen Ethnographica aus Peru und Liberia an das Museum im polnischen Łódź restituiert (NS-Beutekunst). Der Kustos der Ethnologischen Sammlung, Dr. Michael Kraus, führt dazu aus: „Nach dem Einmarsch der deutschen Wehrmacht im polnischen Łódź im September 1939 wurde das Archäologische und Ethnographische Museum Łódź unter deutsche Verwaltung gestellt. Der neue deutsche Leiter (Walter Frenzel) schlug die vorhandenen Ethnographica zunächst dem Leipziger Grassimuseum zum Tausch vor und ermöglichte den Abtransport. 1942 erfolgte, unter dem neuen Leiter in Łódź, Walter Grünberg, der Ankauf der Objekte durch Leipzig. Teilkonvolute wurden von Leipzig aus an die Museen/Sammlungen in Hamburg, Köln und Göttingen weiter veräußert.
Das Museum für Völkerkunde in Leipzig restituierte Objekte aus Łódź (zur Zeit der deutschen Besatzung: Litzmannstadt) bereits im Jahr 1967. Das Göttinger Institut für Ethnologie ließ die hier vorhandene Sammlung 1996 bei der Koordinierungsstelle für Kulturgutverluste registrieren (zunächst Bremen, dann Magdeburg; heute: Stiftung Deutsches Zentrum Kulturgutverluste, Magdeburg).
2011 bis 2012 wurde der Bestand in Göttingen in einem von meinem Vorgänger Dr. Gundolf Krüger angeleiteten Forschungsprojekt von Frau Beate Hermann untersucht. Ein Ergebnis des Forschungsprojektes war 2012 u.a. die Registrierung der Objekte in der Datenbank lostart.de (dort weiterhin einsehbar mit Verweis auf die erfolgte Restitution).

Ein offizieller Restitutionsantrag erreichte unser Institut aus Polen mit Schreiben vom 14.10.2015. Da der Fall aufgrund der erfolgten Provenienzrecherche gut dokumentiert war, konnte die Rückführung vergleichsweise zeitnah im Mai 2016 vollzogen werden. Die Objekte befinden sich also wieder im Museum in Łódź. Die Kosten für die Rückführung wurden von der Universität Göttingen getragen."
Weiterführende Literatur: Anna-Maria Brandstetter, Vera Hierholzer (Hg.): Nicht nur Raubkunst! Sensible Dinge in universitären Museen und Sammlungen, Göttingen 2018.
28) Leibholz-Bonhoeffer 1979³, S. 98.
29) Dahms 1982, S. 48.
30) Siehe auch Drüding 2014.
31) Drüding 2014, S. 126.
32) Zitiert nach Drüding 2014, S. 128.
33) Drüding 2014, S. 129.
34) New York Times vom 28.03.1937, zitiert nach Drüding 2014, S. 129.
35) Zitiert nach Drüding 2014, S. 131.
36) Drüding 2014, S. 126.
37) Siehe dazu Füssel 2009, siehe auch Drüding, S. 134 FN 675.
38) Zitiert nach Drüding 2014, S. 138.
39) Zitiert nach Drüding 2014, S. 138.
40) Zitiert nach Drüding 2014, S. 146.
41) Zitiert nach Drüding 2014, S. 147.
42) New York Times vom 25.06.1937, zitiert nach Drüding 2014, S. 149.
43) Ein Netzwerk von Veranstaltungsgruppen organisiert jährlich eine Reihe zum Gedenken an die Opfer des Nationalsozialismus: http://www.gedenken-an-die-opfer-des-nationalsozialismus.de/veranstalterinnen.php, abgerufen am 05.04.2017.
44) Zur Rolle des Göttinger Tageblatts vor und in der NS-Zeit siehe auch: https://www.geschichtsverein-goettingen.de/fileadmin/pdf/verschiedenes/20140824_GT_Aufgeb__Zeitreise.pdf, abgerufen am 04.04.2017.
45) Siehe dazu Böhme 2006.
46) Siehe dazu Thieler 2014.
47) Tollmien 1999, S. 218.
48) Siehe hierzu ausführlich Tollmien 1999, S. 237–248. Außerdem http://juedische-emigration.geschichtswerkstatt-goettingen.de/, abgerufen am 05.04.2017.
49) Siehe dazu Rosenbaum 2014.
50) Siehe dazu Bruns-Wüstefeld 1997.
51) Römling 2012, S. 266.
52) https://www.uni-goettingen.de/de/gedenkstele-zur-erinnerung-an-das-judenhaus/550710.html, abgerufen am 05.04.2017.
53) Siehe dazu unter anderem Angermann 2016; auch Kriedte 2016.
54) Siehe dazu Schäfer-Richter 1993.
55) Ericksen 1998, S. 90.
56) Klee 2004, S. 226; Reiter 2007.
57) https://www.uibk.ac.at/theol/leseraum/texte/599.html, abgerufen am 06.04.2017.
58) Siehe dazu ausführlich Hansen-Schaberg 1992.
59) http://stadtarchiv.goettingen.de/widerstand/frames/fr_isk-widerstand.html, abgerufen am 06.04.2017.
60) http://www.zwangsarbeit-in-niedersachsen.eu/, abgerufen am 05.04.2017. Außerdem Siedbürger 2005.
61) Römling 2012, S. 273. Siehe dazu http://www.zwangsarbeit-in-goettingen.de/, abgerufen am 05.04.2017.
62) http://www.zwangsarbeit-in-niedersachsen.eu/, 05.04.2017.

Kasten Alfred Hessel
I) Siehe dazu Petke 2002.
II) Zitiert nach Petke 2014, S. 289.
III) Kind-Doerne 1986.

Kasten Edith Stein – Verfolgung und Ermordung
IV) Zitiert nach Walter 2012, S. 173.
V) Zitiert nach Zingel 1993, S. 266.
VI) Zitiert nach Walter 2012, S. 177.

Kasten Adam von Trott
VII) Linda von Keyserlingk-Rehbein, Nur eine „ganz kleine Clique"? Die NS-Ermittlungen über das Netzwerk vom 20. Juli 1944, Berlin 2018.
VIII) http://www.uni-goettingen.de/de/591647.html

1 9 4 5

1 9 6 8

Die Georgia Augusta war die erste deutsche Universität, die nach dem Krieg ihren Lehrbetrieb wieder aufnahm. Ein Grund dafür war, dass die Stadt Göttingen den Krieg nahezu unbeschadet überstanden hatte. Es standen somit Gebäude zur Verfügung, in denen Vorlesungen und Seminare stattfinden konnten. Allerdings sahen sich die Angehörigen der Hochschule einer großen anderweitigen Herausforderung gegenüber: Die vielen, die vom Nationalsozialismus profitiert hatten, sowie diejenigen, die dableiben konnten, begegneten nun denen, die verfolgt und vertrieben worden waren – wie beispielsweise Gerhard Leibholz. Er war 1938 nach England emigriert, weil er in Deutschland nicht länger als Jurist an der Universität arbeiten durfte. Seit 1947 hatte er – unter Beibehaltung seiner Lehrverpflichtung in Oxford – in Göttingen eine Gastprofessur inne. 1951 erhielt er den neu eingerichteten Lehrstuhl für Politische Wissenschaften und Allgemeine Staatslehre und wurde an das neu geschaffene Bundesverfassungsgericht berufen, dessen zweitem Senat er bis 1971 angehörte. Bevor Leibholz im Juni 1947 mit seiner ersten Vorlesung begann, brachte er das Problem der „Wiederbegegnung", wie er es nannte, zur Sprache:

„Ich glaube, daß in der gegenwärtigen Situation manche, vielleicht sogar viele, mich mit einem natürlichen Mißtrauen betrachten werden. Sie mögen sagen: Was können wir schon von einem Mann lernen, der den Krieg und die beiden Nachkriegsjahre in England und nicht in Deutschland miterlebt hat? Was weiß ein solcher Mann von unserer Not? Lassen Sie mich mit einer Gegenfrage antworten: Wissen die, die so fragen, auch von der Not der anderen, einschließlich derer, die als Gegner des Regimes zu einer Zeit aus ihrem Lande vertrieben wurden, als die Mehrheit des Volkes teils aus irregeleitetem Idealismus, teils aus Opportunismus dem früheren Regime noch folgen zu müssen glaubte?"[1] Wie konnte unter diesen Umständen die gewaltige Aufbauarbeit der kommenden Jahre bewältigt werden?

Die Ausgangssituation im Sommer und Herbst 1945

Zunächst waren enorme praktische Probleme zu lösen. Die unzerstörte Stadt, die Schutz und Obdach versprach, zog viel mehr Menschen an, als man unterbringen konnte. Trotz Zuzugsverbots kamen im Sommer 1945 täglich bis zu 5.000 Menschen in die britische Besatzungszone, in der Göttingen jetzt lag.[2] In den zehn Jahren von 1939 bis 1949 nahm die Bevölkerung Göttingens um 60 Prozent zu, von 50.000 stieg sie auf 80.000.[3]

Im September 1945 gründeten die Briten das Grenzdurchgangslager Friedland, um die Mobilität steuern und die Versorgung der Betroffenen sicherstellen zu können.[4] Das Dorf im Süden der Stadt lag am Schnittpunkt der britischen, amerikanischen und sowjetischen Besatzungszone. Es war der erste Anlaufpunkt für Flüchtlinge und Vertriebene aus den ehemaligen deutschen Ostgebieten und für Kriegsheimkehrer.

Eine andere große Gruppe von Menschen, die in Göttingen untergebracht und verpflegt werden mussten, waren die *displaced persons* (DP). Als DPs bezeichnete man alle während der NS-Zeit verschleppten Personen, also „Zivilpersonen, die sich wegen Kriegseinwirkungen außerhalb der nationalen Grenzen ihres Landes befinden, die zwar nach Hause zurückkehren oder ein neues Zuhause finden wollen, jedoch nicht in der Lage sind, dies ohne fremde Hilfe zu tun".[5] Dazu gehörten unter anderem ehemalige Zwangsarbeiter, ehemalige Häftlinge aus den Konzentrationslagern oder ehemalige Kriegsgefangene – im Jahr 1945 insgesamt 500.000 Menschen.[6]

Seit 1956 gab es wieder eine Armee in Westdeutschland, die Bundeswehr, und die allgemeine Wehrpflicht wurde beschlossen – beides nicht unumstritten. Bundesweite Proteste löste dann der Plan des damaligen Verteidigungsministers Franz Josef Strauß aus, die Bundeswehr mit Trägersystemen für amerikanische Nuklearsprengköpfe auszurüsten. Die Menschen gingen auf die Straße. Diese Demonstration stand unter dem Motto „Keine militärischen Experimente".

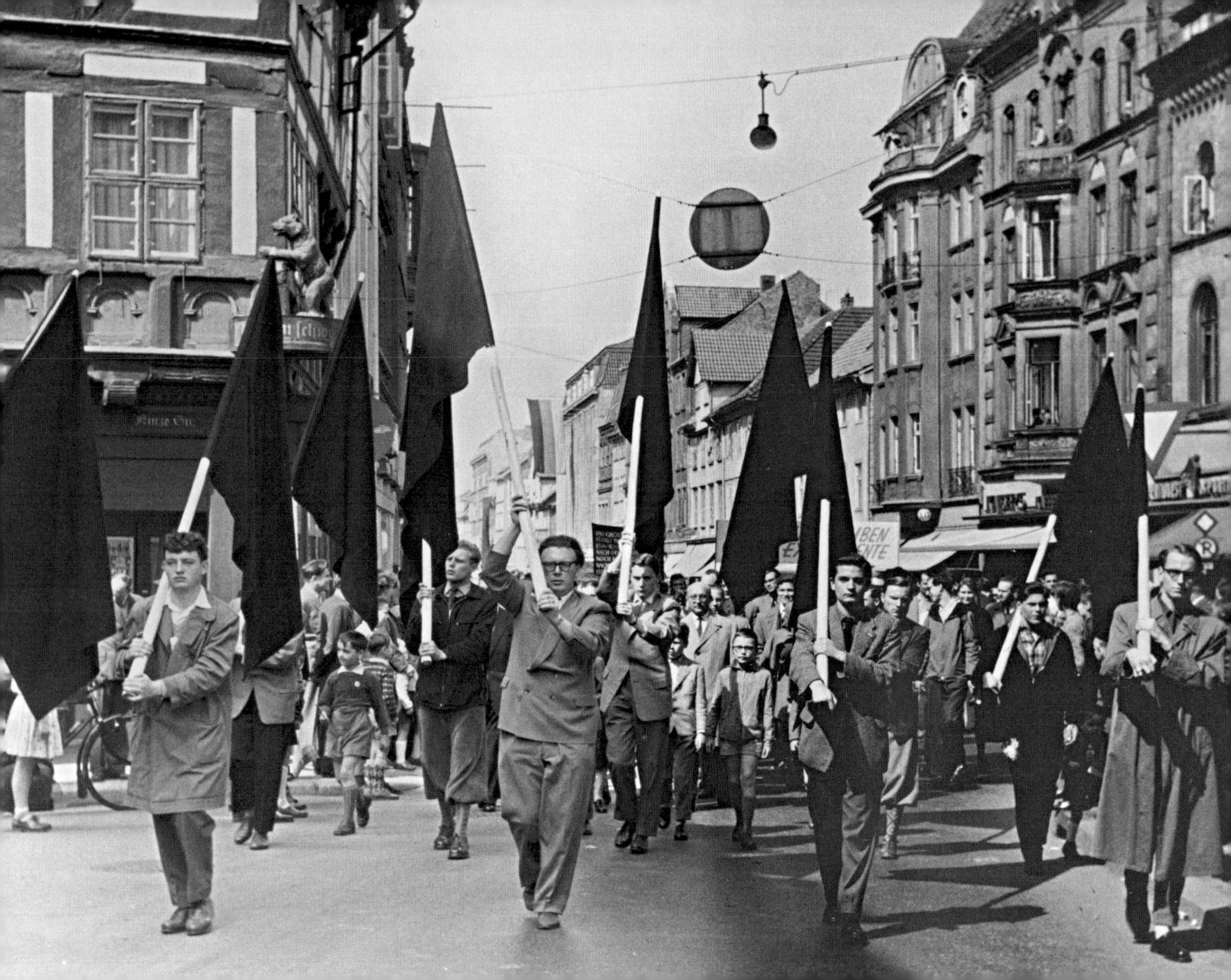

1) Der Jurist Rudolf Smend war über verschiedene berufliche Stationen nach Berlin gekommen, von wo er 1935 nach Göttingen zwangsversetzt wurde, weil man in Berlin einen, in den Augen der Nationalsozialisten, politisch Zuverlässigeren haben wollte. Während er zuvor staatsrechtlich und verfassungstheoretisch gearbeitet hatte, ist die Göttinger Zeit geprägt von der Gründung des Kirchenrechtlichen Instituts der Evangelischen Kirche in Deutschland (EKD). Smend war seit 1918 in kirchlicher Gremienarbeit engagiert bis hin zum Rat der EKD, als dessen Mitglied er die Stuttgarter Schulderklärung vom Oktober 1945 unterschrieb.

2) Der Historiker Hermann Heimpel war Gründungsdirektor des Max-Planck-Instituts für Geschichte in Göttingen und Rektor der Universität 1953/54.[1]

3) Britische Besatzungskräfte vor dem Gemeindeamt in Göttingen 1945.

4) Im südlich von Göttingen gelegenen Friedland eröffneten die Briten ein Notaufnahmelager für Flüchtlinge und Vertriebene.

In Göttingen lebten gemäß einer Aufstellung des Ernährungsamtes am 2. Juli 1945 10.509 *displaced persons*.[7] Jüdische DPs, die auf ihre Ausreise nach Palästina warteten, oder sowjetische Kriegsgefangene, die nicht in ihre alte Heimat zurückkehren wollten, wo ihnen als vermeintlichen Kollaborateuren eine erneute Lagerhaft drohte, lebten zum Teil bis 1952 in Friedland.

Wiederaufnahme des Lehrbetriebs im Wintersemester 1945/46

Zusätzlich zu den DPs, den Flüchtlingen und Vertriebenen sowie den entlassenen Soldaten lebten 4.296 Studierende in Göttingen, die im ersten Nachkriegswinter an der Georgia Augusta immatrikuliert waren.[8] Die Eröffnung war Anfang September von den Briten genehmigt worden, denn man wollte einen raschen wirtschaftlichen Wiederaufstieg Deutschlands befördern, um die britischen Steuerzahler möglichst schnell von den Kosten der Besatzung zu befreien. Zudem sollten die Universitäten an der Demokratisierung der deutschen Gesellschaft mitwirken. Der Schock über das Versagen der deutschen Hochschulen im Nationalsozialismus saß tief, auch bei den Briten. Jetzt sollten Professoren und Studenten in demokratisch organisierten Institutionen Demokratie (wieder) einüben und in die deutsche Gesellschaft hineintragen.

Die britischen Besatzer machten sich ans Werk, um die Voraussetzungen für die Neugestaltung zu schaffen. An den niedersächsischen Hochschulen entließen sie bis zum Juli 1946 31 Prozent der Professoren, Dozenten und Assistenten. Nicht alle nahmen das widerspruchslos hin und protestierten, sodass man schließlich nur 23 Prozent entließ.[9] In Göttingen mussten nur 16 Professoren von 102 dauerhaft aus dem Dienst ausscheiden, darunter der amtierende Rektor, der Altphilologe Hans Drexler, sowie einer seiner Vorgänger, der Jubiläumsrektor von 1937, Friedrich Neumann. Zum neuen Rektor ernannte man den Juristen Rudolf Smend.

Entlassen wurden auch der Pfarrer Mattiat, der zum Volkskundeprofessor avanciert war, und der Theologe Walter Birnbaum, die das Amt ihrer Nähe zum Regime zu verdanken gehabt hatten, ohne die formalen Voraussetzungen für eine Berufung zu erfüllen.[10] Mattiat kehrte unbeschadet in sein Pfarramt zurück, das er bis zur Pensionierung innehielt. Birnbaum kämpfte – vergeblich – um seine Wiederaufnahme in die Fakultät.[11] Im Gegensatz zu ihren 95 Kollegen, welche die Nationalsozialisten aus dem Amt entfernt hatten, bekamen die nach 1945 Entlassenen ihr volles Ruhegeld ausbezahlt.[12] Andere fielen durch das Raster und blieben unbehelligt, weil sie zum Beispiel zufällig nicht in die Partei aufgenommen worden waren, wie der radikal nationalistische und rassistische Althistoriker Ulrich Kahrstedt: Sein Aufnahmeantrag in die NSDAP war nicht mehr zum Tragen gekommen.

Die Juristen Julius von Gierke und Herbert Kraus, auch der Pädagoge Herman Nohl, die aus unterschiedlichen Gründen entlassen und in Göttingen geblieben waren, erhielten ihre Lehrstühle zurück. Es wurden jedoch auch politisch belastete Professoren neu in den Lehrkörper aufgenommen, darunter Fritz Lenz, der in den 1920er-Jahren die erste Professur für Rassenhygiene erhalten hatte. Während der NS-Zeit bekleidete er das Ordinariat in Berlin. Von 1946 bis 1952 war er außerordentlicher Professor in Göttingen, von 1952 bis 1955 dort Lehrstuhlinhaber für Genetik.[13] Neu in Göttingen waren auch diejenigen Professoren, die in den Jahren zuvor an den damaligen deutschen „Reichsuniversitäten" wie etwa Straßburg oder den Universitäten in den ehemaligen deutschen Ostgebieten wie Königsberg oder Breslau gelehrt hatten. Zu ihnen gehörte auch der Historiker Hermann Heimpel, der ähnlich wie die aus der britischen Internierung nach Göttingen entlassenen Mitarbeiter des deutschen Uranprojekts, Otto Hahn, Werner Heisenberg und Carl Friedrich von Weizsäcker, in Göttingen eine neue Wirkungsstätte fanden. Die beiden Letzteren hatten vor 1933 in Göttingen studiert.

GRÜNDUNG DER MAX-PLANCK-GESELLSCHAFT

Die Max-Planck-Gesellschaft (MPG) ist aus der 1911 in Berlin gegründeten Kaiser-Wilhelm-Gesellschaft (KWG) hervorgegangen. Unter deren Dach vereinten sich Institute, die neue, teils interdisziplinär angelegte Forschungsgebiete abdeckten, die im traditionellen Fächerkanon der Universitäten nicht zu finden waren. Hier sollten nur ausgewiesene Forscher arbeiten, denen die KWG ideale Arbeitsbedingungen bot. Dazu gehörte neben einer exzellenten finanziellen Ausstattung auch die Befreiung von der zeitraubenden Lehre.

Nach dem Krieg waren sich die Alliierten nicht einig über die Zukunft der KWG. Der Initiative der Briten ist es zu verdanken, dass sie in die Max-Planck-Gesellschaft umgewandelt wurde. Sie holten den 87-jährigen Physiker Max Planck aus der sowjetischen Zone nahe von Magdeburg in die britische Zone nach Göttingen, wohin schon im Verlauf des Krieges vier KWG-Institute und im Februar 1945 auch die in Berlin ausgebombte KWG-Generalverwaltung ausgelagert worden waren. Der Nobelpreisträger erklärte sich bereit, als Übergangspräsident zu fungieren.

Mit diesem unbelasteten, international höchst anerkannten Forscher sahen auch die USA, die die KWG als NS-nahe Organisation ursprünglich auflösen wollten, die Möglichkeit eines Neuanfangs. Im September 1946 wurde in Bad Driburg der Name Max-Planck-Gesellschaft festgeschrieben, und am 26. Februar 1948 wurde in Göttingen die Max-Planck-Gesellschaft in ihrer heutigen Form aus der Taufe gehoben. Ihr Präsident war der Chemiker und Nobelpreisträger Otto Hahn.

Ehemalige Direktoren Göttinger Max-Planck-Institute: Max Planck, Karl Friedrich Bonhoeffer, Werner Heisenberg und Otto Hahn. Heute gibt es in Göttingen fünf MPIs: für biophysikalische Chemie, für Dynamik und Selbstorganisation, für Sonnensystemforschung, zur Erforschung multireligiöser und multiethnischer Gesellschaften und für experimentelle Medizin.

Die MPG war zunächst nur in der britischen und amerikanischen Zone zugelassen, 1949, nach der Gründung der Bundesrepublik Deutschland, entfiel diese Beschränkung. 1953 konnten die letzten KWG-Institute in die MPG integriert werden. Die zentrale Verwaltung der MPG verblieb zunächst in Göttingen. Dort wurde auch das Institut für Strömungsforschung 1953 wiedereröffnet, und Werner Heisenberg ließ sich mit dem Institut für Physik nieder.

1949 erfolgte unter Karl Friedrich Bonhoeffer die Gründung des Instituts für physikalische Chemie, das später sogenannte Institut für experimentelle Chemie. 1955 kam das Max-Planck-Institut für Geschichte unter Hermann Heimpel dazu. Einige der Institute wanderten allerdings wieder ab und schon Ende der 1950er-Jahre wurde auch die Zentralverwaltung der Max-Planck-Gesellschaft nach München verlegt. Heute gibt es in Göttingen fünf Max-Planck-Institute, die Teil des Göttingen Campus sind.

Mit den Emigranten tat man sich schwer. Viele derjenigen, denen es gelungen war, im Exil eine angemessene Position zu finden, kamen nicht wieder, sofern man sie überhaupt dazu aufforderte. Denn die Universität wollte die Dozenten, die inzwischen im Ausland Karriere gemacht hatten, nur zu den alten Bedingungen wieder einstellen, was ebenso demütigend wie wenig lukrativ war. Das gilt zum Beispiel für den Architekturhistoriker Nikolaus Pevsner, einen ehemaligen Göttinger Privatdozenten, der endgültig 1935 nach England emigriert war, wo er am Birckbeck College in London und in Cambridge lehrte. Wolfgang Stechow, Experte für niederländische Landschaftsmalerei, ging 1936 in die USA, nahm aber später wieder Kontakt zur Georgia Augusta auf und vermachte Teile seines Nachlasses der Kunstsammlung der Universität. Nur zwei Emigranten kehrten nach anfänglichem Zögern an ihre alte Wirkungsstätte zurück. Der Philosoph Georg Misch kam schließlich 1946, wurde 1948 emeritiert und arbeitete bis zu seinem Tod weiter an seiner viertausend Seiten umfassenden „Geschichte der Autobiographie". Leibholz kam erst 1951 endgültig zurück nach Göttingen.

Die Studentenschaft der frühen Nachkriegsjahre

Zufällig fiel der Tag der Wiedereröffnung im Jahr 1945 auf den 17. September, der auch der Tag der offiziellen Eröffnung 208 Jahre zuvor gewesen war. Aber anders als 1737 richtete man sich jetzt nicht an meist minderjährige, oft adlige Studenten, sondern an durchschnittlich 25 Jahre alte Männer,[14] die gerade aus dem Krieg kamen. 12.000 Männer und Frauen hatten sich um die Aufnahme an die Georgia Augusta beworben, nur ein Drittel konnte angenommen werden, davon waren 78 Prozent männlich und aus dieser Gruppe hatten nur 1,5 Prozent keinen Wehrdienst geleistet.[15] Im Sommersemester 1946 saßen 197 Offiziere und 996 Reserveoffiziere im Hörsaal – besiegt oder befreit? Schlecht gekleidet, hungrig, prekär untergebracht.

Ein Autor schildert seine Wahrnehmung dieser Studentengeneration in den linkskatholischen „Frankfurter Heften" im April 1946: „Die meisten Studenten aber sind in ihrer geistigen Haltung dadurch bestimmt, daß sie Soldaten gewesen und durch die Mühle der Nazi-Erziehung gegangen sind. Sie sind arm an Kenntnissen und unfähig zu glauben, angefüllt mit den unaufgelösten Nachklängen tönender Phrasen und echter Erlebnisse, mit Enttäuschung und Mißtrauen, eine eigentümliche Mischung von Frühreife und Unreife, von unschuldiger Unbelehrtheit und verstockter Unbelehrbarkeit, mehr Ideologen erledigter Doktrinen denn Idealisten jugendlicher Entwürfe."[16] Die Alliierten befürchteten, dass hier nationalsozialistisches Potenzial schlummern könne. In der britischen Zone legte die „Education Instruction to German Authorities" daher fest, dass Studienplätze bevorzugt an diejenigen vergeben werden sollten, die nie Mitglied irgendeiner NS-Organisation gewesen waren. Erst wenn diese einen Studienplatz erhalten hatten, wurden einstige NSDAP-Anwärter oder ehemalige Angehörige der Hitler-Jugend bzw. des Bundes Deutscher Mädel berücksichtigt. Nur die verbliebenen Plätze wurden an „nicht aktivistische" Parteimitglieder oder Angehörige anderer NS-Organisationen vergeben. Führungspersonal von HJ und BDM, aktive Parteimitglieder sowie Personen, die weitere Bedingungen für Amtsentlassung nach den Entnazifizierungsvorschriften erfüllten, sollten keinen Studienplatz erhalten.[17] Eine Umfrage, die mit Unterstützung des damaligen Studenten und späteren Präsidenten, Norbert Kamp, in den 1980er-Jahren unter den ersten Nachkriegssemestern durchgeführt wurde, legt allerdings den Schluss nahe, dass die meisten Studenten politisch eher desinteressiert, wenn auch nicht ohne Standpunkt waren.[18]

Die soldatisch geprägte Haltung war eine davon, die sich Gehör verschaffte, als im Januar 1946 Martin Niemöller auf Einladung der evangelischen Studentengemeinde in Göttingen sprach. Der ehemalige U-Boot-

HELMUTH PLESSNER

Der Sohn eines jüdischen Arztes wurde 1892 in Wiesbaden geboren und protestantisch getauft. Er studierte unter anderem Philosophie bei Edmund Husserl in Göttingen und wurde 1926 außerordentlicher Professor in Köln, wo man ihn 1933 entließ.

Nach drei Jahren in der Türkei konnte er in den Niederlanden lehren, wo er 1943 erneut von den Deutschen aus dem Amt gejagt wurde. Er überlebte als Untergetauchter in verschiedenen Verstecken, arbeitete nach der Befreiung wieder in Groningen und kam 1951 nach Göttingen, um den neu eingerichteten Lehrstuhl für Soziologie und Philosophie zu übernehmen.

Plessner hatte aufmerksam verfolgt, was sich in Göttingen tat, wie – und vor allem mit wem – man hier die Nachkriegsuniversität organisieren wollte. Als Gründer und Direktor des Soziologischen Seminars versammelte er einen Kreis von Schülern um sich, die später politisch und hochschulpolitisch Einfluss nahmen, so zum Beispiel Peter von Oertzen[II] oder Christian Graf von Krockow. Plessner, der in Göttingen mit 59 Jahren zum ersten Mal ein Ordinariat bekleidete, begriff den Wiederaufbau einer neuen Universität als eine Aufgabe, die Remigranten und ehemalige NSDAP-Anhänger gemeinsam bewältigen mussten.

Das kollektive Beschweigen der Vergangenheit, das im Rückblick zum Charakteristikum der 1950er-Jahre erklärt worden ist, sei dabei ein notwendiges, ja heilsames Schweigen gewesen, so der Philosoph Hermann Lübbe.[III] Jeder hätte ohnehin vom anderen gewusst, was er während der NS-Zeit getan hätte, wo er gewesen sei, „deswegen wäre es auch ganz müßig gewesen, dieses Nicht-Rätsel universitätsöffentlich aufzuwerfen", so Lübbe.[IV] Der Remigrant sei in öffentliche Ämter gewählt worden, so wie Plessner, der sich in der akademischen Selbstverwaltung engagierte, 1957/58 Dekan und 1960/61 Rektor wurde. Die ehemaligen Nationalsozialisten und Profiteure seien in den Hintergrund getreten, wofür sie als Kollegen akzeptiert und nicht als ehemalige Parteigenossen bloßgestellt worden seien. Der Remigrant habe seine moralische Überlegenheit nicht gezeigt und nicht genutzt, wie Plessner, der in der Öffentlichkeit stets darauf verzichtete, über die Vergangenheit seines Gegenübers zu sprechen – bis auf ganz wenige Ausnahmen.

Plessners Antrittsrede als Rektor war eine philosophische Betrachtung über das Herabsetzen: Vom Thema her war dies so deutlich, dass jeder wusste, worüber er sprach, aber in der Ausführung so allgemein gehalten, dass niemand sich persönlich attackiert fühlen konnte. Dieser Mechanismus der „nichtsymmetrischen Diskretion", so Lübbe, habe eine fragile Stabilität geschaffen, die es beiden Seiten ermöglichte, miteinander zu arbeiten.[V]

Kommandant des Ersten Weltkriegs, der Pfarrer und Widerstandskämpfer, der von 1937 bis 1945 in verschiedenen nationalsozialistischen Konzentrationslagern inhaftiert gewesen war, zitierte in seiner Rede aus dem Stuttgarter Schuldbekenntnis[19] der Evangelischen Kirchen vom Oktober 1945, an dessen Abfassung er beteiligt gewesen war. In der Erklärung, die sich zuallererst an das Ausland richtete und die die Wiederaufnahme der ökumenischen Arbeit befördern sollte, formulierten die protestantischen Kirchen eine Mitschuld an den nationalsozialistischen Verbrechen. Heute erkennen wir im Text, der den Judenmord nicht explizit benennt, eine exkulpatorische Tendenz. Den damaligen Zuhörern erschien die Aussage ungeheuerlich. In der Göttinger Jakobikirche kam es zu studentischen Unmutsäußerungen in Form von lautem Getrampel. Die Zuhörer, von denen viele nicht einmal ein Jahr zuvor noch Berufs- und Reserveoffiziere gewesen waren, stellten, so der Göttinger Historiker Bernd Weisbrod, nicht die Frage nach der Schuld, sondern die nach der soldatischen Ehre.[20] Die wurde erneut Thema, als sich im Wintersemester 1946/47 der Widerstandskämpfer Axel von dem Bussche für den AStA-Vorsitz zur Wahl stellte. Die Allgemeinen Studentenausschüsse waren in der britischen Zone im Jahr 1946 wieder zugelassen worden. Der ehemalige Widerstandskämpfer war Anfeindungen ausgesetzt und musste sich für sein Handeln vor seinen Kommilitonen rechtfertigen, wurde schließlich aber doch gewählt.

Der Allgemeine Studentenausschuss: AStA

Die britische Militärregierung unterstützte gezielt den Aufbau der Studentenschaftsorgane. Man wollte den Studierenden damit ein Forum bieten, um demokratische Verhaltensweisen einüben zu können, und zugleich restaurativen Tendenzen an der Universität entgegenwirken. Der AStA bestand zunächst aus je drei per Listenwahl gewählten Fakultätsvertretern, zwei Vertretern der konfessionellen Studentengemeinden, zehn Vertretern der interfakultativen, nicht politischen Studentengruppen und einem fünfköpfigen Vorstand. Es gab Sachbearbeiter mit folgenden Zuständigkeiten: „Arbeitseinsatz, Kriegsgefangene, Verbindung zu den studentischen Interessengruppen, zu den Parteien, zu anderen Hochschulen und zu ausländischen Hochschulen, je einen Vertreter der Göttinger Universitätszeitung GUZ und im Rechtspflegeausschuß der Universität, ein Kassenwart und ein vierköpfiger Sozialausschuß".[21]

Die schon am 27. Oktober 1945 vom Senat genehmigte Satzung erfuhr mehrfach Novellierungen, ähnlich wie die Satzung des früh institutionalisierten Studentenrats (SR), der am ehesten dem AStA in seiner heutigen Verfasstheit gleicht: Neben dem Vorsitzenden gehörten ihm je ein Vertreter jeder Fakultät sowie ein Kultur-, Sozial-, Auslands-, Außen- und Innenreferent an. Die erste politische Gruppierung, die im September 1946 zugelassen wurde, war die Sozialistische Studentengruppe, parallel zur Zulassung der SPD als der ersten Partei in Göttingen im Dezember 1945.[22]

Aufbruch

„Erschöpfung, Erleichterung, Verwirrung, Verzweiflung, Leere"[23], in Göttingen versuchte man dieser emotionalen Gemengelage auch mit lang vermisster freier Rede und intensivem Meinungsaustausch zu begegnen. Es lässt sich eine Chronologie des Aufbruchs erstellen, die schon früh beginnt. Die Professorengattin Ehrengard Schramm trug ihren Teil dazu bei, indem sie noch im Jahr 1945 Vorträge und Diskussionsveranstaltungen zu einem breit gefächerten Themenspektrum organisierte, die oft mehr als hundert Interessierte in ihr Haus in der Herzberger Landstraße 66 lockten. Ebenfalls 1945 begründete der Pädagoge Hermann Nohl die Zeitschrift „Die Sammlung", mit der er auf sein reformpädagogisch orientiertes Periodikum „Die Erziehung" aus

1) Bibliothek des Max-Planck-Instituts für Geschichte. Dieses wurde 1956 in Göttingen in Anwesenheit des Bundespräsidenten Theodor Heuss mit dem Gründungsdirektor Hermann Heimpel neu gegründet.

2) Internationalität war schon immer ein Thema für die Universität.

3) Bevor sich die Universitäten in den 1960er- und 1970er-Jahren zu Massenuniversitäten entwickelten, wurden die Neuimmatrikulierten einzeln mit Handschlag begrüßt.
Eine Studentin verbeugt sich mit feierlichem Ernst vor dem Rektor, der vor 1968 noch in seinem vollem Ornat auftrat.

den 1920er-Jahren Bezug nahm. Kollegen und namhafte Autoren äußerten sich zu grundsätzlichen Fragen des gesellschaftlichen Lebens, Erziehung im weitesten Sinne. Nohl war ebenfalls mitbeteiligt an der Neugründung der Volkshochschule, die Erwachsenenbildung mit beruflicher Fortbildung verknüpfte, seit 1949 unterstützt vom Verein „Arbeit und Leben".[24]

Die Göttinger Universitätszeitung

Eine erkleckliche Anzahl der Autoren, die sich in der Göttinger Universitätszeitung engagierten, findet sich später in der bundesdeutschen Publizistik und Politik. Im Dezember 1945 erschien das erste Heft als gemeinsames Projekt von Studenten und Hochschullehrern. Neben Hochschulnachrichten und ganz lebensnahen Rubriken, die in den Zeiten eines schwierigen Alltags praktische Lebenshilfe boten – so wird zum Beispiel die Frage diskutiert: Ist Fett Luxus?[25] – gab es politische Berichterstattung, Rückblick und Reflexion über die Jahre der Diktatur, aber vor allem Ausblick in die Zukunft: Wie sollte ein neues Deutschland aussehen? Welche Rolle können und wollen die Universitäten dabei spielen? Ab Herbst 1949 wurde aus der GUZ die Deutsche Universitätszeitung, kurz duz, die bis heute erscheint.

Die Akademische Burse

Im Juli 1946 war Baubeginn für die Akademische Burse, ein Studentenwohnheim, das sich am englischen Collegemodell orientierte, dessen zentraler Gedanke das Zusammenleben von Studenten und Dozenten war.[26] Die treibende Kraft beim Bau des Wohnheims war der jugendbewegte Archäologe Erich Boehringer, der als junger Mann zum Kreis um den Dichter Stefan George gehört hatte.[27] Als Geschäftsführer des Akademischen Hilfswerks wollte Boehringer die akute Wohnungsnot beheben. Gemeinsam mit seiner Frau besuchte er während der Bauzeit der Burse etwa 60 englische Colleges und Student Halls. Sie brachten von ihren Reisen den Gedanken mit, dass ein bewusst gestaltender Wille „das gemeinsame Wohnen in einem wie auch immer gearteten erzieherischen Sinne umsetzt".[28] Die Militärregierung genehmigte den Bau auf dem Universitätssportgelände an der Goßlerstraße, wo früher Tennisplätze gewesen waren, allerdings ohne Keller. Es sollten nicht sofort wieder Räume zur Verfügung stehen, die als Luftschutzkeller genutzt werden könnten. Der Göttinger Architekt Diez Brandi, Sohn des Göttinger Historikers Karl Brandi, legte einen Entwurf vor, der drei große Wohnhöfe vorsah, von Einzelzimmern und zum Teil kleinen Wohnungen umgeben; eine Planung, die berücksichtigte, dass viele Studenten bereits in einem Alter waren, in dem sie Familie hatten. Die ursprüngliche Idee konnte aus Geldmangel so nicht umgesetzt werden, doch 1951 war der letzte Bauabschnitt fertig und die Burse bot insgesamt 200 Personen Platz. Mitte der 1970er-Jahre schloss sich im Süden ein Erweiterungsbau des Architekten Günter Günschel an, der Brandis Grundgedanken des nach innen gewandten, rund um die einzelnen Höfe stattfindenden Gemeinschaftslebens diametral entgegenstand, und die Gebäude nach außen öffnete.

Im April 1949 zogen die ersten 19 Studenten ein; auch Boehringer lebte hier. Junge Menschen, „gleich welcher Herkunft, gleich welcher Religion, gleich welcher Konfession"[29] sollten Gemeinschaft erleben und einüben, zum Beispiel durch Veranstaltungen, Vorträge und bald auch Tutorien unter Leitung eines Präfekten oder eines Abtes. Die Aufnahme von Studenten aus allen Fakultäten sollte diesen Austausch befördern. Wichtig war Boehringer, die Anonymität des Einzelnen zu überwinden und den Kontakt zwischen Dozenten und Studenten zu intensivieren. Man sprach sich gegenseitig mit Sie an, um klarzumachen, dass die Privatsphäre eines jeden gewahrt blieb und der oder die einzelne den Aufenthalt in der Burse selbstständig gestalten konnte – nach zwölf Jahren Leben in der „Volksge-

AXEL VON DEM BUSSCHE

Der ehemalige Jurastudent der Georgia Augusta und spätere Major hatte 1943 versucht, Adolf Hitler zu töten, was jedoch misslang.[VI] Wenn auch nur die Bomben von Georg Elser (1939) und Claus von Stauffenberg (1944) zündeten, so hatte es doch vermutlich 42 Attentatsversuche gegeben,[VII] die jedoch alle auf tragische Art fehlschlugen.

Der Großteil der deutschen Nachkriegsgesellschaft tat sich schwer mit dem Thema Widerstand, hielten doch diejenigen, die gehandelt hatten, den Übrigen den Spiegel vor. Nicht jeder hatte Widerstand leisten können. Alle, die sich für die konspirative Arbeit gegen das Regime entschieden, brachten unweigerlich ihre ganze Familie in Lebensgefahr. Alle, die mitgemacht hatten, mussten sich jetzt umgekehrt fragen lassen: „Warum?" Die offizielle Sprachregelung war bald gefunden: Das Attentat vom 20. Juli, das schnell zur Chiffre für den gesamten Widerstand wurde, war demnach die Tat eines Offiziers, der sich wider seinen Eid gegen den obersten Dienstherrn gewandt hatte – also Landesverrat.[VIII]

Axel von dem Bussche hielt am 20. Februar 1947 eine Rede auf einer Veranstaltung der Sozialistischen Studentengruppe, die nicht von ungefähr den Titel „Eid und Schuld" trug. Ein Abdruck findet sich in einer Ausgabe der Göttinger Universitätszeitung, die das Manuskript ausdrücklich anforderte, „...weil in ihm die wirklichen Konflikte im Herzen unserer Soldaten-Generation offen bekannt werden".[IX] Bussche bemühte sich, keinerlei moralische Überheblichkeit spüren zu lassen. Er erläuterte die Motive der Regimegegner: Ziel des 20. Juli sei es gewesen, der Unmenschlichkeit Einhalt zu gebieten. Er gab seiner Überzeugung Ausdruck, dass „ein überwältigender Teil des Volkes, besonders von den Soldaten, nicht gewußt hat, was geschah". Etwas hilflos vermutet er, dass „eine geheimnisvolle Verblendung, die zu erklären vielleicht einem Psychiater möglich wäre, sie ergriffen hatte". Die, die Widerstand leisteten, nennt er diejenigen, die sehend geworden seien.

Sie hätten erkannt, dass der Eid, den sie auf ihren „Führer" geschworen hatten, von diesem vielfach gebrochen worden sei und sie zum Handeln verpflichtet waren.

Der ehemalige Major Ernst Otto Remer, der maßgeblich an der Niederschlagung des Umsturzversuchs vom 20. Juli 1944 beteiligt gewesen war, hatte als Unbelehrbarer die Sozialistische Deutsche Reichspartei (SRP) gegründet. Während einer Rede im niedersächsischen Landtagswahlkampf 1951 hatte er die Widerstandskämpfer als Landesverräter bezeichnet und war dafür vom damaligen Braunschweiger Staatsanwalt Fritz Bauer angeklagt worden. Bauer, der später die Auschwitz-Prozesse auf den Weg brachte, sah hier die Chance, diese Verleumdung ein für allemal justizfest zu untersagen. Dafür gewann er verschiedene Gutachter, unter anderem drei Göttinger Professoren, den Theologen Hans-Joachim Iwand und die Historiker Hans-Günther Seraphim und Percy Ernst Schramm.

Ihre Gutachten trugen dazu bei, dass zum ersten Mal das Faktum klar benannt wurde: Der NS-Staat war ein Unrechtsstaat und diese Tatsache begründete die Legitimation des Widerstandes. Otto Ernst Remer, den das bis in die 1960er-Jahre stramm rechts außen stehende Göttinger Tageblatt als „leidenschaftlichen Patrioten" feierte,[X] wurde verurteilt, die SRP wurde 1952 vom Bundesverfassungsgericht verboten.[XI]

meinschaft" alles andere als selbstverständlich. Die Bewohner fanden klare Regeln für das tägliche Miteinander vor, die ein „Zusammenwohnen unter gepflegter Rücksichtnahme" garantieren sollten.[30] Hing etwa draußen an der Tür ein Gänsekiel, war klar, hier wird gelernt, bitte nicht stören; eine Blume an der Tür stand für Besuch. Das Mittagessen wurde gemeinsam eingenommen, wobei die Teilnahme nicht verpflichtend war. Frühstück und Abendbrot bereitete sich jeder in den Teeküchen selbst zu, wo Geschirr bereitstand, das nach Gebrauch vom Personal abgeholt und gespült wurde. Die Akademische Burse ist noch heute ein Studentenwohnheim.

Das Historische Colloquium und die Juristenrunde

Eine Gruppe von Studenten der Geschichtswissenschaft, vorwiegend aus dem Schülerkreis der Professoren Heimpel und Schramm, fand sich im Sommer 1949 zusammen, um als Historisches Colloquium in regelmäßigen Abständen zum wissenschaftlichen Austausch zusammenzukommen.[31] Waren es anfangs Doktoranden, die sich gegenseitig über den Fortgang ihrer Arbeiten unterrichteten, so kamen bald jüngere Semester dazu, immer waren auch Professoren und Assistenten geladen. Ende 1950 kam in der Runde der Gedanke auf, ein eigenes Wohnheim zu errichten, das im April 1952 am Kreuzbergring begonnen wurde und im Oktober desselben Jahres bezogen werden konnte. Wieder war der Architekt Diez Brandi, aber es gab einen beachtlichen Unterschied zur Burse: Die Initiative ging allein von den Studenten aus – und Studentinnen, denn die waren von Anfang an im Historischen Colloquium dabei gewesen. Anders als bei der Burse kam hier zum Konzept des selbst verwalteten, gemeinsamen Wohnens noch die Betonung des fachlichen Kontakts hinzu. Man sah sich selbst als „Glied der akademischen Korporation", wollte „ein Stück echter Universität verwirklichen".[32] Dazu gehörte, dass die Wohnheimplätze per Kooptation vergeben wurden.

Das Wohnheim bot Platz für zehn Studentinnen sowie zwanzig Studenten und trug sich selbst. Man konnte an Verwaltungsräumen sparen, denn am Kreuzbergring gab es „kein Personal, mit Ausnahme eines stundenweise beschäftigten Heizers und einer halbtags arbeitenden Putzfrau. Es gibt weder einen Hausmeister, noch einen Hausvater, noch einen Verwalter, noch sonst irgendjemand, dem das Regieren Vergnügen bereitete."[33]

Auch unter Juristen entstand ein Forum akademischen Austausches im Kreis um Professor Ludwig Raiser und zwar bereits 1947. Neben der fachlichen Diskussion standen Gespräche über aktuelle kulturelle, politische und wirtschaftliche Fragen auf der Tagesordnung. Auch hier war wieder das Ziel, die Vereinzelung aufzuheben, Gemeinschaft zu fördern, um auf diesem Weg die Persönlichkeit zu bilden, schließlich auch in einem eigenen Wohnheim. Der bewährte Brandi legte einen Entwurf vor und im Juli 1957 konnte an der Kreuzung von Ewaldstraße und Brüder-Grimm-Allee das Forum eingeweiht werden.

Hermann Heimpel betonte noch 1985 in einem Rückblick die Bedeutung der „Wohnheimbewegung"[34] für die Universität, denn es war seine feste Überzeugung, dass „den beiden Wesensmerkmalen von Forschung und Lehre … die Erziehung als drittes Wesensmerkmal der Hochschule" hinzugefügt werden solle.[35]

Das Fridtjof-Nansen-Haus

Kein Neubau, sondern die ehemalige Levin'sche Villa in der Merkelstraße war Sitz des Fridtjof-Nansen-Hauses. Dort, wo in den 1930er-Jahren der Nobelpreisträger James Franck gewohnt hatte, etablierte der Norweger Olav Brennhovd die Gesellschaft „Internationale Studentenfreunde e.V.". Der Pastor, der als Kriegsgefangenendirektor der Weltorganisation des Christlichen Vereins Junger Männer nach Deutschland gekommen war, wollte hier im

1) Der norwegische Pastor Olav Brennhovd etablierte im Göttinger Fridtjof-Nansen-Haus die Gesellschaft „Internationale Studentenfreunde" und unternahm unter anderem Europareisen mit Studierenden zur Förderung der Völkerverständigung.

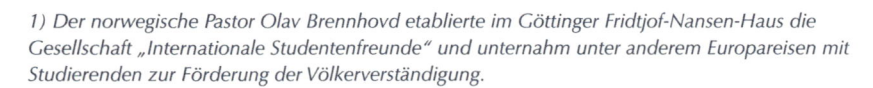

2) Nach 1945 orientierte sich die Universität bei ihrem Wiederaufbau am englischen Collegesystem: gemeinsames studentisches Wohnen in überschaubaren Einheiten. Das führte schon 1946 zum Neubau der Akademischen Burse, später zur Errichtung des Studentendorfs.

3) Veit Harlan stellte sich als Regisseur mit seinen Filmen – der hässlichste und wirksamste war „Jud Süß" – in den Dienst der NS-Propaganda. Als er 1951 seinen ersten Nachkriegsfilm in Göttingen präsentieren wollte, kam es zu heftigen Protesten.

Sinne seines Landsmannes, des Polarforschers Fridtjof Nansen, wirken, der sich im Völkerbund für internationale Verständigung eingesetzt hatte. Deutsche, amerikanische und holländische Studenten begannen 1948 das Haus als internationales Studentenwohnheim und kulturelles Zentrum herzurichten. Bekannt und viel genutzt war eine öffentliche Bibliothek „Die Brücke". 1953 konzipierte die renommierte Göttinger Architektin Lucy Hillebrand einen ersten Anbau für den stets wachsenden Bedarf.

Von 1972 bis 2018 war die Villa Sitz des Goethe-Instituts, das jetzt in einem Neubau in der Nähe des Bahnhofs residiert. Das architektonisch auffällige Gebäude im historischen Stil wurde vom Hogrefe-Verlag gekauft, die nach der Renovierung als Erweiterungsbau für den Verlag genutzt werden soll. Der Verleger Jürgen Hogrefe hatte bereits die gegenüberliegende ehemalige jüdische Hahn'sche Villa gekauft und als Verlagssitz renoviert.[36]

Die Hochschule für Arbeit, Politik und Wirtschaft in Wilhelmshaven-Rüstersiel: Labor der Moderne für die Georgia Augusta

Ludwig Raiser war neben Carl Friedrich von Weizsäcker und Werner Heisenberg einer der Göttinger Unterstützer dieses Reformprojekts.[37] Im Mai 1949 wurde umgesetzt, was der Niedersächsische Landtag im Dezember 1947 bereits beschlossen hatte: die Errichtung einer Hochschule in Wilhelmshaven, und zwar aus höchst pragmatischen Gründen. Als Marinestandort war die Stadt im Krieg völlig zerstört worden. Stadt und Land waren auf der Suche nach einer neuen Infrastruktur, die Arbeit nach Friesland bringen sollte. Damit verband sich aber zugleich der Impuls, aktuelle Tendenzen der Hochschulreform in die Tat umzusetzen. Auch in Rüstersiel favorisierte man dabei das Collegeprinzip. Diese neue studentische Lebensform, die „Lehr-, Forschungs- und Wohngemeinschaft der Dozenten und Studenten", sollte der „Erneuerung des politischen Bewusstseins in Deutschland"[38] dienen. Auf der „Grundlage persönlicher Freiheit und eigener Verantwortung" sollte eine „neue Form studentischer Selbstverwaltung" errichtet werden.[39] Als Gründungsrektor konnte man den Widerstandskämpfer und späteren Marburger Politologen Wolfgang Abendroth gewinnen, der erste AStA-Vorsitzende war Rüdiger von Tresckow, Sohn des am Attentat vom 20. Juli 1944 beteiligten Henning von Tresckow. Die Hochschule erhielt 1952 die Rektoratsverfassung, das Promotions- und Habilitationsrecht.

Hochschule? Die Universitäten im Land zweifelten daran, ob es sich tatsächlich um eine solche handle oder ob man hier nicht „einzelne Fakultäten als Hochschule laufen lasse".[40] In der Westdeutschen Rektorenkonferenz wurde wiederholt und ausgiebig über diese Frage diskutiert. Wilhelmshaven bot einen neuen, eigens konzipierten sozialwissenschaftlichen Studiengang an, der mit einem neuen akademischen Titel, dem „Diplom-Sozialwirt" abgeschlossen werden konnte. Der Studiengang vereinte „Sozialwissenschaften in engerem Sinne (Soziologie, Politikwissenschaft), Rechtswissenschaften (Öffentliches Recht, Arbeitsrecht usw.) und Wirtschaftswissenschaften (Betriebswirtschafts- und Volkswirtschaftslehre), die an den etablierten Hochschulen als Einzelwissenschaften betrieben wurden".[41] Eine weitere, spezifisch Wilhelmshavener Neuerung bestand darin, dass auch Nichtabiturienten der Zugang zum Studium möglich war, was in Verbindung mit dem seit 1957 eingeführten Honnefer Modell, einer Studienförderung, die als Vorläuferin des BAföGs gelten kann, zu einem vermehrten Anteil von Studierenden aus der Arbeiter- und Angestelltenschicht führte. Auch dies sei prinzipiell ein Problem, mit dem sich die zeitgenössische Universität zu befassen habe, denn, so formulierte ein Professor Wessels 1954 in Göttingen: „Ein wirkliches Problem aller Hochschule ist es unzweifelhaft, alle diejenigen begabten Leute einzufangen, die aus irgendwelchen sozialen Gründen nicht zum Abitur gelangen konnten und nun keinen Zugang zum

Studium finden. Das ist eine Verantwortung für uns, denn diese Menschen können leicht zu einer Gefahr für jeden sozialen Körper werden; es sind die ewigen Revolutionäre."[42] Ob das alles in dieser besonderen Daseinsform zu geschehen habe, bezweifelte sein Kollege Professor Wenke: „Ich glaube nicht, daß ich in spezifischer Nähe mit den Studenten gleichzeitig noch wissenschaftlich arbeiten könnte."[43] Die Westdeutsche Rektorenkonferenz unter ihrem Präsidenten, dem Göttinger Historiker Hermann Heimpel, verweigerte der Hochschule die endgültige Anerkennung als gleichberechtigte Universität. Mehr noch als alle ideologischen Befürchtungen mag die Angst vor finanziellen Einbußen den Widerstand der etablierten Hochschulen befeuert haben.[44] Die Gründe für das Scheitern der Reformhochschule seien „äußerst vielfältiger Natur", konstatiert der Historiker Oliver Schael; gerade der Versuch der Annäherung der Wilhelmshavener an die alten Universitäten kosteten sie die Unterstützung der Gewerkschaften, schließlich überwarf man sich mit der Stadt Wilhelmshaven. 1962 wurde die inzwischen Hochschule für Sozialwissenschaften genannte Institution von der Landesregierung aufgelöst und in die neu geschaffene Wirtschafts- und Sozialwissenschaftliche Fakultät der Göttinger Universität integriert.

Stadt und Universität in den 1950er-Jahren: Proteste gegen Veit Harlan

Der Aufbruch in Teilen der Studentenschaft korrespondierte nicht unbedingt mit der Entwicklung in der Stadt Göttingen, wie sich exemplarisch an den Auseinandersetzungen um den Regisseur Veit Harlan zeigen lässt.[45] Harlan hatte sich mit seinen Filmen dezidiert in den Dienst der NS-Propaganda gestellt, was er nach dem Krieg, als er sich für sein Handeln mehrfach vor Gericht verantworten musste, ableugnete. Für das antisemitische Hetzstück „Jud Süß" (1940), das mehr als 20 Millionen Zuschauer in die Kinos lockte,[46] wurde er wegen Verbrechen gegen die Menschlichkeit angeklagt. Man warf ihm vor, durch seine Propagandafilme eine Mitschuld an der Judenvernichtung zu tragen, doch er wurde schließlich freigesprochen.

Anfang 1951 kam es zur Aufführung seines ersten Nachkriegsfilms in Göttingen, was zu Protesten führte. Im Rat hatte der SPD-Abgeordnete Konrat Ziegler[47] die Absetzung des Films beantragt, doch der Oberbürgermeister Hermann Föge zog sich auf das Argument zurück, der Film sei unpolitisch, man könne dagegen nicht vorgehen, im Übrigen sei es, sollte es zu weiteren Protesten kommen, Sache der Polizei. Der Jurist Föge gehörte der FDP an, die besonders in Niedersachsen eine national-konservative Prägung aufwies, zeitweise stark rechtsextrem unterwandert war. In Göttingen wurde sie bei den Ratswahlen 1948 und 1952 stärkste Partei und war bis 1964 zweitstärkste Partei nach der SPD, vor der CDU. Bei der Kommunalwahl 1952 erreichte dann die Deutsche Reichspartei (DRP), Nachfolgerin von Remers SRP, 11,6 Prozent der Stimmen, ebenso wie der Bund der Heimatvertriebenen und Entrechteten (11 Prozent), sodass der neue Stadtrat zu zwei Dritteln aus Parteien bestand – FDP, DRP, Bund –, die weit rechts standen.[48]

Föge, der von 1947 bis 1955 auch als Fraktionsvorsitzender der FDP im Landtag amtierte, galt als integer und unbestechlich. Er hatte zwischen 1933 und 1945 Mut bewiesen und sich immer wieder den Nationalsozialisten verweigert, indem er zum Beispiel jüdische Mandanten betreute. Der Oberbürgermeister unterschätzte jedoch die Sprengkraft der Causa Harlan, denn als dieser 1952 einen neuen Film vorlegte, kam es zu massiveren Protesten. Vor dem Kino protestierten Studierende gegen Harlan, denen Gegendemonstranten Parolen wie „Judensöldninge", „Judenlümmel", „Niederknüppeln" oder „Aufhängen" entgegenhielten.[49] Während der Rat der Stadt, der auch dieses Mal die Absetzung des Films abgelehnt hatte, zu den Vorgängen nicht Stellung nahm, hatte sich der Rektor der Universität Wolfgang

Trillhaas in einem Gespräch mit der Stadt demonstrativ vor seine Studenten gestellt und betont, er würde sie nicht daran hindern, wenn sie gegen Harlan etwas unternehmen wollten. Das Göttinger Tageblatt, immer noch unter der Leitung des Chefredakteurs aus NS-Zeiten, Viktor Wurm, dem Lokal- und Feuilletonchef Heinz Koch, berichtete lediglich von ein „paar demonstrierenden Eiferern",[50] die vor dem Kino wieder einmal viel Porzellan zerschlagen hätten. Daraufhin veröffentlichten 48 Professoren – unter ihnen Otto Hahn, Werner Heisenberg, Herman Nohl, Helmuth Plessner, Ludwig Prandtl, Percy Ernst Schramm und Carl Friedrich von Weizsäcker – eine Erklärung, in der sie sich gegen diese tendenziöse Berichterstattung wandten und das verantwortungsbewusste Handeln der Studenten lobten. Als schließlich der Regisseur bald nach den Ereignissen im Februar 1952 selbst nach Göttingen kam, war die Stadt bereit, ihn zu empfangen, Professoren und Studenten verweigerten eine Begegnung.

Die 1000-Jahr-Feier der Stadt: Fackelzug mit Farben

Vom 25. Juni bis 12. Juli 1953 beging Göttingen mit großem Aufwand die 1000-Jahr-Feier der Stadt. Als Hauptattraktion stand ein großer Festumzug im Mittelpunkt, in dem die Universität prominent vertreten war. Zahlreiche Teilnehmerinnen und Teilnehmer in historischen Kostümen traten auf, das „Fräuleinwunder" des 18. Jahrhunderts Dorothea Schlözer war ebenso mit dabei wie einer der berühmtesten Göttinger Studenten, Otto von Bismarck. Der Rektor Hermann Heimpel saß auf der Tribüne und den zwei 1933 vertriebenen Nobelpreisträgern James Franck und Max Born wurde die Ehrenbürgerwürde verliehen. Nebenbei wurde in den Reden an die „Vorgänge der Vergangenheit" erinnert,[51] im Vordergrund stand aber, dass sich die Stadt jetzt wieder unbeschwert mit den international angesehenen Physikern schmücken konnte.

Der 1. Juli war der Tag der Universität, der unter anderem mit einem Festakt in der Aula und einem studentischen Fackelzug begangen werden sollte. Es sickerte durch, dass die Verbindungen farbentragend daran teilnehmen wollten, was dazu führte, dass die Universität den Umzug absagte. Die Verbindungen waren unmittelbar nach dem Krieg von der britischen Militärregierung verboten worden, denn sie galten ihnen als die Erben der national-konservativen Kräfte, die mit ihrer Weigerung, die Weimarer Republik anzuerkennen, erheblich zu deren Schwächung beigetragen hatten. Die Westdeutsche Rektorenkonferenz griff den Gedanken auf und sprach sich im Oktober 1948 gegen eine Restitution der Studentenverbindungen alten Stils aus. Diese hingegen sahen sich als die Hüter der wahren akademischen Traditionen und betrieben einen allmählichen Wiederaufbau, der dazu führte, dass Mitte der 1950er-Jahre bereits 30 Prozent aller Studenten in Verbindungen organisiert waren. In Göttingen einigten sich Universität und Korporierte darauf, dass Farben nur noch außerhalb der Universität getragen werden durften anlässlich offizieller Veranstaltungen der Verbindungen. Bei einer städtischen Feier in Couleur aufzutreten, unterlief diese Vereinbarung. Als der Fackelzug am 1. Juli ausfiel, veranstalteten sie stattdessen am Nachmittag desselben Tages einen Dämmerschoppen auf dem Marktplatz. Eine Woche später meldeten sie einen Fackelzug an, den die Stadt genehmigte, der aber vonseiten der nicht korporierten Kommilitonen Protest hervorrief. Die Gegendemonstranten wurden von in der Berichterstattung als „Schläger" titulierten Männern angegriffen. Im Anschluss kam es zu einer Versammlung auf dem Wilhelmsplatz, auf der sich Rektor Heimpel mit deutlichen Worten von den Veranstaltern des Fackelzugs distanzierte. Am 16. Juli kam es erneut zu einer Gegenkundgebung mit mehr als tausend Studenten, die zugleich Solidaritätsadresse an die Universitätsleitung war. Dabei waren auch diejenigen Vertreter des Rates und der Verwaltung, die zuvor die Minderheitenmeinung vertreten hatten, man solle den Fackelzug nicht genehmigen, da er Proteste auslösen könne. Vor der Aula sprach Werner Heisenberg, der sich noch einmal dezidiert gegen die Provokationen der Korporierten wandte, um das Signal auszusenden, die Universität von heute habe mit dem rückwärtsgewandten Denken gebrochen. Anders sahen dies viele Göttinger und Göttingerinnen, welche die Wiederaufnahme der Tradition befürworteten. Unterstützt wurden sie vom Göttinger Tageblatt, das sich über die „mustergültige Ordnung" des Fackelzugs freute, im Gegensatz zur scheußlichen Unordnung, die das Bild des „kleinen ungeordneten Häufchens" von Gegendemonstranten abgab, „das nur Trümmer und Fetzen der Transparente mit sich führte."[52]

Der niedersächsische Ministersturz: die Schlüter-Affäre 1955

Universitärer Protest, der nicht nur national, sondern international Beachtung fand, ergab sich aus der Ernennung des Verlegers Leonhard Schlüter zum niedersächsischen Kultusminister im Mai 1955.[53] Schlüter hatte im NS-Staat als sogenannter „Halbjude" gegolten, was er durch eine ausgeprägt nationalistische Haltung zu kompensieren versuchte. Ab 1945 leitete er die Göttinger Kriminalpolizei, bis 1947 die Staatsanwaltschaft Vorwürfe wie Aussageerpressung, Freiheitsberaubung und Benachteiligung fremder Vermögensinteressen gegen ihn erhob. Eine folgende politische Karriere in der rechten Deutschen Reichspartei endete durch den Einfluss der Briten, die ihm im April 1949 jede politische Betätigung verboten. Dennoch machte er auf dem Umweg über rechts außen, als Mitbegründer der „Nationalen Rechten", bei der FDP Karriere; Hermann Föge hatte ihn für seine Partei gewinnen können. Schlüter gelang es 1955, Föge an den Rand zu drängen, er wurde sein Nachfolger als Fraktionsvorsitzender der FDP im Landtag. In der neuen Landesregierung wurde Leonhard Schlüter Kultusminister.

Seine Schlütersche Verlagsanstalt war bekannt für ihr rechtsradikales Programm, in dem mehrere NS-Autoren vertreten waren. Einer davon war der in der Nähe von Göttingen lebende Hans Grimm. Auf ihn ging der Begriff „Lebensraum" zurück. In seinem Roman „Volk ohne Raum" hatte Grimm 1926 die Lebensbedingungen in Deutschland nach dem Versailler Vertrag beschrieben. Dort beklagte er unter anderem den Verlust der Kolonien und forderte ihre Rückeroberung als Lebensraum für den „deutschen Menschen". Die Nationalsozialisten übertrugen den Begriff auf ihre Forderungen nach „Lebensraum im Osten". Das Buch zählte zu den am häufigsten verkauften Büchern in der Weimarer Republik und war Pflichtlektüre in deutschen Schulen. Der Schriftsteller war 1927 zum Ehrendoktor der Universität Göttingen ernannt worden, wie Schlüter später in seiner Verteidigung trotzig anmerken sollte.

Denn mit der Universität Göttingen bekam er es jetzt zu tun: Sobald Schlüter zum Minister ernannt worden war, legten Rektor und Senat geschlossen ihre akademischen Ehrenämter nieder. Sie hatten im Vorfeld der Kabinettsbildung beim Ministerpräsidenten gegen Schlüter protestiert. Als sie ihn nicht verhindern konnten, wählten sie die Form des geschlossenen Rücktritts, der, das war ihnen bewusst, so spektakulär war, dass er großes Aufsehen erregte. Studentische Proteste schlossen sich an, der AStA organisierte einen Streik und Demonstrationen. Die Hochschulen des Landes Niedersachsen erklärten sich mit den Göttinger Kollegen solidarisch, ebenso wie der Rat der Stadt Göttingen, der mehrheitlich den Schritt der Professoren billigte. Und in der Göttinger Partnerstadt Cheltenham verfolgte man die Geschehnisse mit Interesse und Spannung, so wie die Affäre im Ausland insgesamt aufmerksam beobachtet wurde. Der Druck auf die Landesregierung in Hannover wuchs, auch in der Presse, und gut zwei Wochen nach seiner Ernennung trat Schlüter zurück.[54]

1) 1955 wurde der Verleger Leonhard Schlüter zum niedersächsischen Kultusminister ernannt. Er war eine zwielichtige Figur, die sich im rechtsradikalen Milieu engagierte. Rektor und Senat traten geschlossen zurück, um gegen diese Ernennung zu protestieren. Studentische Proteste schlossen sich an, der AStA organisierte einen Streik und Demonstrationen. Schließlich wurde der öffentliche Druck so groß, dass Schlüter nach zwei Wochen zurücktrat.

2–3) 1953 beging die Stadt Göttingen mit großem Aufwand ihre 1000-Jahr-Feier. Hauptattraktion war ein großer Festumzug, in dem die Universität prominent vertreten war. Umstritten war die Rolle der korporierten Studenten. Die Briten hatten die Verbindungen nach dem Krieg verboten. Dennoch bestanden sie im Grunde weiter fort. Ein Fackelzug zum Stadtjubiläum war eine willkommene Provokation, um sich öffentlich zurückzumelden.

Wäre Schlüter Landwirtschaftsminister geworden, die Universität hätte aller Wahrscheinlichkeit nach nicht reagiert. Doch als Kultusminister hätte er seinen Einfluss für den „Verband der amtsverdrängten Hochschullehrer", für den er sich seit Jahren engagierte, geltend machen können. Das war die Vereinigung derjenigen, die nach 1945 entlassen und auch nicht wieder aufgenommen worden waren – diejenigen, „die 1945 innerhalb des Bundesgebietes ihre Lehrtätigkeit abbrechen mußten",[55] so lautete ihre Formulierung. Damit hätte er die mühsam erreichte Stabilität im Lehrkörper ins Wanken gebracht, was niemand riskieren wollte.[56]

Die Erklärung der Göttinger Achtzehn von 1957

Am 18. April 1957 sprachen sich 18 Wissenschaftler in einem Manifest gegen die atomare Wiederbewaffnung der Bundesrepublik aus. Weil diese „Göttinger Erklärung" zufälligerweise 120 Jahre nach dem Protest der Göttinger Sieben von 1837 erschien, war die Analogie schnell hergestellt.[57] Der Spiegel schrieb am 24. April, Göttingen sei „berühmt als Stadt der aufrechten Hochschullehrer" und nahm dabei Bezug sowohl auf die historischen Sieben als auch auf die Schlüter-Affäre, die genau zwei Jahre zurücklag: Die Wahl des „Skandalhelden" Schlüter sei nicht „am Widerspruch der mundfaulen Öffentlichkeit" gescheitert, „sondern am Protest der Nobelpreisträger der Georgia Augusta".[58]

Wogegen richtete sich ihr Protest? Anlässlich der als „Umrüstung" bezeichneten Ausstattung der amerikanischen Truppen mit taktischen Atomwaffen diskutierte man eine vergleichbare Aufrüstung für die neu gegründete Bundeswehr. Deutsche Wissenschaftler, etwa der Arbeitskreis Kernphysik der Deutschen Atomkommission, dem Otto Hahn und Carl Friedrich von Weizsäcker angehörten, hatten sich der Politik gegenüber bereits mehrfach dagegen ausgesprochen. Als jedoch Adenauer in der Bundespressekonferenz am 4. April 1957 die taktischen Atomwaffen als „im Grunde nichts anderes als eine Weiterentwicklung der Artillerie" verharmloste,[59] sahen sich die Wissenschaftler gezwungen, an die Öffentlichkeit zu gehen. In ihrer Erklärung, die im Wesentlichen von Carl Friedrich von Weizsäcker verfasst wurde, wiesen sie darauf hin, dass taktische Atomwaffen in ihrer Wirkung ganz normale Atomwaffen seien, die dieselbe enorme Zerstörungskraft besäßen. Vor allem wollten die Unterzeichner deutlich machen, dass sich ein kleines Land wie die Bundesrepublik „heute noch am besten schützt und den Weltfrieden noch am ehesten fördert, wenn es ausdrücklich auf den Besitz von Atomwaffen jeder Art verzichtet".[60] Die Physiker, von denen einige nach 1945 auf dem englischen Landsitz Farm Hall interniert gewesen waren, gaben zu bedenken, so Hahn in einem Gespräch mit Adenauer, dass sie „besser als viele unserer Landsleute über die Stimmung uns Deutschen gegenüber in Ländern wie England und Amerika" Bescheid wüssten[61], und dass mit erheblichem internationalen Protest zu rechnen sei, sollte er seine Pläne umsetzen. An der Göttinger Universität stieß die Veröffentlichung auf große Zustimmung, der Studentenrat erklärte sich solidarisch.

Die Erklärung ist jedoch nicht allein auf das aktuelle politische Geschehen zu beziehen, sie beinhaltete einen vergangenheitspolitischen Aspekt, der nicht explizit gemacht wurde. Denn diejenigen Wissenschaftler, die während des Krieges am deutschen Uran-Projekt beteiligt gewesen waren, standen in der internationalen wissenschaftlichen Gemeinschaft unter einem gewissen Rechtfertigungsdruck. Die Erklärung von 1957 bot ihnen Gelegenheit, sich als erklärte Gegner der kriegerischen Nutzung der Kernenergie zu profilieren und damit eine historische Kontinuität zu implizieren, die in der Forschung kontrovers diskutiert wird.[62] Die friedliche Nutzung der Atomkraft schlossen sie allerdings keineswegs aus.

Elisabeth Heimpel

Sie initiierte eine „Erklärung der Frauen gegen Atomwaffen", die von 60 Frauen des öffentlichen Lebens bundesweit mitgetragen wurde, unter ihnen Minna Specht und Ehrengard Schramm.[63] Unterzeichnet wurde diese von insgesamt 20.000 Frauen. Die Historikerin Traudel Weber-Reich erkennt in Elisabeth Heimpel eine Mitinitiatorin des Atomprojekts, da sie Heisenberg in einem Brief aufgefordert habe, öffentlich Stellung zu beziehen.[64] Wäre es nicht an der Zeit, dieses Engagement in das Gedenken mit aufzunehmen? Denn an der Georgia Augusta wird regelmäßig der Göttinger Achtzehn gedacht, zuletzt im April 2017. Hierbei wird stets die Verantwortung des einzelnen Wissenschaftlers betont, so wie sie Max Born 1957 formulierte, zu dessen Schülern Robert Oppenheimer und Edward Teller gehörten, die am amerikanischen Atomprojekt beteiligt waren: „Es ist schön, so kluge und tüchtige Schüler gehabt zu haben, und doch wünschte ich, sie wären weniger klug als weise. Es ist wohl mein Fehler gewesen, wenn sie von mir nur Methoden der Forschung und nichts weiter gelernt haben. Nun ist durch ihre Klugheit die Menschheit in eine fast verzweifelte Lage geraten."[65]

Kultureller Aufbruch in Göttingen: Kunst

Nachdem die britische Militärregierung am 14. Juli 1945 erlaubt hatte, dass Kinos, Theater und andere öffentliche Versammlungsstätten wieder geöffnet werden dürften, entwickelte sich schnell ein erstaunlich vielfältiges kulturelles Leben in Göttingen. Genau ein Jahr später, am 14. Juli 1946, eröffnete in einem alten Kaufhaus in der Groner Straße die „Göttinger Galerie". Zwei Jahre lang, bis die Räumlichkeiten wieder als Kaufhaus genutzt wurden, widmete man sich hier der „Pflege der zeitgenössischen Kunst". Beginnend mit der Ausstellung „Form und Farbe" wollte der Galerist Rudolf H. Dehnen seinen Landsleuten zeigen, was in den vergangenen zwölf Jahren als „entartet" verfemt und ihnen vorenthalten worden war. Die Galerie brachte es auf stattliche 27 Ausstellungen mit Werken von unter anderem Paula Modersohn-Becker, Christian Rohlfs, Max Pechstein, Otto Pankok und Erich Heckel,[66] obwohl die moderne Kunst in Göttingen kaum Tradition hatte. Nach der Währungsreform geriet die Galerie allerdings in finanzielle Schwierigkeiten und musste schließen.

Die Kunstsammlung der Göttinger Universität war bald wieder in ihrem alten Domizil, dem ersten Stock des Göttinger Völkerkundemuseums, zu besichtigen, das sie erst 1985 verlassen konnte, um im Alten Auditorium großzügiger unterzukommen. Ein zweiter Aufbruch erfolgte 1970 mit dem Göttinger Kunstmarkt, der bis 1985 bestand. Kunst sollte zur Diskussion anregen und dazu einem breiten Publikum zugänglich gemacht werden – durchaus auch über den Weg der Provokation. Immer wieder erregten Kunstwerke Anstoß und boten Anlass zu intensiver Auseinandersetzung.

Eine Besonderheit ist die sogenannte Klingebiel-Zelle, benannt nach dem Hannoveraner Schlosser Julius Klingebiel, der wegen einer psychischen Erkrankung ab 1940 im „Verwahrungshaus" der Klinik Göttingen-Rosdorf untergebracht war. Den NS-Rassengesetzen folgend wurde er zwangssterilisiert, dem Euthanasie-Programm entging er, weil sich der Direktor Ewald weigerte, die Kranken auszuliefern. Auch nach dem Krieg verblieb Klingebiel in Göttingen, ohne je gerichtlich eingewiesen worden zu sein. Von 1951 bis zwei Jahre vor seinem Tod 1963 malte er seine gesamte Zelle vollständig aus, die seit 2012 unter Denkmalschutz steht.

Göttinger Filmaufbau

Eine ganz andere Form der Auseinandersetzung mit der Vergangenheit wählten Hans Abich und Rolf Thiele, zwei Amateure, die 1947 kurzerhand die „Aufbaugemeinschaft Film" gründeten. Die Studios entstanden in den Hal-

1) Demonstration gegen die atomare Bewaffnung 1958. Unter Bezugnahme auf die vier Reden Ciceros gegen Catilina führten die Studenten lateinische Spruchbänder mit sich: „Wie lange noch, Konrad [Adenauer], wirst Du unsere Geduld mißbrauchen?"

2) Von 1970 bis 1985 fand in Göttingen ein Kunstmarkt statt. Engagierte Kunstfreunde wollten die Kunst demokratisieren und einem breiten Publikum zugänglich machen.

3) Die französische Chansonsängerin Barbara schrieb bei ihrem ersten Besuch in der Leinestadt 1964 das Lied „Göttingen", das sich zu einem nennenswerten Faktor der deutsch-französischen Verständigung entwickelte.

4) Am 17. April 1957 trafen drei Vertreter der „Göttinger Achtzehn", Walter Gerlach, Carl Friedrich von Weizsäcker sowie Otto Hahn, im Bonner Palais Schaumburg mit Kanzler Konrad Adenauer zusammen. Als Ergebnis der sogenannten Atomgespräche wurde dabei festgehalten, dass – möglichst wegweisend für Europa – keine Atomwaffenproduktion in Deutschland stattfinden soll.

len des ehemaligen Flugplatzes im Nordwesten der Stadt, wo insgesamt 100 Filme gedreht wurden, darunter „Liebe 47", „Draußen vor der Tür" oder „Rosen für den Staatsanwalt".[67] Um jedoch wirtschaftlich überleben zu können, musste man sich heitereren Stoffen zuwenden. Mit Unterstützung von Erika Mann entstanden zwei Literaturverfilmungen nach den Romanvorlagen ihres Vaters, „Königliche Hoheit" mit Ruth Leuwerik und „Felix Krull" mit Horst Buchholz. Zwar waren zahlreiche Filme mit dem Komiker Heinz Erhardt in den 1950er-Jahren sehr erfolgreich, heute ist in Göttingen ein Platz nach ihm benannt, doch 1961 musste die Filmcrew schließlich aufgeben.

Seit Mitte der 1980er-Jahre hat sich, aus einer studentischen Kinoinitiative hervorgehend, die Aufführung der „Feuerzangenbowle" etabliert. Jedes Jahr am Nikolaustag läuft der Schülerfilm aus den 1940er-Jahren mit Heinz Rühmann und Erich Ponto, der 1988 bis zu zehntausend Zuschauerinnen und Zuschauer in das Zentrale Hörsaalgebäude auf dem geisteswissenschaftlichen Campus brachte.[68]

Theater und Musik

Im Juli 1945 wurde die Wiedereröffnung des Deutschen Theaters mit einer Aufführung von Wolfgang Amadeus Mozarts Oper „Die Hochzeit des Figaro" gefeiert, denn das Göttinger Theater war ein Drei-Sparten-Haus. Das jedoch konnte sich die Stadt nach der Währungsreform nicht mehr leisten, Oper und Operette wurden in Göttingen aufgegeben. 1950 holte man Heinz Hilpert als neuen Intendanten an das Deutsche Theater, der es zu einer bundesweit bekannten Spielstätte machte. Hilpert entschied sich unter anderem deshalb dafür, nach Göttingen zu gehen, weil ihm für seine Theaterarbeit dort die Schauspielerinnen und Schauspieler der Göttinger Aufbaugemeinschaft Film zur Verfügung standen.

Experimenteller, politischer, mehr auf ein studentisches Publikum zugeschnitten war das Junge Theater (JT), an dem zeitweise Evelyn Hamann und Bruno Ganz spielten. Der erste Intendant (ab 1957) Hans Günter Klein hatte bereits in der „Tangente" in der Weender Straße Theatererfahrung gesammelt, als er mit seinem Ensemble in die Geismarer Landstraße 17 zog, wo 1964 ein legendär zu nennender Auftritt der französischen Chansonsängerin Barbara stattfand. Die jüdische Sängerin wollte nicht in Deutschland auftreten, kam aber wegen des hartnäckigen Engagements von Klein und einigen Mitstreiterinnen und Mitstreitern dann doch. Wider Erwarten war sie von den Menschen, die sie in dieser deutschen Universitätsstadt kennenlernte, so angetan, dass ihr Aufenthalt sie zu dem Lied „Göttingen" inspirierte, das als ein wichtiger Schlüssel der deutsch-französischen Verständigung betrachtet wird und sich bis heute in Frankreich größter Beliebtheit erfreut. 1972 zog das JT in das ehemalige Otfried-Müller-Haus, wo es noch heute arbeitet und das es sich mit dem Göttinger Kommunikations- und Aktionszentrum KAZ teilt, welches Workshops rund um die Bühne anbietet.

Studentisch geprägt ist das Theater im OP, das ThOP, das 1984 aus der Dramaturgischen Abteilung des Seminars für Deutsche Philologie entstand. Als dieses, wie andere geisteswissenschaftliche Institute auch, in die alten Klinikgebäude aus dem 19. Jahrhundert zog, wurde das Theater im alten Anatomischen Theater untergebracht. Es steht allerdings längst nicht mehr nur Studierenden, sondern allen Theaterbegeisterten offen.

Am 19. und 20. November 1948 gründete sich in Göttingen das deutsche Zentrum des PEN-Clubs (Poets, Essayists, Novelists) neu. Dieser internationale Autorenverband war nach dem Ersten Weltkrieg in London ins Leben gerufen worden, um Frieden und Völkerverständigung zu fördern. Göttingen als unzerstörte Stadt, die inzwischen ein so reges Kulturleben aufzuweisen hatte, lag mitten in Deutschland. Das alles machte sie attraktiv für

PERCY ERNST UND EHRENGARD SCHRAMM

Als junges Mädchen schlug Ehrengard nicht den Weg ein, der für sie als adliges Fräulein aus Ostelbien vorgezeichnet war. Statt standesgemäß zu heiraten, verließ sie das pommersche Trieglaff und bestand darauf, in Berlin Abitur zu machen. Im Anschluss arbeitete sie in Hamburg als Direktionssekretärin. Dort heiratete sie den Historiker Percy Ernst Schramm, der 1929 nach Göttingen berufen wurde. Das Paar hatte drei Söhne.

Percy Ernst Schramm führte ab 1943 das Kriegstagebuch im Oberkommando der Wehrmacht. Etwas über ein Jahr verbrachte er in amerikanischer Kriegsgefangenschaft und wurde von 1946 bis 1948 mit Lehrverbot belegt, denn es sei „nicht wünschenswert, dass er die deutsche Jugend beeinflusse". [XII] Der Historiker stand dem Nationalsozialismus nach eigenen Aussagen ambivalent gegenüber: „Hinsichtlich der Wiederaufrüstung (Gleichgewicht der Kräfte) 200-prozentiger Nazi. Hinsichtlich Arbeitsfrieden, Festigung des Bauerntums, Kraft durch Freude 100-prozentiger Nazi. Rassentheorie, Germanenkult, Bildungspolitik, NS-Weltanschauung: 100-prozentiger Gegner." [XIII] Doch er erarbeitete sich nach 1945 seine Position zur Demokratie und war maßgeblich am Protest gegen den rechten niedersächsischen Kultusminister Schlüter beteiligt. Als Historiker widmete er sich neben der Geschichte des Zweiten Weltkriegs auch der Erforschung des hanseatischen Bürgertums, machte

Der Historiker Percy Ernst Schramm und seine Frau, die Politikerin Ehrengard Schramm, die sich durch ein besonderes zivilgesellschaftliches Engagement auszeichnete.

sich aber vor allem als Mediävist und Begründer einer neuen historischen Hilfswissenschaft einen Namen. Zusammen mit Hermann Heimpel entwickelte er das Historische Seminar in Göttingen zu einem der führenden in der Bundesrepublik.

Während der NS-Zeit war es aufgrund unterschiedlicher politischer Ansichten zu einer gewissen Entfremdung zwischen den Eheleuten Schramm gekommen. Ehrengard widmete sich nach dem Krieg der karitativen Arbeit und engagierte sich, ebenso wie Elisabeth Heimpel, die Frau Hermann Heimpels, zunächst in Friedland.

Sie fand den Weg in die Politik auch durch das Vorbild ihrer Geschwister: Elisabeth, die 1944 als Widerstandskämpferin hingerichtet worden war, und Reinhold, Begründer des Deutschen Evangelischen Kirchentags. Ehrengard Schramm war zunächst für die FDP im Stadtrat. Anlässlich der Schlüter-Affäre wechselte sie zur SPD, für die sie ein Landtagsmandat erringen konnte. In ihrer politischen Arbeit traf sie auf ihren Halbbruder Adolf, der sich seit 1947 für verschiedene rechte Parteien engagierte und 1964 Mitbegründer der NPD wurde.

Ehrengard Schramm besaß seit ihrer Schulzeit ein besonderes Interesse an Griechenland und der griechischen Kultur. Als sie das Land 1952 zum ersten Mal nach dem Krieg wieder bereiste, erfuhr sie durch Zufall von dem Massaker, das deutsche Truppen 1943 in Kalávrita verübt hatten – vergleichbar den Verbrechen von Lidice und Oradour. Schramm beschloss zu helfen, und es gelang unter dem Dach des Deutschen Frauenrings, dessen Göttinger Ortsverband sie vorstand, ein Hilfswerk aufzubauen. Sie stand dabei nicht im Einklang mit der deutschen Außenpolitik. Bis 1968 gelang es so, 65 Jugendlichen in Deutschland eine Ausbildung oder ein Studium zu ermöglichen. Ihre Tätigkeit in Stadtrat (1966–68) und Landtag (1959–67) lief daneben weiter, bevor sie sich nach dem Tod ihres Mannes 1970 ins Privatleben zurückzog. Sie starb 1985 in Göttingen.

Autoren aus Ost und West wie Johannes R. Becher, Axel Eggebrecht oder Erich Kästner. Das erste deutsche P.E.N.-Zentrum war bewusst eine gesamtdeutsche Einrichtung und es war eine weltweit beachtete Gründung: Deutsche Intellektuelle waren zum ersten Mal seit 1945 wieder gleichrangig in einer international bedeutsamen Organisation vertreten.

Der Verlust der Göttinger Oper motivierte musikliebende Göttinger, einen Trägerverein zu gründen, um das Orchester zu retten, das seitdem, ab 1951, unabhängig vom Theater als „Göttinger Symphonieorchester" das Musikleben der Stadt bereichert. Ebenso wie die Internationalen Händelfestspiele, die ihre ersten Nachkriegsfestspiele schon 1946 feiern konnten und seit 1956 regelmäßig jedes Jahr in der Pfingstzeit internationales Publikum in die Stadt locken. Die Akademische Orchestervereinigung, die Stadtkantorei und ab 1966 die Göttinger Kammermusikgesellschaft fanden und finden in den Göttingerinnen und Göttingern ein dankbares Publikum.

1) Grab des Rechtsprofessors und Bundesverfassungsrichters Gerhard Leibholz und seiner Frau Sabine, der Zwillingsschwester Dietrich Bonhoeffers, mit einem Gedenkstein an den 1945 im Konzentrationslager Flossenbürg hingerichteten Theologen.

2) Die schlichte Grabstätte von Max Planck.

3) Herausragende Gelehrte haben in Göttingen ihre letzte Ruhestätte gefunden. Das Nobel-Rondell, das in Form eines Gauß'schen Siebzehnecks angelegt wurde, erinnert an die auf dem Göttinger Stadtfriedhof beerdigten Nobelpreisträger: Otto Wallach, Max Planck, Walther Nernst, Richard Zsigmondy, Adolf Windaus, Max von Laue, Otto Hahn und Max Born.

1) Leibholz 1947, S. 2.
2) Römling 2012, S. 279.
3) Trittel 1999, S. 291.
4) Siehe dazu Schießl 2016.
5) Zitiert nach Stöckmann 2010, S. 243.
6) http://www.grenzdurchgangslager-friedland.niedersachsen.de/wir_ueber_uns/historisches/die-geschichte-des-grenzdurchgangslagers-55774.html, abgerufen am 19.06.2017.
7) Stöckmann 2010, S. 245.
8) Siehe dazu Dahms 1999, S. 426–444.
9) Boockmann 1997, S. 65.
10) Dahms 1999, S. 426ff., S. 283; Böhme 2005, S. 131; Römling 2012.
11) Siehe dazu Ericksen 1987. Schael 2002.
12) Thieler 2016, S. 41; Böhme 2005, S. 131.
13) Dahms 1999, S. 428.
14) Weisbrod 2016, S. 25.
15) Boockmann 1997, S. 64.
16) Münster 2014, S. 54.
17) Wolbringer 2014, S. 58.
18) Siehe hierzu Krönig/Müller 1990; Weisbrod 2016, S. 25.
19) Vergleiche http://www.1000dokumente.de/index.html?c=dokument_de&dokument=0131_ekd&l=de, abgerufen am 20.06.2017.
20) Weisbrod 2016, S. 24.
21) Gutmann 1972, S. 266f., Fußnote 97.
22) Wahlbeteiligungen (1957–1964) und Zusammensetzung des AStAs (1967–1987) sind zu finden bei Gabler 1993, S. 21f.
23) Gidion 1999, S. 567.
24) Siehe dazu Bluemel 2016².
25) GUZ, 2. Jhg., Heft 4, 24. Januar 1947.
26) Siehe dazu Helling 2004.
27) Siehe dazu Raulff 2009.
28) Zitiert nach Helling 2017, S. 191.
29) Zitiert nach Helling 2017, S. 199.
30) Zitiert nach Helling 2017, S. 199.
31) Siehe dazu Obenaus 1995; Nägele 2004.
32) Zitiert nach Obenaus 1995, S. 326.
33) Schmolder 1952, S. 28.
34) Zitiert nach Obenaus 1995, S. 327.
35) Heimpel 1986, S. 3.
36) Mit Unterstützung Hogrefes erschien ein Buch über die Familie Hahn [FN Ferera/Tollmien 2015] und es wird eine Publikation zu Olav Brenhovd von der ehemaligen Göttinger Stadtarchivarin Helga-Maria Kühn vorbereitet.
37) Siehe dazu Diers 1972; Schael 2014.
38) Führer durch das Hochschuldorf Rüstersiel, 1958, S. 2.
39) Führer durch das Hochschuldorf Rüstersiel, 1958, S. 8.
40) Zitiert nach Diers 1972, S. 260.
41) Schael 2014, S. 67.
42) Zitiert nach Diers 1972, S. 257.
43) Zitiert nach Diers 1972, S. 256.
44) Siehe Diers 1972, S. 246.
45) Siehe dazu Böhme 2005.
46) https://www1.wdr.de/stichtag/stichtag8236.html, abgerufen am 22.06.2017.
47) Zu Konrat Ziegler siehe Kratz-Ritter 2002.
48) Siehe dazu auch Trittel 1999, S. 297.
49) Zitiert nach Böhme 2005, S. 145.
50) Zitiert nach Böhme 2005, S. 145.
51) Zitiert nach Thieler 2017, S. 53.
52) Zitiert nach Böhme 2005, S. 128.
53) Siehe dazu Marten 1987; Obenaus 1995; Schael 2002.
54) Ausführliche Schilderung von Schlüters Biographie samt detaillierter Schilderung der Ereignisse unter: http://www.spiegel.de/spiegel/print/d-31970497.html, abgerufen am 23.06.2017. Siehe auch Die Zeit vom 02.06.1955.
55) Zitiert nach Schael 2002, S. 53.
56) Siehe dazu Schael 2002.
57) Text der „Göttinger Erklärung" auf den Webseiten der Universität unter www.uni-goettingen.de/historischetexte.
58) http://www.spiegel.de/spiegel/print/d-41757280.html, abgerufen am 24.06.2017.
59) Zitiert nach Schirrmacher 2008, S. 59.
60) Zitiert nach Schirrmacher 2008, S. 59.
61) Zitiert nach Dahms 1999, S. 441.
62) Siehe hierzu Walker 1995; Nehring 2008; Hoffmann/Walker 2011; Lorenz 2011.
63) Text der „Erklärung der Frauen gegen Atomwaffen" auf den Webseiten der Universität unter www.uni-goettingen.de/historischetexte.

64) Weber-Reich 1993.
65) Zitiert nach Dahms 1999, S. 440.
66) Wille 1994, S. 161.
67) Gidion 1999, S. 586. Filmplakate unter: http://www.stadtarchiv.goettingen.de/frames/fr_stadtgeschichte.htm, abgerufen am 30.06.2017.
68) Voigt/Otto 2007, S. 37.

Bildunterschrift Heimpel
I) Schönwälder 1992, S. 13, Anm. 14; Heimpel 1955, S. 3f.; siehe auch Rexroth 2013. Eine wissenschaftliche Biografie Heimpels liegt noch nicht vor, da der Heimpel-Nachlass noch gesperrt ist.

Kasten Helmuth Plessner
II) Siehe dazu Kufferath 2017.
III) Lübbe 1983.
IV) Zitiert nach Dietze 2007, S. 387.
V) Hermann Obenaus kritisiert die Position Lübbes: „Der Prozeß der Auseinandersetzung mit dem Nationalsozialismus war tatsächlich viel komplizierter und komplexer, er war öffentlicher und schmerzlicher." Obenaus 1995, S. 323.

Kasten Axel von dem Bussche
VI) http://www.gdw-berlin.de/vertiefung/biografien/personenverzeichnis/biografie/view-bio/axel-freiherr-von-dem-bussche/?no_cache=1, abgerufen am 20.06.2017.
VII) Siehe Hoffmann 1979.
VIII) Siehe Institut für Demoskopie Allensbach, IfD-Bericht 3099: „Wissen und Urteil der Bevölkerung vor und nach dem 40. Jahrestag des 20. Juli 1944", Tabellen 20 bis 22. Dort wurden im Bundesgebiet und in West-Berlin diejenigen befragt, die richtige oder ungefähr richtige Angaben zum 20. Juli machten.
IX) Göttinger Universitätszeitung, 2. Jhg., Nr. 7, März 1947.
X) Zitiert nach Matysiak 2014, S. 120.
XI) Siehe dazu Fröhlich 2006.

Kasten Percy Ernst und Ehrengard Schramm
XII) Zitiert nach Thimme 2006, S. 489.
XIII) Eine gekürzte Wiedergabe des Gesprächs bei Grolle 1989, S. 33f.

1968

1 9 8 7

Als der Germanist und Pädagoge Friedrich Hassenstein 1964 als „Studienrat im Hochschuldienst" am Deutschen Seminar der Universität Göttingen angestellt wurde, wies ihn Professor Albrecht Schöne in die Etikette ein. Der obligatorische Antrittsbesuch beim Dekan der zuständigen Fakultät folgte strengen Regeln. Um vorgelassen zu werden, legte man seine Visitenkarte auf das dargebotene Tablett, einmal im Gespräch, gehörte es sich, den korrekten Titel seines Gegenübers, „Eure Spectabilität", zu verwenden. Doch das Ritual, das seit der Gründung der Universität praktiziert wurde, hatte im Grunde bereits ausgedient. Die 1960er-Jahre brachten den Wandel, der sich seit dem Kriegsende andeutete, der die innere Struktur der Universität ebenso veränderte wie ihr äußeres Erscheinungsbild.

Die Entwicklung hin zur Massenuniversität

Die Universität musste sich ändern, darin waren sich alle einig, denn auch die Rahmenbedingungen wandelten sich: „Die äußeren Bedingungen für die Universität Göttingen sind nicht günstig", beklagte der Theologe Otto Weber, als die Georgia Augusta 1962 ihr 225-jähriges Bestehen feierte. Er plädierte für dieses etwas krumme Jubiläum, mit dem man sich auch dem von 1937 gegenüber absetzen wollte, mit dem man aber vor allem auf sich aufmerksam zu machen versuchte. Weber hatte im Vorfeld auf die „periphere Lage" verwiesen – nach dem Mauerbau lag Göttingen kaum 30 Kilometer vom Eisernen Vorhang entfernt im sogenannten Zonenrandgebiet. Von heute auf morgen fehlte das Hinterland, es gab so gut wie keine Industrieansiedlung, dafür abgeschnittene Verkehrs- und Kommunikationswege. Weber beklagte weiter „die Abgeschiedenheit von der enorm attraktiven Landeshauptstadt, die Konkurrenz von Universitäts- und Akademieneugründungen um uns her, die Neigung unserer Landespolitiker, sich mit Neugründungsplänen zu befassen, die Popularitätschancen der Technischen Hochschulen in unserem Lande, alles das wird uns auf Dauer schwer zu schaffen machen".[1] Kurz, die Landesuniversität hatte in Hannover keinen Vertreter mehr vom Format eines Münchhausen, des Kurators der Gründungszeit, doch man hätte ihn dringend brauchen können. Die Befürchtungen, die schon 1946 bei der Gründung der Hochschule Wilhelmshaven-Rüstersiel auf Göttinger Seite geäußert worden waren, nämlich die Angst vor dem Kampf um die Mittel, schienen sich zu bestätigen. Hochschulgründungen waren in den Augen der Landesregierung geeignete Strukturförderungsmaßnahmen. Nach und nach wurden acht Pädagogische Hochschulen in Niedersachsen gegründet, auch in Göttingen und Bremen, zudem unter anderem in Osnabrück, Lüneburg und Vechta, Letztere durch ein Konkordat als Ausbildungsstätte für katholische Lehrerbildung gesichert. Sie wurden 1969 alle zu einer Hochschule für Pädagogik zusammengefasst, die man schon zwei Jahre später wieder zerschlug, um die einzelnen Institute in einem bis in die 2000er-Jahre fortdauernden Prozess in bestehende Universitäten zu integrieren oder sie selbst zur Universität zu ernennen.

Die Zahl der – auch weiblichen – Studierenden stieg kontinuierlich. Anfang der 1960er-Jahre war das frühe Nachkriegsniveau an Studentinnen wieder erreicht, das sich das Jahrzehnt über hielt. 1975 lag der Frauenanteil der Studierenden an der Georgia Augusta bei 33 Prozent, im Jahr 1985 bei 42 Prozent.[2] Zwischen 1951 und 1961 verdoppelte sich die Zahl

Studierende protestierten gegen den Abriss des Universitätsreitstalls. Die Stadt Göttingen jedoch war durch die steigende Zahl von Studierenden und durch Eingemeindungen zur Großstadt geworden. Sie zeigte sich entschlossen, diesen Status im Stadtbild zu repräsentieren, was großflächigen Abriss intakter Bausubstanz nach sich zog, da Göttingen so gut wie keine Kriegsschäden aufzuweisen hatte.

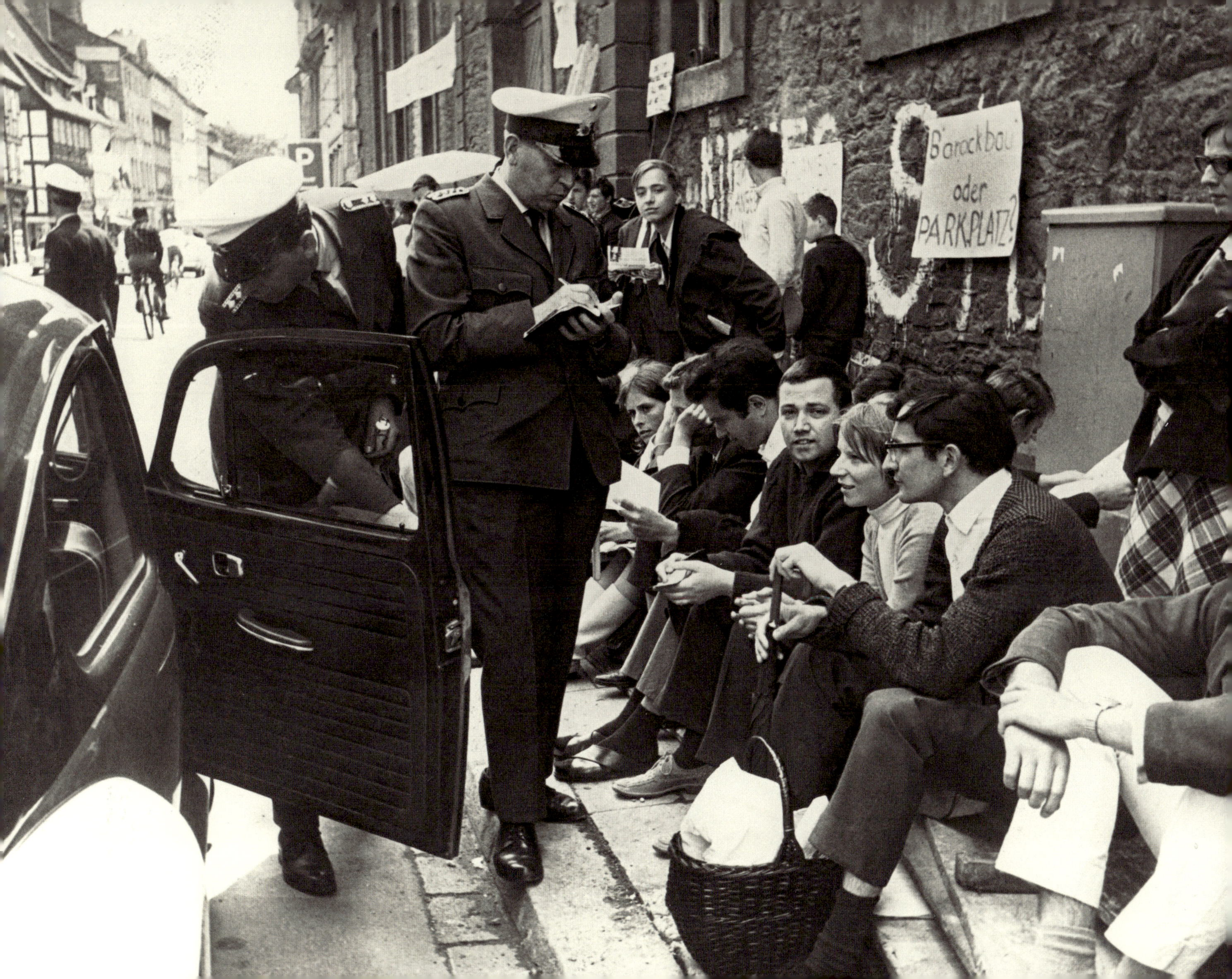
Barackbau
oder
PARKPLATZ?

1) Der bei den Aktionen gegen den Abriss der Reithalle eingeübte Protest setzte sich in den 1970er- und 80er-Jahren fort. Als die Stadt weitere historische Bauten abreißen wollte, kam es zu Hausbesetzungen, wodurch unter anderem das alte Klinikum erhalten blieb.

2–3) Die zentrale Einrichtung des „Studentenhauses" am Wilhelmsplatz erfolgte 1921. Die dortige Mensa bestand bis in die 1990er-Jahre fort. Heute beherbergt der Bau ein modernes Tagungs- und Veranstaltungszentrum.

4 und 6) Die Planungen zur baulichen Expansion der Universität begannen in der zweiten Hälfte der 1950er-Jahre. Das Foto mit dem an der Wand aufgehängten Bauplan entstand bei einem Treffen 1957 in der Kleinen Aula. Auf der Rückseite findet sich folgender Text: „Geselliges Beisammensein Universität – Stadt in der Kleinen Aula. 1957 Dezember 12. Kurator Dr. Müller erläutert die Baupläne der Universität im Norden der Stadt."

5) Lange Schlangen vor dem Immatrikulationsbüro der Universität am Wilhelmsplatz, als dieser noch für Autos zugelassen war.

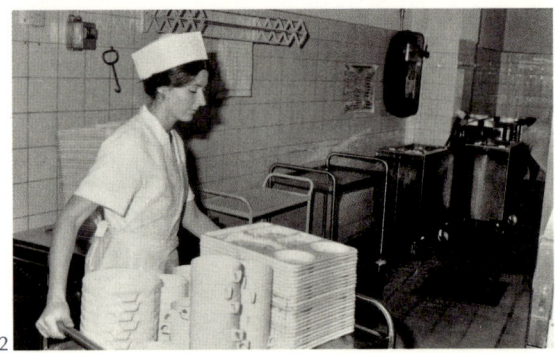

der Studierenden insgesamt von 4.193 auf 8.091 und im Jahr 1969 war fast die 10.000er-Marke geknackt.[3] Im Wintersemester 1973/74 gab es bereits 16.000 Studierende.[4] Mit der Eingliederung der Pädagogischen Hochschule in die Universität 1978 lag die Zahl der Studierenden schlagartig bei 20.000.[5] 1987 zählte man 30.000 Immatrikulierte.[6] Spätestens seit den 1960ern wurde es politisch forciert, dass immer mehr Abiturientinnen und Abiturienten studieren sollten. Die Universitäten mussten darauf reagieren.

Der Ausbau

Die Georgia Augusta hatte bereits in der zweiten Hälfte der 1950er-Jahre mit den Planungen zu ihrer baulichen Expansion begonnen.[7] Kleinere Maßnahmen wurden umgesetzt, weil bestimmte räumliche Situationen dringend einer Veränderung bedurften. So hatte man sich 1956 für den Abriss der Barockhäuser aus der Haller-Zeit entschieden und ein neues Botanisches Institut an der Südseite des Botanischen Gartens an der Unteren Karspüle erbaut. Im selben Jahr hatte der Neubau verschiedener Klinikgebäude an der Von-Siebold-Straße begonnen, die Psychiatrische Klinik wurde aus der Geiststraße hierher verlegt, die Hautklinik konnte aus einer alten Kaserne am Steinsgraben umziehen. Zwischen der Von-Siebold-Straße und der östlich davon gelegenen Parallelstraße, dem Albrecht-Thaer-Weg, entstanden weitere Bauten wie 1960 das Institut für Tierzucht und Haustiergenetik und zwischen 1964 und 1970 das für Bodenwissenschaften. Nach der Zerstörung des Theatrums Anatomicum im Krieg musste Ersatz geschaffen werden, sodass 1959/60 eine neue Anatomie am Kreuzbergring 36 entstand.

1960 begann man mit dem Bau des Geisteswissenschaftlichen Zentrums (GWZ), für das ein ganzes Quartier neu gestaltet wurde. Vom Weender Tor bis zum Kreuzbergring wurden Wohnhäuser abgerissen. Gen Süden, am Nikolausberger Weg 9, lagen die landwirtschaftlichen Institute. Sie mussten ebenso wie die Felder, die als landwirtschaftliche Versuchsgüter hinter dem Agrarinstitut angelegt worden waren, zwischen 1986 und 1993 dem Neubau der Universitätsbibliothek weichen. Außerdem lag noch das aus den 1930er-Jahren stammende Institut für Leibesübungen (IfL) samt Sportfeld auf dem Terrain des zu errichtenden geisteswissenschaftlichen Zentrums. Das IfL bekam zwischen 1964 und 1980 ein eigenes Gelände mit Instituten, Sportstätten und ausgedehnten Außenanlagen oberhalb des Klinikums und angrenzend an das Studentendorf. Zum GWZ gehören das Theologicum, das Juridicum, das Oeconomicum sowie das Zentrale Hörsaalgebäude, an das sich die Zentralmensa und die Räume des Studentenwerks anschließen. 1972 entstand der alles überragende Blaue Turm, ein Betonquader mit bläulich schimmernden Fensterscheiben, in dem heute agrar- und wirtschaftswissenschaftliche sowie juristische Institute untergebracht sind.

Ab 1965 begannen die Arbeiten für ein naturwissenschaftliches Zentrum nördlich der Stadt in der Weender Feldmark. Als Erstes fertiggestellt wurden die Neubauten der Chemie. Es folgten Institute der Agrarwissenschaften (1966 bis 1970) und der Biologie (1966 bis 1971), ab 1971 ergänzt durch umfangreiche Gewächshäuser. Schon ein Jahr zuvor hatte man begonnen, den Neuen Botanischen Garten anzulegen – 1990 wurde die Erweiterung fortgeführt –, weil die alten Anlagen Albrecht von Hallers in der Innenstadt den modernen Anforderungen nicht mehr genügten und zu klein geworden waren. Das Zentrum für Geowissenschaften (1967 bis 1970) beherbergt verschiedene Institute. 1974 wurden das Geologische und das Geografische Institut fertiggestellt.

Zwischen 1969 und 1988 entstand – zwischen dem neuen, naturwissenschaftlichen Nordcampus und der Göttinger Innenstadt gelegen – ein neuer Klinikkomplex an der Robert-Koch-Straße. Das heutige Klinikum, zu dem unter anderem zwei Bettenhäuser und ein großer Versorgungsbereich gehören, steht 2018, fast 30 Jahre nach ihrer endgültigen Fertigstellung, am Beginn einer grundsätzlichen Modernisierung einschließlich umfangreicher Neubauten. Hierfür wird das Land Niedersachsen voraussichtlich 1,2 Milliarden Euro zur Verfügung stellen. Hinzu kommen weitere bauliche Sanierungsmaßnahmen im Laufe der nächsten 15 bis 20 Jahre.

Die alten Krankenhausbauten an der Goßlerstraße dienten der Erweiterung des Geisteswissenschaftlichen Zentrums. Hier sind Philologien untergebracht wie zum Beispiel das Skandinavische Seminar[8] oder das Seminar für Deutsche Philologie. Die Anglistik, die ursprünglich am Nikolausberger Weg lag, gehörte zu den Seminaren, die über die Stadt verteilt waren. Die Institute, die nicht in den gelben Klinkergebäuden residierten, erhielten neue Räume im 2012 eröffneten Kulturwissenschaftlichen Zentrum, dem neuen Mittelpunkt der Geisteswissenschaften in Göttingen. Als 1978 die Pädagogische Hochschule in die Universität überführt wurde, fand das neue Institut für Erziehungswissenschaften sein Domizil im Waldweg.

Die letzte große Baumaßnahme des ersten Rahmenplans Hochschulneubau von 1972 bis 1975, der 30 Bauvorhaben für Göttingen vorgesehen hatte, war der Neubau der Zentralen Universitätsbibliothek. 1988 wurden der Forst- und jagdwissenschaftliche Lehrapparat, das Institut für landwirtschaftliche Betriebs- und Landarbeitslehre und das Institut für Tierzucht und

1–3) Der Reitstall, der 1734 bei der Gründung der Universität als erstes Gebäude errichtet worden war, lag mitten in der Innenstadt und blieb bis 1968 erhalten. Die Stadt riss den letzten barocken Reitstall Europas ab, weil sie dort zunächst ein neues Rathaus errichten wollte. Dann aber verkaufte sie das Grundstück gewinnbringend an einen Investor und es entstand ein Hertie-Kaufhaus.

Molkereiwesen (1927 bis 1930) abgerissen, um dort die neue Niedersächsische Staats- und Universitätsbibliothek (SUB) zu bauen. Der heute Historisches Gebäude genannte Komplex am Papendiek war nicht länger ausreichend. Der imposante Glasneubau auf dem Gelände des GWZ streckt fünf dreigeschossige, gläserne Finger, die als Lesesaal fungieren, in Richtung Kreuzbergring.

Während der Neubau der SUB mit Architektenpreisen bedacht wurde, war dies bei vielen anderen Neubauten der Universität aus nachvollziehbaren Gründen nicht der Fall. Angesichts der Notwendigkeit, die Infrastruktur einer Universität, die sich bisher an den Verhältnissen des 18. und 19. Jahrhunderts orientiert hatte, den Bedürfnissen einer Massenuniversität des 20. Jahrhunderts anzupassen, schien es erforderlich, nicht zu kleckern, sondern zu klotzen – im wahrsten Sinne des Wortes. Doch der Wunsch nach Modernität, der wohl auch dazu dienen sollte, sich von der Vergangenheit zu distanzieren, dominierte auch dort die Entscheidungen, wo ästhetische Kompromisse zwischen Tradition und Moderne möglich gewesen wären. So sollten zum Beispiel auch die erwähnten gelben Klinkergebäude der alten Uniklinik verschwinden, hier aber regte sich heftiger Widerstand in Form von Hausbesetzungen, die schließlich den Abriss verhinderten. Das markanteste Beispiel ist aber sicherlich der Verkauf des Reitstalls der Universität an die Stadt, die nicht zögerte – trotz massiver Proteste zunächst aus der Universität, dann auch aus der Bevölkerung –, den letzten barocken Reitstall Europas abzureißen.[9] Die Stadt Göttingen war zum einen durch die steigende Zahl von Studierenden und zum anderen durch Eingemeindungen zu einer (kleinen) Großstadt geworden.[10] Sie zeigte sich fest entschlossen, diesen neuen Status im Stadtbild zu repräsentieren, was bis in die 1980er-Jahre hinein großflächigen Abriss intakter Bausubstanz nach sich zog, da ja Göttingen so gut wie keine Kriegsschäden aufzuweisen hatte.

Bildungsnotstand

In den 1950er-Jahren waren sich Professoren und Studierende beispielsweise in ihrem Protest gegen Harlan oder Schlüter weitgehend einig gewesen. 1962 aber, als die Universität ihr 225-jähriges Bestehen feierte, deutete sich Dissens an. Der AStA-Vertreter, der im Rahmen der Feierlichkeiten zu den Honoratioren sprach, prophezeite, hier handele es sich um das letzte Jubiläum dieser Art. Schon in 20 Jahren werde sich das äußere Bild der Universität völlig gewandelt haben, verbunden mit einem inneren Strukturwandel und die „Studentenschaft wird immer zur Mitarbeit bereit sein."[11] Aber war die Mitarbeit der Studenten überhaupt erwünscht? Sehr grundsätzlich antwortete der Rektor dem AStA in seiner Rede beim zentralen Festakt am folgenden Tag. Auch er sah die Georgia Augusta an der Schwelle zu einer „äußerlich neue[n] Epoche ihrer Geschichte". Aber, so fährt er mahnend fort, „es wird dies eine Epoche der wohl bedeutsamsten Umgestaltung ihres baulichen Gefüges innerhalb ihrer ganzen Geschichte sein, von der man nur achtsam wünschen möchte, daß diese nicht auch zu einem grundsätzlichen Wandel ihres inneren Strukturgefüges führen möge".[12]

Dieser Wunsch sollte, wie wir wissen, nicht in Erfüllung gehen. Eine Hochschulreform war überfällig. Sie war schon nach dem Ersten Weltkrieg diskutiert, aber nicht umgesetzt worden, und wurde auch nach dem Zweiten Weltkrieg wieder verhandelt, ohne dass nennenswerte Ergebnisse erzielt wurden. Ein von den Briten initiierter Studienausschuss für Hochschulreform legte ein wegen der Farbe seines Einbands „Blaues Gutachten" genanntes Konzept vor, um die deutsche Hochschule zu modernisieren, doch ohne Erfolg. Es kritisierte unter anderem die ungleiche soziale Zusammensetzung der Studentenschaft und forderte eine Ausbildungsförderung. Diese Themen wurden bei den ersten großen Demonstrationen gegen den Bildungsnotstand – so lautete das Schlagwort – 1965 in Göttingen aufgegriffen: Bildung

1–4) In Göttingen herrschte rege Demonstrationslust, nicht immer nur vonseiten der Studierenden, auch die Bürgerinnen und Bürger gingen immer mal wieder auf die Straße. Manchmal, wie im Falle des Reitstallprotestes, demonstrierte man auch gemeinsam. Betrachtet man die Plakate, so hat sich bis heute nicht viel geändert. 1967 begannen die Beratungen über eine neue Universitätssatzung und die Studentenschaft trug ihre Forderungen auf die Straße, zu diesem Zeitpunkt noch mit Schlips und Kragen: „Zerschlagt den Ordinarienklüngel". Sie machten die Mitbestimmungsfrage zum Zentrum ihrer Forderungen, „Drittelparität" war die Parole. Damals wie heute galten die Universitäten als unterfinanziert und 1987 ging man wegen der Einführung von Studiengebühren für die Studierenden höherer Semester auf die Straße.

sei „allgemeines Bürgerrecht", nach einer Formulierung des Soziologen Ralf Dahrendorf. Aber auch konkrete Probleme wie fehlende Laborplätze, zu kleine Hörsäle oder mangelhaft ausgestattete Bibliotheken beklagten die Demonstranten, bevor sich das Protestspektrum allmählich erweiterte und politisierte. Ausschlaggebend dafür waren vor allem der Vietnamkrieg und schließlich der Tod des Studenten Benno Ohnesorg am 2. Juni 1967 in Berlin, der bei einer Demonstration gegen den Schah von Persien und sein autokratisches Regime von dem Polizisten Karl Heinz Kurras erschossen worden war. Kurras arbeitete, wie man Jahrzehnte später herausfand, für die Stasi, handelte aber in diesem Fall nicht in ihrem Auftrag. Seine Motive für den Todesschuss sind bis heute ungeklärt. Die Göttinger Studenten konnten sich als Teil einer breiten, internationalen Protestbewegung empfinden, denn auch zum Beispiel in London, Paris und Rom gingen junge Leute gegen den Vietnamkrieg und autoritäre Strukturen auf die Straße.

Am 30. Mai 1968 erließ die Große Koalition in Bonn die Notstandsgesetze, die unter anderem im Verteidigungsfall oder bei Naturkatastrophen die Gesetzgebungskompetenz des Bundes ausweiteten. Im Falle innerer Unruhen konnte der Bund das Brief-, Post- und Fernmeldegeheimnis einschränken sowie den Einsatz der Bundeswehr und des Bundesgrenzschutzes auch im Inland befehlen. Die Studentengruppen, von denen sich einige mittlerweile mit Gewerkschaften und dem Kuratorium „Notstand der Demokratie" zur Außerparlamentarischen Opposition (APO) zusammengefunden hatten, um sich der Politik der Großen Koalition entgegenzustellen, befürchteten zu starke restaurative Tendenzen in der Bundesrepublik und kritisierten damit einhergehend die fehlende Auseinandersetzung mit der NS-Zeit.

Die Göttinger Zeitschrift „Politikon" hatte 1965 auf studentischer Recherche beruhende Belege zur Verstrickung der Georgia Augusta und einzelner Professoren in die NS-Geschichte publiziert, eine Pioniertat. Gleichzeitig lehnten bestimmte studentische Gruppen die kapitalistische Wertewelt der westdeutschen Gesellschaft ab und stellten ihr ein marxistisch inspiriertes Gesellschaftsmodell gegenüber. Andere wollten nicht die ganze Gesellschaft umstrukturieren, aber machten sich doch für Veränderungen stark, was sich auch auf die Universität auswirkte.

„Unter den Talaren der Muff von 1000 Jahren"

In der aufgeheizten Stimmung rund um die Notstandsgesetze beschloss der Senat der Universität, dass in allen Vorlesungen darüber abgestimmt werden könne, ob die Vorlesung fortgesetzt werden solle oder ob die Anwesenden lieber über die Notstandsgesetze diskutieren wollten. Einige der Professoren beteiligten sich an den Diskussionen auf den studentischen Vollversammlungen. Auch mit der Polizei stand die Studentenschaft im Dialog, eine Kommunikation, die später als die „Göttinger Linie" bezeichnet wurde.[13] Während der mehrtägigen Besetzung des Auditoriengebäudes im Frühjahr 1968 und etwas später des alten Rathauses trat die Polizei nicht in Erscheinung, weil der AStA seinerseits zugesagt hatte, eigene Ordner zu stellen, um Sachschaden möglichst zu vermeiden, was auch gelang. Ähnlich verlief auch ein Sit-in vor dem Gebäude des Göttinger Tageblatts in der Prinzenstraße, wo man gegen die tendenziöse Berichterstattung der Zeitung über die Notstandsgesetze demonstrierte. Aber als im Winter des Jahres 1968 die Protestierenden durch gezielte Aktionen „größere Öffentlichkeit", also mehr Transparenz, in die universitären Abläufe bringen wollte, schwand ihr Rückhalt in der Professorenschaft. Am 3. Dezember gab es ein Go-in anlässlich der Sitzung des Senats. Im Sommer 1969 störte man zum Beispiel die Vorlesung des Germanisten Albrecht Schöne, nicht weil er als besonders reaktionär galt, sondern weil seine Vorlesungen großen Zulauf hatten, und auf diese Weise die größtmögliche Wirkung erreicht werden konnte. Denn Vorlesungen, so hieß es, seien didaktisch völlig veraltet, es handele sich um „Indoktrination" der „privaten Meinung" der Ordinarien, die die Studierenden lediglich zu passiver Aufnahme verleiteten, anstatt sie zu aktiver Durchdringung des Stoffes zu aktivieren.[14] Stattdessen sollten in kleinen autonomen Seminaren gesellschaftlich relevante Themen erarbeitet werden.

Strukturveränderungen: Hochschul- und Verwaltungsreform

Veränderungen in der Lehre zu erzwingen, das war das eine, aber strukturelle Veränderungen an der Hochschule durchzusetzen, das war ein ungleich größeres, schwierigeres, weil sehr viel grundsätzlicheres Ansinnen. Doch viele Studierende und auch Privatdozenten wollten es nicht länger hinnehmen, dass das Hochschulrecht im Kern auf dem Allgemeinen preußischen Landrecht von 1794 fußte. Sie machten die Mitbestimmungsfrage zum Zentrum ihrer Forderungen, „Drittelparität" war die Parole. Die akademischen Organe sollten zu je einem Drittel aus Habilitierten, wissenschaftlichen Mitarbeiterinnen und Mitarbeitern sowie Studierenden bestehen. 1967 begannen die Beratungen über eine neue Universitätssatzung, die 1969 als sogenannte Übergangssatzung in Kraft trat. Sie sollte so lange gelten, bis ein niedersächsisches Hochschulgesetz verbschiedet sein würde. Die Chancen dafür verbesserten sich, als der ehemalige Göttinger Student und Professor Peter von Oertzen Kultusminister in Hannover wurde. Sein „Vorschaltgesetz" enthielt weitreichende Reformvorschläge, die allerdings sowohl beim radikalen Flügel der Studentenschaft als auch bei den konservativen Ordinarien heftige Abwehrreaktionen hervorriefen. 398 niedersächsische Professoren und Dozenten klagten gegen das neue Hochschulgesetz von 1971, das daraufhin vom Bundesverfassungsgericht 1973 für verfassungswidrig erklärt wurde. Die Begründung lautete, dass die Entscheidungen, die sich direkt auf Forschung und Lehre bezögen, so zustande kommen müssten, dass die Professoren über die Mehrheit verfügten. Der Bund folgte dieser Argumentation, als er 1976 ein Hochschulrahmengesetz erließ, dem sich das niedersächsische Hochschulgesetz von 1978 anpasste. Dies sah vor, dass in allen Kollegialorganen jeweils sieben Professorinnen und Professoren, zwei Studierende sowie jeweils zwei Vertreterinnen und Vertreter des wissenschaftlichen und des sonstigen Personals vertreten waren. Außerdem wurde 1978 beschlossen, dass die seit 1737 bestehenden Ämter des Rektors, des Hauptes der akademischen Selbstverwaltung, und des Kurators, der Spitze der staatlichen Administration, abgeschafft werden. An ihre Stelle trat ein Präsidium, bestehend aus einem Präsidenten und einem Kanzler, der als Verwaltungschef fungierte. Schließlich gab es einen weiteren Bruch mit der Tradition, indem man die Fakultäten weitestgehend abschaffte. Zwar blieben die Theologische, Juristische und Medizinische Fakultät bestehen, alle anderen aber zerfielen für zirka die nächsten 30 Jahre in einzelne Fachbereiche, bis man 1996 zur alten Struktur zurückkehrte.

Der „Buback-Nachruf" 1977

Der Mord an Generalbundesanwalt Siegfried Buback[15] im April 1977 war der erste in einer Reihe politischer Morde im weiteren Verlauf des Jahres, die heute als Höhepunkt des Terrorismus der Roten Armee Fraktion (RAF) mit dem Begriff „Deutscher Herbst"[16] bezeichnet werden. Die überregionalen Ereignisse wurden auch in Göttingen thematisiert, was – eher unfreiwillig – wiederum auf Bundesebene Wellen schlug. Grund dafür war ein Artikel in der Zeitung des Göttinger AStA, den „göttinger nachrichten", der, wie der Autor später selbst formulierte, in „rohe[r], schäbige[r] Sprache" abgefasst war.[17] Stein des Anstoßes war vor allen Dingen die einleitende Bemerkung, die der Anonymus anlässlich Bubacks Tod äußerte: „Ich konnte und wollte (und will) meine klammheimliche Freude nicht verhehlen."[18] Dieser

Satz, der „auch nach langer Zeit noch so giftig wirkt", wie der Autor 2001 einräumte, verstellte den Blick auf sein eigentliches Ziel, nämlich sich von der Gewalt der Terroristen zu distanzieren: „Unser Weg zum Sozialismus (wegen mir: zur Anarchie) kann nicht mit Leichen gepflastert werden."[19]

Der Artikel fand seinen Weg in die überregionale Presse und löste bundesweit Empörung aus. In Göttingen wurde der Text kontrovers diskutiert und es entwickelte sich daraus eine Diskussion, inwieweit die Veröffentlichung über das politische Mandat des AStA, also die Berechtigung der Organe der Studentenschaft, politische Erklärungen abgeben zu können, gedeckt sei. Dies war durch das Hochschulrahmengesetz und die Novellierung des Niedersächsischen Hochschulgesetzes infrage gestellt worden. Von verschiedenen Seiten gingen Strafanzeigen gegen den anonymen Verfasser ein, der seinen „Nachruf" mit „Mescalero" gezeichnet hatte, aber auch gegen die verantwortlichen Redakteure der „göttinger nachrichten". Der Rektor der Universität, der Botaniker Hans-Jürgen Beug, verbot dem AStA die weitere Verbreitung der entsprechenden Ausgabe der „göttinger nachrichten", verlangte die Zurücknahme zweier inkriminierender Passagen, wollte die Rückerstattung der Druckkosten für diese Nummer durchsetzen und forderte den AStA vor allem auf, jedwede allgemeinpolitische Äußerung zu unterlassen und sich auf hochschulpolitische Stellungnahmen zu beschränken. Der Versuch des AStA, gerichtlich einen Aufschub dieser Verfügung zu erwirken, bis ihre Rechtmäßigkeit geklärt sei, scheiterte.

Ende Mai wurden unter anderem die Räume des AStA, seine Druckerei, der Buchladen in der Roten Straße und 17 Privatwohnungen (zum Teil sehr gründlich) auf Hinweise nach der Identität des „Mescaleros" durchsucht, allerdings umsonst. Wenig später verbot das Verwaltungsgericht dem AStA offiziell, andere als hochschulpolitische Stellungnahmen abzugeben. Der AStA reagierte jeweils mit Demonstrationen. Unterstützung erhielt er nicht nur von studentischer Seite, sondern auch von einer Gruppe von Professoren, die in einem „Aufruf zur rationalen Diskussion" Hochschullehrer und Mitarbeiter dazu aufforderten, „sich ihrer gemeinsamen Verantwortung für die Freiheit politischer Auseinandersetzung bewusst zu werden und allen Tendenzen zu offener und versteckter Gewalttätigkeit, Diffamierung und Kriminalisierung entgegenzutreten."[20] Das Papier wurde später in erweiterter Form von 130 Hochschulangehörigen unterzeichnet. Im September 1977 schließlich wurde der AStA suspendiert und blieb dies bis zu den Neuwahlen im Januar des folgenden Jahres. Die Geschäfte führte ein Staatskommissar.

Im März 1978 begann der Prozess gegen vier ehemalige AStA-Angehörige. Die Anklage gegen zwei von ihnen musste schon bald wieder fallengelassen werden. Den verbleibenden Angeklagten wurde Verunglimpfung des Andenkens Verstorbener, Volksverhetzung und Beleidigung vorgeworfen. Am ersten Verhandlungstag wurde der Straftatbestand der Verunglimpfung des Staates und seiner Symbole hinzugefügt. Nach sechs Verhandlungstagen erging das Urteil am 11. April und alle Anklagepunkte bis auf den letzten wurden fallengelassen. Das Gericht räumte ein, dass der „Buback-Nachruf" „im Ergebnis" die „Ablehnung des Karlsruher Mordanschlages" darstelle, dass aber mit der gewählten Ausdrucksweise „eine verletzende und rohe Missachtung der Bundesrepublik Deutschland" erfolgt sei. Die Angeklagten hatten eine Geldstrafe zu zahlen. Eine Revision blieb erfolglos.

Über 20 Jahre nach den Geschehnissen nahm der „Mescalero" Klaus Hüllbrock Kontakt zu Michael Buback – 1981 bis 2010 Chemie-Professor an der Universität Göttingen – auf und schrieb ihm, dass die „damals persönlich auf Ihren Vater gemünzten Worte heute weh tun".[21] Als Grund für seine Formulierungen gab Hüllbrock an, er habe sich von dem „extrem autoritären Lager innerhalb der Linken" distanzieren wollen, das so „freudlos, so

1) Kommen und Gehen am neuen Campus vor der Zentralmensa. Dahinter der wegen seiner blaugetönten Fenster sogenannte „Blaue Turm" und rechts ein Teil der Seitenwand des Zentralen Hörsaalgebäudes, das architekturgeschichtlich dem Baustil des Brutalismus zugeordnet und dessen Denkmalwert derzeit intensiv diskutiert wird.

2) Baustelle des Hauptgebäudes des Klinikums.

3) Eingang zum Theologicum.

selbstgewiß" auftrat und sich gegen alle wandte, die „nicht auf ihrer, also auf der ‚richtigen' Linie lagen."²² Sein Ziel sei es gewesen, innerhalb der Linken eine Diskussion über Gewalt anzustoßen. Michael Buback akzeptierte diese Annäherung und erklärte, dass damit für ihn „ein Abschluss" erreicht sei.²³ Damit bezog er sich auf den Mescalero-Text. Buback, der in Göttingen lebt, ist jedoch enttäuscht, dass der Mord an seinem Vater und den beiden Begleitern nicht juristisch geklärt ist und dies aus formalen Gründen auch nie mehr geschehen kann.

Das Projekt „Volksuni"

Was die Studierenden im Sommer 1969 kritisiert hatten, versuchten sie im Laufe der Jahre selbst tatsächlich besser zu machen: Sie organisierten die geforderten autonomen Seminare jeweils auf Fachbereichsebene. Im Oktober 1985 sollte ein umfänglicheres Alternativprojekt zur bisherigen Wissensvermittlung Gestalt annehmen, die Volksuni,²⁴ im Wesentlichen organisiert von der Arbeitsgruppe Wissenschaftskritik/Gegenuni der Grün Alternativen Liste (GAL), die ein Zusammenschluss von grünen und kommunistisch orientierten Hochschulgruppen war. Ziel war unter anderem die Öffnung der Universität über die Campusgrenzen hinaus: „Universitäres Wissen muß für die Bevölkerung nutzbar gemacht werden. Diese soll ihrerseits ihre Forderungen an die Wissenschaftler/innen herantragen. Damit soll die Wissenschaft von unten her verändert werden. Denn Wissenschaft fürs ‚Volk' ist eine andere Wissenschaft."²⁵ Auch die Uni selbst müsse sich verändern, denn sie sei vollständig eingebunden in die ökonomischen, politischen, sozialen Funktionen dieser Gesellschaft: „Wissenschaft ist zur Herrschaft erstarrtes totes Wissen"²⁶, so lesen wir in den „göttinger nachrichten". Die Volksuni verstand Wissen als das „Begreifen von Gesellschaft und Welt", als „emanzipatives Wissen", das Handlungsperspektiven bereithielte.²⁷ In 70 Einzelveranstaltungen mit gut 2.000 Beteiligten wurde dieser Versuch, die „Grundlagen für eine herrschaftsfreie Form der Wissensvermittlung und Diskussion herzustellen", erprobt.²⁸

Das Resümee der Veranstalter fiel gemischt aus. Der Zuspruch von „außerhalb" sei mit geschätzten zehn Prozent weit hinter den eigentlich erwarteten 25 Prozent zurückgeblieben.²⁹ Eine weitere Volksuni sollte es nicht geben, die Planungen verliefen im Sande. Andere Themen wurden gesellschaftlich relevant und eroberten die Hochschule. Debatten zur Friedensbewegung, zum Umweltschutz und zur Anti-Atomkraftbewegung bestimmten den politischen Diskurs. Nur einmal noch kam es zu genuin hochschulpolitisch motivierten Protesten. Als die Regierung Albrecht 1987 die Einführung von Studiengebühren für die Studierenden höherer Semester beschloss, erhob sich ein Sturm der Entrüstung, 25.000 Menschen gingen auf die Straße, um dagegen zu demonstrieren.³⁰ Die Aktion entfaltete große mediale Wirkung, weil sie zeitgleich mit den Feierlichkeiten zum 250-jährigen Bestehen der Georgia Augusta stattfand. Die Landesregierung sagte daraufhin ihren Empfang ab, an dem unter anderem der Bundespräsident teilnehmen sollte, in Göttingen fiel der Festakt aus, die Festgäste wurden zu einem Umtrunk im außerhalb des Stadtzentrums gelegenen Max-Planck-Institut für Geschichte gebeten, die Studiengebühren blieben jedoch bestehen.

1) Zitiert nach Drüding 2014, S. 188.
2) Gabler 1993, S. 14.
3) Drüding 2014, S. 186.
4) Gabler 1993, S. 13.
5) Oberdieck 2002^2, S. 138.
6) 250 Jahre Georg-August-Universität Göttingen, Ausstellung 1987, S. 213.
7) Siehe zur baulichen Expansion Oberdiek 2002^2.
8) Die wechselvolle Geschichte des Seminars seit 1937 ist auf der Website im Detail nachzulesen: http://www.uni-goettingen.de/de/geschichte-des-seminars/91592.html, abgerufen am 10.07.2017.
9) Siehe dazu Gottschalk 1988.
10) Siehe dazu Trittel 1999.
11) Zitiert nach Drüding 2014, S. 194.
12) Zitiert nach Drüding 2014, S. 195.
13) Dahms 1999, S. 447.
14) Zitiert nach Dahms 1999, S. 451.
15) Siehe dazu Gabler 1993, S. 107–117; Wollenhaupt-Schmidt 2012.
16) Siehe dazu Terhoeven 2017.
17) Zitiert nach Wollenhaupt-Schmidt 2012, S. 291.
18) Zitiert nach Wollenhaupt-Schmidt 2012, S. 282; siehe dazu Kraushaar 2006.
19) Zitiert nach Wollenhaupt-Schmidt 2012, S. 282.
20) Zitiert nach Wollenhaupt-Schmidt 2012, S. 286.
21) Zitiert nach Wollenhaupt-Schmidt 2012, S. 291.
22) Zitiert nach Wollenhaupt-Schmidt 2012, S. 291.
23) Leserbrief Michael Bubacks im Göttinger Tageblatt (GT) vom 29. April 2017. Er reagierte damit auf einen Artikel im GT vom 25. April 2017, der anlässlich der 40. Wiederkehr der Veröffentlichung des „Buback-Nachrufs" am 25. April 1977 erschienen war.
24) Siehe dazu Gabler 1993, S. 75ff.
25) AStA/Gegenunikollektiv, zitiert nach Gabler 1993, S. 77.
26) gn 142:25, zitiert nach Gabler 1993, S. 76.
27) Zitiert nach Gabler 1993, S. 76.
28) Zitiert nach Gabler 1993, S. 76.
29) Zitiert nach Gabler 1993, S. 78.
30) Boockmann 1997, S. 85.

1 9 8 7

————— 2 0 0 7

Das Jubiläum im Jahr 1987 bot die Gelegenheit für den Blick zurück auf eine 250-jährige erfolgreiche Geschichte. Kurz vor der Jahrtausendwende begann die Georgia Augusta, sich für die Zukunft zu rüsten. Der erste Schritt war die Umwandlung in eine Stiftungsuniversität, die seit 1997 vorbereitet wurde. Es folgte die umfassende Einführung der gestuften Studiengänge, des Bachelor- und Mastersystems. Nachdem erste Bachelor- und Masterstudiengänge bereits vor 2003 eingeführt worden waren, vereinbarten das Niedersächsische Ministerium für Wissenschaft und Kultur und die Universität Göttingen in der Zielvereinbarung 2005 bis 2008, dass die Stiftungsuniversität ihre Studiengänge bis 2010 auf die Bachelor-Master-Struktur umstellt. Die erfolgreiche Teilnahme an der ersten Runde der Exzellenzinitiative führte unter anderem zu einer zunehmenden Internationalisierung in Forschung, Lehre und Administration.

Die Georg-August-Universität wird Stiftungsuniversität

Stichtag war der 1. Januar 2003: An diesem Tag wurde die Georg-August-Universität aus der staatlichen Trägerschaft entlassen und in die Trägerschaft einer Stiftung öffentlichen Rechts überführt. Wichtiges Kennzeichen dieser neuen Organisationsform ist es, dass die Stiftungsuniversität rechtlich selbstständig ist. Sie unterliegt beispielsweise nicht länger der Fachaufsicht durch das zuständige Ministerium, was einen erheblichen Zuwachs an Autonomie bedeutet.

Die wenige Monate zuvor erfolgte Novellierung des Niedersächsischen Hochschulgesetzes (NHG) hatte die rechtlichen Voraussetzungen für die Stiftungsuniversität geschaffen.[1] Es blieb den Universitäten im Land überlassen, ob sie das Angebot dieser grundsätzlichen strukturellen Neuerung beantragen wollten (vergleiche hierzu § 55 Abs. 1 NHG). Neben der Universität Göttingen beantragten die Universitäten Hildesheim und Lüneburg, die Fachhochschule Osnabrück und die Tierärztliche Hochschule Hannover erfolgreich diese neue Organisationsform. In Göttingen hatte der Senat am 3. Juli 2002 der Ende 2001 eingerichteten universitären Arbeitsgruppe den Auftrag erteilt, Verhandlungen mit dem Ministerium für Wissenschaft und Kultur in Hannover über die Stiftungsträgerschaft aufzunehmen. Bereits ein halbes Jahr später beschloss der Niedersächsische Landtag die Überführung der Georg-August-Universität als erste deutsche Volluniversität in eine Stiftung öffentlichen Rechts.[2] Damit waren beträchtliche Veränderungen bezüglich der Organisation, der Immobilieneigentumsverhältnisse sowie des Personal-, Finanz- und Immobilienmanagements verbunden. Auch wurde der jungen Stiftungsuniversität sofort das Berufungsrecht übertragen. Die Organe der Stiftung Universität Göttingen sind der Stiftungsrat, der Stiftungsausschuss Universität, der Stiftungsausschuss Universitätsmedizin, das Präsidium der Universität und der Vorstand der Universitätsmedizin. Das Präsidium, bestehend aus der Präsidentin oder dem Präsidenten der Universität und bis zu fünf Vizepräsidentinnen und Vizepräsidenten, vertritt die Hochschule nach außen, erarbeitet Vorschläge zur Entwicklungsplanung der Universität und ist für alle strategischen Entscheidungen zuständig. Zudem führt es die laufenden Geschäfte und koordiniert intern die Zusammenarbeit und Information der Mitglieder der Hochschule.

Die Basis der neuen Stiftung wurden die für den Betrieb benötigten Immobilien, die der bisherige Eigentümer, das Land Niedersachsen, nun der Universität übertrug. Allerdings könnte der Stiftungszweck, der unter

Mit zirka 22.000 Quadratmetern Hauptnutzfläche steht der Niedersächsischen Staats- und Universitätsbibliothek Göttingen (SUB) seit 1992 ein modernes Gebäude auf dem Zentralcampus der Universität zur Verfügung.

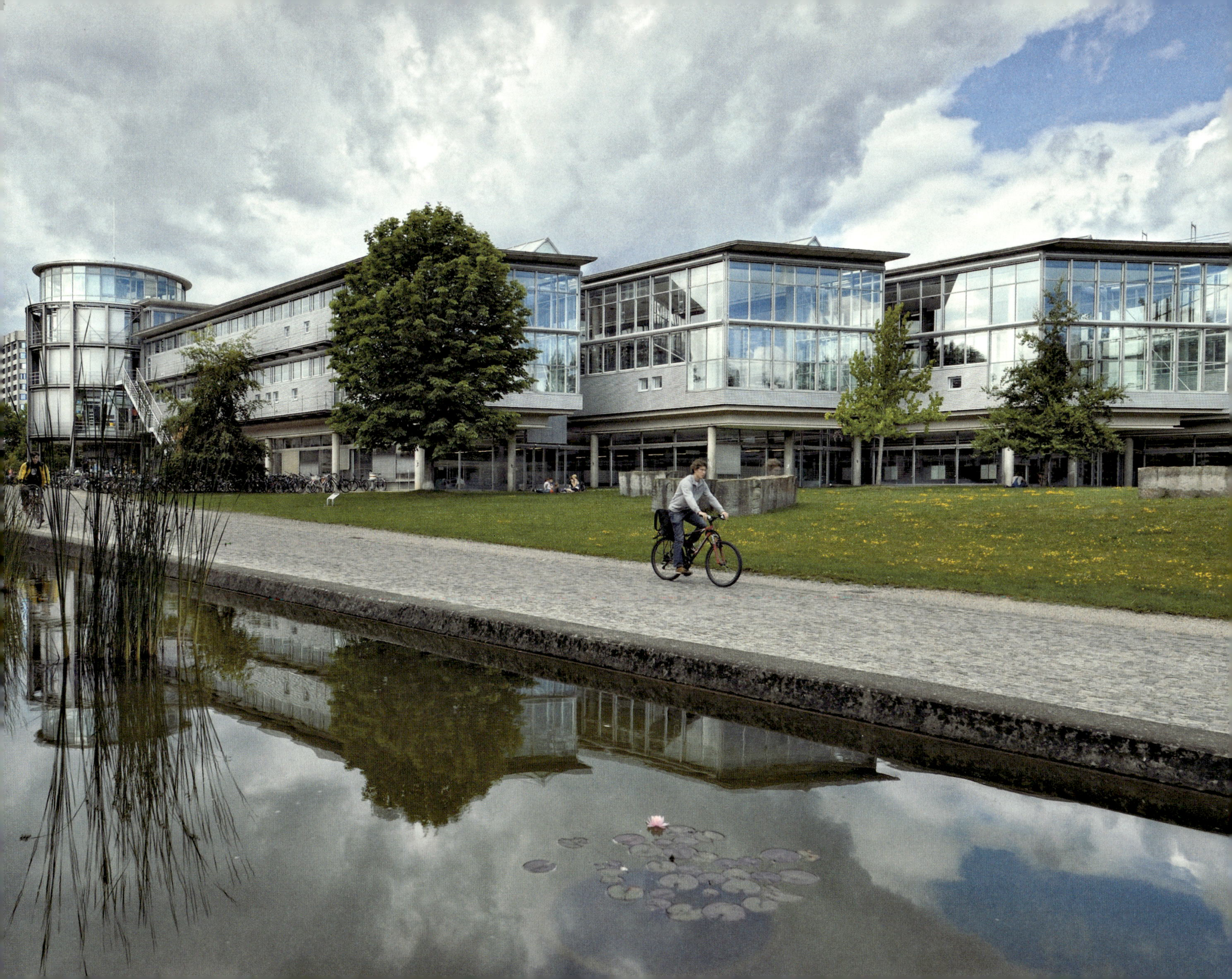

1) Campusleben 2007 am Platz der Göttinger Sieben.

2 und 3) Feierlichkeiten zur Gründung der Stiftung „Georg-August-Universität Göttingen Stiftung öffentlichen Rechts", in deren Trägerschaft sich die Universität seit 2003 befindet. Beim Festakt in der Aula am Wilhelmsplatz waren anwesend (von links): Thomas Oppermann, Niedersächsischer Minister für Wissenschaft und Kultur, Dr. Wilhelm Krull, Vorsitzender des Stiftungsrats der Universität Göttingen, Sigmar Gabriel, Ministerpräsident des Landes Niedersachsen sowie Prof. Dr. Horst Kern, Präsident der Georgia Augusta. Schräg hinter Prof. Kern auf der rechten Seite sitzt der damalige Vizepräsident Prof. Dr. Matthias Schumann.

anderem die Sicherung und Weiterentwicklung von Forschung, Lehre, Studium, Weiterbildung und Krankenversorgung beinhaltet, nicht allein aus den Erträgen des Vermögens erfüllt werden. In dem Modell der sogenannten Einkommensstiftung erhält daher auch die autonome Stiftungsuniversität eine gesetzlich zugesicherte jährliche Finanzhilfe des Landes Niedersachsen sowie Zuwendungen Dritter. Damit werden Stiftungsuniversitäten nicht anders als Hochschulen in staatlicher Trägerschaft im Wesentlichen über eine Finanzhilfe des zuständigen Bundeslandes finanziert. Wirtschaftsführung und Rechnungswesen der Stiftung richten sich nach kaufmännischen Grundsätzen und unterliegen bis auf wenige Ausnahmen nicht mehr der niedersächsischen Landeshaushaltsordnung. Der Erfolg des Göttinger Stiftungsmodells beruht vor allem auf folgenden Vorteilen: eigenständiges Berufungsrecht, Dienstherreneigenschaft beim Personalmanagement, weitgehende Autonomie beim Finanzmanagement, Bauherreneigenschaft mit eigenem Immobilienmanagement und die Einbindung externer Expertise durch Stiftungsratsmitglieder.

Der Bologna-Prozess:
Umstrukturierung der europäischen Hochschulen

In Bologna öffnete in der zweiten Hälfte des 11. Jahrhunderts die erste europäische Universität ihre Pforten. Am 19. Juni 1999 kamen Wissenschafts- und Bildungsministerinnen und -minister aus 29 europäischen Staaten in dieser traditionsreichen Stadt zusammen, um eine gemeinsame Erklärung zu unterzeichnen, die einen einheitlichen europäischen Hochschulraum (European Higher Education Area, EHEA) begründen sollte. Ziel dieses Beschlusses war es, die Mobilität der Studierenden sowie der Hochschullehrerinnen und -lehrer zu erleichtern und eine europaweite Harmonisierung von Studienabschlüssen zu erreichen. Das Stichwort „Bologna-Prozess"[3] beschreibt also eine europaweite Umstrukturierung der Hochschulen, die von den einzelnen Ländern jeweils entsprechend adaptiert werden musste. Die Bundesrepublik hatte mit der Novellierung des Hochschulrahmengesetzes bereits 1998 die gesetzlichen Vorgaben geschaffen, um das Gelingen des Reformprozesses zu gewährleisten. 2002 zog dann das Land Niedersachsen mit einer Anpassung seines Hochschulgesetzes nach.

In Göttingen führte der Bologna-Prozess zu einer grundlegenden Veränderung des akademischen Studiensystems, die auch im Kontext der Errichtung der Stiftungsuniversität gesehen werden muss. Zwischen Land und Stiftungsuniversität wurde die Umstellung fast aller Studienangebote auf Bachelorabschlüsse bis zum Wintersemester 2006/2007 und auf Masterabschlüsse bis zum Wintersemester 2009/2010 vereinbart. Darüber hinaus wurden in den Folgejahren zahlreiche neue Studiengänge eingeführt.[4] Hierbei konnte man auf Erfahrungen aus den Agrar- und Forstwissenschaften, den Neurowissenschaften und der Molekularbiologie zurückgreifen: In diesen Fächern waren aufgrund der fortgeschrittenen Internationalisierung Bachelor- und Masterstudiengänge bereits in den Jahren 1998 beziehungsweise 2000 eingeführt worden.

Das berufsqualifizierende „grundständige" Bachelorstudium führt seither nach drei Jahren (sechs Semestern) zum ersten berufsqualifizierenden Abschluss. Daran kann sich als zweite Qualifikationsstufe ein Masterstudium anschließen, das in der Regel zwei Jahre dauert. Während im Bachelorstudium die Balance zwischen Fachwissen und davon unabhängiger Qualifikation eine frühzeitige Berufsqualifizierung gewährleisten soll, vermittelt das Masterstudium, das auch in einem anderen Fach als das grundständige Studium erfolgen kann, wesentliche Kompetenzen und Kenntnisse für ein späteres Berufsleben beziehungsweise für eine wissenschaftliche Weiterqualifikation. Es berechtigt grundsätzlich zur Aufnahme

DIE NIEDERSÄCHSISCHE STAATS- UND UNIVERSITÄTSBIBLIOTHEK GÖTTINGEN

Die Universitätsbibliothek Göttingen wurde 1734 für die wenig später eröffnete Universität Göttingen gegründet. Grundstock war die Privatbibliothek Joachim Hinrich von Bülows. Von Beginn an waren die Bestände für den wissenschaftlichen Gebrauch bestimmt und wurden planmäßig erworben. Bereits unter dem ersten Direktor Johann Matthias Gesner und insbesondere unter Christian Gottlob Heyne (Leiter von 1763-1812) wurde sie zu einer der bedeutendsten deutschen Bibliotheken. Heyne erweiterte den Bestand in seiner Amtszeit von 60.000 auf 200.000 Bände.

Seit 1949 ist die Universitätsbibliothek Göttingen Staatsbibliothek und entwickelte sich seit den 1980er-Jahren zum Zentrum des Gemeinsamen Bibliotheksverbundes (GBV) von sieben Bundesländern. Neben mehreren DFG-geförderten Fachinformationsdiensten (ehemals Sondersammelgebiete) ist sie seit 1990 außerdem Deutsche Nationalbibliothek für das 18. Jahrhundert.

Heute zählt die Niedersächsische Staats- und Universitätsbibliothek Göttingen (SUB) mit etwa acht Millionen Medieneinheiten zu den größten Bibliotheken Deutschlands. Sie ist die Universitätsbibliothek der Georgia Augusta und Bibliothek der Akademie der Wissenschaften zu Göttingen, zugleich stellt sie umfangreiche Medien und Dienstleistungen für Studium, Lehre und Forschung zur Verfügung und betreibt den Universitätsverlag Göttingen.

Die digitale Revolution stellt auch die Bibliotheken vor große Herausforderungen, darauf reagiert die SUB mit einer Vielzahl eigener Projekte und Kooperationen. Weltweit vernetzt entwickelt sie vielfältige zukunftsorientierte Dienstleistungen. Eine Antwort auf die veränderte Medienlandschaft ist das 1997 gegründete Göttinger Digitalisierungszentrum (GDZ). Ein Ausgangspunkt für das GDZ war die Digitalisierung der Göttinger Gutenbergbibel, die 2002 zum Weltdokumentenerbe der UNESCO erklärt wurde. Von den geschätzt 180 Exemplaren, die es von diesem Wiegendruck gegeben haben soll, sind 49 erhalten, davon zwölf auf Pergament. Zu den vier vollständigen Pergamentdrucken gehört auch das Göttinger Exemplar; die übrigen befinden sich in London, Paris und Washington. Zu den Spezialsammlungen gehören unter anderem rund 3.100 Bände Inkunabeln sowie die Privatbibliotheken berühmter Sammler und Gelehrter wie Johann Friedrich Armand von Uffenbach und Carl Friedrich Gauß, dessen Nachlass gemeinsam mit 400 weiteren Nachlässen von Göttinger Professorinnen und Professoren ebenfalls in der SUB verwahrt wird. Sie werden ergänzt durch die Sammlung Voit, eine Porträtsammlung der hiesigen Ordinarien.

An die 564.000 Bände umfasst die Sammlung Alter Drucke (1501-1900). Durch den seit der Bibliotheksgründung planmäßig betriebenen Bestandsaufbau entwickelte sich in Göttingen der Schwerpunkt von Publikationen des 18. Jahrhunderts. Dieser wird im Rahmen der nationalen Sammlung Deutscher Drucke gezielt erweitert. Von nationaler Bedeutung ist die Göttinger Kartensammlung, die deutsche und ausländische Karten und Atlanten über alle Regionen und alle Themengebiete sammelt und erschließt. Nicht unerwähnt bleiben soll auch, dass sich im historischen Gebäude der Bibliothek eine umfangreiche Sammlung hektografierter maschinenschriftlicher Dokumente, Fotokopien und Mikrofilme zu den Nürnberger Kriegsverbrecherprozessen befindet.

einer Promotion. Bachelor- und Masterstudiengänge sind modularisiert, das heißt, Studieninhalte und Lehrveranstaltungen sind zu größeren Einheiten gebündelt, die konsequent auf die Qualifizierungsziele hin konzipiert sind. Neben der Vermittlung fachwissenschaftlicher Kenntnisse bildet daher ein breites Angebot überfachlicher, berufsfeldorientierter Qualifikationen (Optionalbereich sowie Schlüsselkompetenzen) einen wesentlichen Baustein der Bachelor-, Master- und Promotionsstudiengänge. Die Studiengänge für die Fächer Rechtswissenschaft, Human- und Zahnmedizin schließen auch weiterhin mit einem Staatsexamen ab, im Fach Evangelische Theologie wird nach einem fünfjährigen modularisierten Studium der Abschluss „Magister Theologiae" erworben.

Die Vereinfachung der Anerkennung von Studienabschlüssen auf nationaler und internationaler Ebene war eines der wichtigsten Ziele des Bologna-Prozesses. Erreicht werden sollte dies unter anderem durch die Einführung eines europaweit prinzipiell einheitlichen Kreditpunktesystems (ECTS: European Credit Transfer System), das die Mobilität der Studierenden fördern soll. Während eines Semesters erreicht eine Studentin oder ein Student bei einem durchschnittlichen zeitlichen Arbeitsaufwand von 900 Stunden damit 30 Creditpoints. Als übergeordnetes Ziel des Bologna-Prozesses wurde die Steigerung der Attraktivität des europäischen Hochschulraumes benannt. Dies soll insbesondere durch die europaweite Zusammenarbeit bei der Qualitätssicherung gewährleistet werden: Sämtliche neuen Studiengänge wurden durch Akkreditierungsagenturen einem standardisierten Akkreditierungs- und Reakkreditierungsverfahren unterzogen, das für die Einhaltung international gültiger Standards sorgt. Kritiker indes sahen in der Umstellung auf Bachelor- und Masterstudiengänge eine zunehmende Verschulung der Hochschulbildung, eine Fixierung auf Creditpoints und auf den zu leistenden Arbeitsaufwand bei gleichzeitiger Vernachlässigung der Inhalte. Andere fürchteten um die Einheit von Forschung und Lehre.[5] In Göttingen entstanden neben der Umstellung bestehender Angebote auf das neue System zahlreiche neue Studiengänge, wodurch insbesondere die Angebote an trans- und interdisziplinären Studienmöglichkeiten sowie an internationalen Studiengängen erheblich ausgeweitet werden konnten.

Auf dem Weg zum Göttingen Campus

Der Göttingen Campus geht auf Impulse von Wissenschaftlerinnen und Wissenschaftlern zurück, die den besonderen Standortvorteil Göttingens erkannt hatten. Denn was Göttingen aus der deutschen Universitätslandschaft heraushebt, ist die ungewöhnlich hohe Dichte von außeruniversitären Forschungseinrichtungen, die in enger Verbindung mit der Universität stehen.

Der Beginn waren gemeinsame International Max Planck Research Schools, gefolgt von der Etablierung gemeinsamer Einrichtungen wie dem European Neuroscience Institute. 2006 beschloss man, die Zusammenarbeit zu intensivieren und in Form des Göttingen Campus zu institutionalisieren. Durch die Einrichtung des koordinierenden Gremiums „Göttingen Research Council" (GRC) wurde die Kooperation formal bestätigt. Das 2017 in „Göttingen Campus Council" umbenannte Gremium entwickelt gemeinsame strategische Vorgaben, zum Beispiel auch für die Exzellenzinitiative, identifiziert campusweite Forschungsschwerpunkte und trägt zur Zusammenarbeit der Campus-Mitglieder bei. Darüber hinaus setzt es sich für eine standortübergreifende Zusammenarbeit in Forschung und Lehre sowie in der Ausbildung des wissenschaftlichen Nachwuchses ein. Mit der Einrichtung des GRC war ein erster wesentlicher Grundstein zur institutionellen Verbindung der Göttinger Forschungseinrichtungen im Rahmen des Göttingen Campus gelegt.

1) Die historische Sternwarte ist die einstige Wirkungsstätte von Carl Friedrich Gauß. Die Kuppel der Sternwarte wurde unter anderem mit Unterstützung der Göttinger Gauß-Kuppel Gemeinschaft e.V., einer Initiative engagierter Bürgerinnen und Bürger Göttingens, saniert. Heute ist in der Sternwarte das geistes- und sozialwissenschaftliche Lichtenberg-Kolleg als ein Ort der Inspiration und des internationalen Austausches für herausragenden wissenschaftlichen Nachwuchs angesiedelt.

2) Erfolg bei der ersten Runde der Exzellenzinitiative: Am Tag der Verkündung zeigt sich die Aula geschmückt.

3) Bekanntgabe der Ergebnisse der Exzellenzinitiative am 19. Oktober 2007 in der Aula am Wilhelmsplatz. Von links: Lutz Stratmann, Niedersächsischer Minister für Wissenschaft und Kultur, Prof. Dr. Kurt von Figura, Präsident der Universität Göttingen von 2005 bis 2010, Wolfgang Meyer, Oberbürgermeister der Stadt Göttingen von 2006 bis 2014.

Exzellenzinitiative: Wettbewerb der Universitäten

Ein weiterer wichtiger Schritt, um die Universitäten fit für das neue Jahrtausend zu machen, war die Exzellenzinitiative.[6] Das von Bund und Ländern gemeinsam ausgeschriebene Programm zur Förderung von Wissenschaft und Forschung an den deutschen Hochschulen begann 2005/2006. In Anlehnung an das amerikanische Modell sollten auch die deutschen Universitäten verstärkt in einen fruchtbaren Wettbewerb miteinander treten. Einmal als Spitzen-, als Exzellenzuniversität ausgewiesen, sollten diese Hochschulen international stärker sichtbar werden. Die Deutsche Forschungsgemeinschaft (DFG) und der Wissenschaftsrat (WR) waren mit der Durchführung betraut. Ein vierzehnköpfiges, international besetztes Gremium bildete bei der DFG die Fachkommission Exzellenzinitiative. Der Wissenschaftsrat setzte eine Strategiekommission ein. Beide erarbeiteten Empfehlungen für die sogenannte Gemeinsame Kommission, welche die Mitglieder beider Gruppen umfasste.

Die Exzellenzinitiative wurde in drei Förderlinien ausgeschrieben: „Graduiertenschulen" (Förderung von Doktorandinnen und Doktoranden in einem breiten Wissenschaftsgebiet), „Exzellenzcluster" (Förderung der Forschung eines Themenkomplexes) und „Zukunftskonzepte" (Entwicklung der Gesamtuniversität). In einem mehrstufigen Antrags- und Begutachtungsverfahren in zwei Runden konnten sich die Teilnehmer zunächst um die Bewilligung einer Graduiertenschule zur Förderung des wissenschaftlichen Nachwuchses und/oder um ein Exzellenzcluster zur Förderung der Spitzenforschung bewerben. Diejenigen Hochschulen, die sich erfolgreich um mindestens eine Graduiertenschule und ein Exzellenzcluster beworben hatten, waren berechtigt, ein Zukunftskonzept einzureichen und damit am Wettbewerb um den Exzellenzstatus teilzunehmen. In der ersten Runde 2005/2006 bewarb sich Göttingen erfolgreich mit dem DFG-Forschungszentrum „Molekularphysiologie des Gehirns (CMPB)", das im Rahmen der Exzellenzinitiative um den Exzellenzcluster „Mikroskopie im Nanometerbereich" erweitert wurde. Im Jahr 2007 erhielt die Universität den Zuschlag für die „Göttinger Graduiertenschule für Neurowissenschaften und Molekulare Biowissenschaften" (GGNB), die später in „Göttinger Graduiertenschule für Neurowissenschaften, Biophysik und Molekulare Biowissenschaften" umbenannt wurde.

Das dritte wichtige Element des Göttinger Antrags im Rahmen der Exzellenzinitiative, das Zukunftskonzept, setzte sich zusammen aus dem „Brain Gain", „Brain Sustain", dem „Lichtenberg-Kolleg" und dem „Internationalisierungsprogramm". Eine besondere Bedeutung kommt der Brain-Gain-Strategie zu, mit der man herausragende Nachwuchswissenschaftlerinnen und -wissenschaftler an die Georgia Augusta holen will. Indem man diesen Kräften nicht nur sichere Karrierewege eröffnet, sondern ihnen mit der Einrichtung der sogenannten „Courant Forschungszentren" auch interdisziplinäre Forschungsgruppen anbietet, will man sie in Göttingen halten.[7] Sieben solcher Zentren mit jeweils bis zu drei Juniorprofessuren mit Forschernachwuchsgruppen konnten etabliert werden. Mithilfe des Brain Sustain-Programms erhielten herausragende Göttinger Forscherinnen und Forscher die Möglichkeit, durch eine Lehrstuhlvertretung für die Dauer von bis zu zwei Jahren von Lehr- und administrativen Tätigkeiten freigestellt zu werden, um sich auf eigene Forschungsarbeiten konzentrieren zu können und die Möglichkeiten der interdisziplinären Zusammenarbeit mit universitären und außeruniversitären Forschungseinrichtungen vor Ort zu nutzen.

Das Lichtenberg-Kolleg schließlich soll internationalen Fellows aus den Kultur- und Sozialwissenschaften die Möglichkeit für einen ungestörten, fruchtbaren intellektuellen Austausch bieten. Es ist untergebracht in der Historischen Sternwarte, die im 18. Jahrhundert Carl Friedrich Gauß zugleich als Wohnhaus diente. Benannt ist das Kolleg nach Georg Christoph Lichtenberg, wie Gauß Physiker und einer der originellsten Göttinger Köpfe, der heute vor allen Dingen für seine literarischen Arbeiten, insbesondere seine geistreichen, oft bissigen Aphorismen, bekannt ist. Diese authentische Atmosphäre soll den Dialog der Fellows untereinander und mit Göttinger Forschenden beflügeln. Das Lichtenberg-Kolleg dient der Förderung talentierter Nachwuchsforscherinnen und -forscher aus den Geistes- und Sozialwissenschaften. Als assoziierte Fellows können Göttinger Wissenschaftlerinnen und Wissenschaftler die Möglichkeiten des Kollegs für ihre eigene Forschung nutzen und internationale Forschungsprojekte entwickeln.

Schaffung von Dateninfrastrukturen

Eine wichtige Funktion bei der technischen Entwicklung universitärer Strukturen in den vergangenen Jahrzehnten hat die 1970 gegründete Gesellschaft für wissenschaftliche Datenverarbeitung mbH Göttingen (GWDG) erfüllt, die als gemeinsame Einrichtung der Universität Göttingen und der Max-Planck-Gesellschaft beiden Einrichtungen die notwendige Daten- und Kommunikationsinfrastruktur bereitstellt. Bereits in den 1970er-Jahren wurde die GWDG vom reinen Rechenzentrum zum modernen IT- Kompetenzzentrum für Forschung und Lehre umstrukturiert, wodurch sie in der Lage war, neueste Entwicklungen im Bereich der Datenübermittlung und -verarbeitung umzusetzen und die notwendigen Ressourcen zur Verfügung zu stellen. In

Der Schriftsteller, Literaturnobelpreisträger und Bildhauer Günter Grass, dessen literarisches Werk seit 1993 durchgehend im Steidl Verlag Göttingen erscheint, stiftete 2011 gemeinsam mit seinem Verleger Gerhard Steidl eine neue, nach seinen eigenen Entwürfen gefertigte Skulptur zum Andenken an die Göttinger Sieben.

der Entwicklung der GWDG spiegelt sich zugleich die Geschichte der rasanten technischen Veränderungen der vergangenen Jahrzehnte wider: Die kontinuierliche Anpassung der Rechenmaschinen – von Magnettrommelrechnern und Lochkartensystemen über Transistorrechner bis zum heutigen Scientific Compute Cluster mit einer Gesamtleistung von 356 Teraflops/s [8] – lässt die explosionsartige Vervielfachung der Rechnerleistungen erkennen. In gleicher Weise gibt der Ausbau der durch die GWDG gewährleisteten digitalen Infrastruktur der Universität Einblicke in die rasanten technischen Entwicklungen der jüngsten Zeit: So wurde bereits 1987 erstmals eine Verbindung zum Deutschen Forschungsnetz WiN eingerichtet, was zugleich den Weg zum damals noch wenig bekannten Internet ebnete. Im Mai 1994 wurde erstmals ein eigener WWW-Server zur Verfügung gestellt. Als einer der ersten deutschen Wissenschaftsstandorte wurde Göttingen in den späten 1990er-Jahren mit den innovativen Diensten und Möglichkeiten digitaler Funkübertragung (unter anderem ADSL und Funk-LAN) versorgt.

Mit der Digitalisierung der Göttinger Gutenbergbibel im Jahr 1999 und dem zu diesem Zweck zwei Jahre zuvor gegründeten Göttinger Digitalisierungszentrum (GDZ) setzte die Niedersächsische Staats- und Universitätsbibliothek europaweit Maßstäbe für die Digitalisierung historischer Buchbestände. Seitdem fungiert das GDZ als nationales und internationales Service- und Kompetenzzentrum für Bibliotheken und wissenschaftliche Institutionen auf dem Feld der (Retro-)Digitalisierung. Inzwischen wurden in Göttingen über 15 Millionen Seiten historischer Buchbestände gescannt. Die SUB hat sich von Beginn an im Sinne der „Berliner Erklärung über offenen Zugang zu wissenschaftlichem Wissen" vom 22. Oktober 2003 zu einem ungehinderten Zugang zu den digitalisierten Materialien verpflichtet und diesen konsequent verfolgt und gewährleistet (Open-Access-Strategie). Die Universität hat diese Strategie im Jahr 2016 in einer neuen Open-Access-Leitlinie festgeschrieben.[9] Die SUB betreibt darüber hinaus ein Open-Access-Referat sowie einen Publikationsfonds. Sie engagiert sich in nationalen und internationalen Projekten wie der Confederation of Open Access Repositories (COAR) und OpenAIRE.

Vom Amt der Gleichstellungsbeauftragten zur diversitätsorientierten Organisationsentwicklung

Die Georgia Augusta hat sich seit 2011 den Herausforderungen der Diversität gestellt. Schon 1992 richtete man erstmals das Amt einer zentralen Frauenbeauftragten ein, um eine gezielte Politik zur Förderung von Frauen durchzusetzen. Es folgten dezentrale Frauen- beziehungsweise Gleichstellungsbeauftragte auf Fakultätsebene sowie ein dezentrales Frauenbüro in der Universitätsmedizin Göttingen (UMG).[10] Im Zuge der Novellierung des Niedersächsischen Hochschulgesetzes von 2002 und des darin festgeschriebenen Auftrags zur Beseitigung der im Hochschulwesen für Frauen bestehenden Nachteile (Gleichstellungsauftrag) wurde die Bezeichnung in „Amt der Gleichstellungsbeauftragten" umbenannt. In ihrem Leitbild aus dem Jahr 2006 verpflichtete sich die Universität zudem, alle dem Ziel der Gleichberechtigung entgegenstehenden geschlechtsbedingten, ethnischen, kulturellen, sozialen und religiösen Benachteiligungen zu beseitigen.[11]

1) https://www.mwk.niedersachsen.de/startseite/hochschulen/hochschulpolitik/niedersaechsisiches_hochschulgesetz/-reform-des-niedersaechsischen-hochschulgesetzes-19107.html; Viertes Kapitel, Hochschulen in Trägerschaft von rechtsfähigen Stiftungen des öffentlichen Rechts.
2) Siehe Pressemitteilung der Georg-August-Universität Göttingen, Nr. 276/2002 vom 16.10.2002.
3) https://www.kmk.org/themen/hochschulen/internationale-hochschulangelegenheiten.html, zuletzt abgerufen am 04.06.2018.
4) http://www.uni-goettingen.de/de/studium/13.html
5) Siehe dazu Thurau 2010; Heublein u. a. 2012; Kühl 2012; Münch 2013.
6) http://www.dfg.de/foerderung/programme/exzellenzinitiative/, zuletzt abgerufen am 24.09.2018.
7) https://www.uni-goettingen.de/de/119606.html, zuletzt abgerufen am 04.06.2018.
8) Siehe hierzu Eyßell 2010, S. 8, 23.
9) https://www.sub.uni-goettingen.de/elektronisches-publizieren/open-access/, zuletzt abgerufen am 04.06.2018.
10) Georgia. Zeitschrift des Frauen- und Gleichstellungsbüros des Bereichs Humanmedizin der Universität Göttingen. 10 Jahre Frauen- und Gleichstellungsbüro. Wintersemester 2003/2004.
11) http://www.uni-goettingen.de/de/leitbild/43883.html, zuletzt abgerufen am 04.06.2018: „Die Georg-August-Universität will zur Verwirklichung der Gleichberechtigung und zur Überwindung aller dem entgegenstehenden geschlechtsbedingten, ethnischen, kulturellen, sozialen und religiösen Benachteiligungen beitragen."

2 0 0 7

————— 2 0 1 9

„Die Wissenschaftlerinnen und Wissenschaftler unserer Universität beschäftigen sich in internationalen Kooperationen mit den globalen Herausforderungen von heute und morgen. Unsere Studierenden bereiten wir auf den weltweiten Arbeitsmarkt vor. Dafür sind internationale Begegnungen und der Blick über den Tellerrand unerlässlich." (Prof. Dr. Ulrike Beisiegel, Präsidentin der Universität Göttingen von 2011 bis 2019)

Als Antwort auf die zunehmende weltweite Mobilität hat die Universität Göttingen schon frühzeitig gezielte Maßnahmen zur Internationalisierung ergriffen, die durch die Exzellenzinitiative einen zusätzlichen Impuls zum systematischen Ausbau erhielten. Alle Bereiche der Universität, also Forschung, Lehre, Verwaltung und die Hochschulleitung, waren an dieser Entwicklung beteiligt.

Einen strategisch wichtigen Schritt vollzog die Universität 2008 mit der Eröffnung von Auslandsrepräsentanzen in Pune (Indien), Nanjing (China) und Seoul (Südkorea). Das Göttinger Büro in China konnte dabei auf lange bestehende Kontakte zur Partnerhochschule Nanjing zurückgreifen, unter anderem auf zwei deutsch-chinesische Institute der Rechtswissenschaften und der Interkulturellen Germanistik.

Im selben Jahr gründete sich das europäische Netzwerk U4, in dem sich vier renommierte Universitäten zusammenschlossen, die ein vergleichbares, multidisziplinäres Profil aufweisen: Gent, Groningen, Uppsala und Göttingen. Sie pflegen eine enge Kooperation in Bildung, Forschung und Universitätsmanagement, um damit die internationale Position und Sichtbarkeit der Einzelinstitutionen zu stärken. Die Zusammenarbeit in diesem Netzwerk gilt laut einer Studie des International Centre for Higher Education Research (INCHER) aus dem Jahr 2018 als vorbildlich.[1] Ebenfalls auf europäischer Ebene kooperiert die Georg-August-Universität als Gründungsmitglied mit 40 etablierten europäischen Universitäten in der 1985 gegründeten Coimbra Group.[2] Das Netzwerk, das in der europäischen Bildungspolitik eng mit der Europäischen Kommission zusammenarbeitet, hat sich der Qualitätssicherung in Forschung und Lehre verschrieben.

In dem 2010 gegründeten Verbund HeKKSaGOn haben sich die Universitäten Göttingen und Heidelberg und das Karlsruher Institut für Technologie (KIT) mit drei der führenden Hochschulen in Japan, den Universitäten Kyoto, Osaka und Tohoku, zusammengeschlossen. Gemeinsam teilen sie die Überzeugung, dass wichtige globale Probleme nur durch interdisziplinäre und internationale Zusammenarbeit und den offenen Austausch von Wissen gelöst werden können.[3]

Zusammen mit anderen forschungsstarken Universitäten, darunter allen U4-Partnern, hat die Universität Göttingen 2016 das europäische Hochschulnetzwerk The Guild of European Research-Intensive Universities, kurz The Guild, gegründet. Das Netzwerk, dem 19 Universitäten aus 14 europäischen Ländern angehören, hat seinen Sitz in Brüssel und zielt darauf, auf europäischer Ebene einen Beitrag zur Lösung gesellschaftlicher Herausforderungen zu leisten.[4]

Das Kulturwissenschaftliche Zentrum (KWZ) am Geisteswissenschaftlichen Campus der Universität beherbergt die Bereichsbibliothek Kulturwissenschaften und bietet Seminar- und Veranstaltungsräume sowie zahlreiche Gruppen- und Einzelarbeitsplätze für die Studierenden.

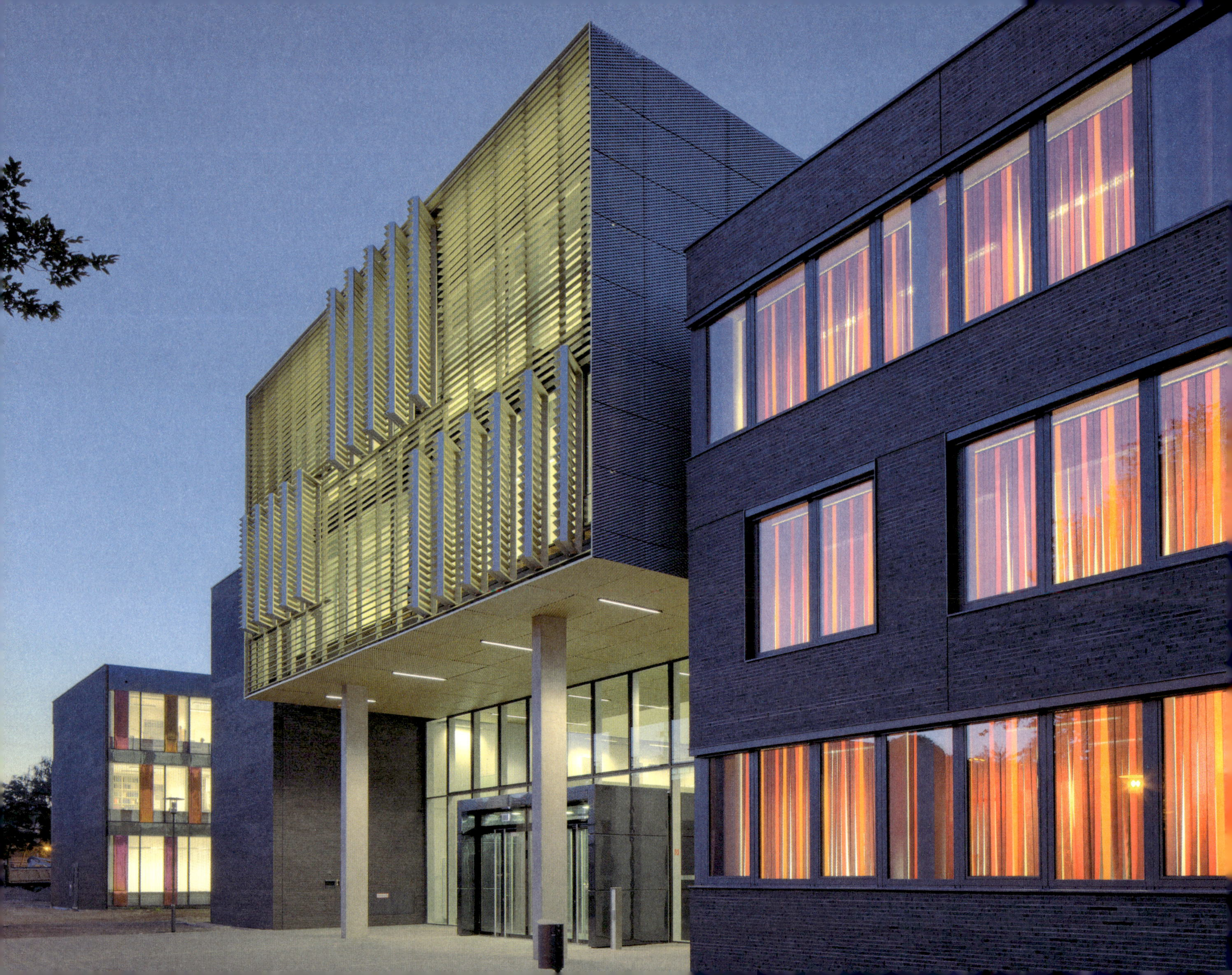

Zur Internationalisierung der Lehre wurden englischsprachige Master- und PhD-Programme eingeführt. 2018 waren von den insgesamt 183 Master-Studiengängen 54 englischsprachig. Internationale Sommerschulen in vielen Fachbereichen ergänzen dieses Angebot. Seit 2015 wird zusätzlich die Internationalisierung der Curricula systematisch vorangetrieben.[5]

Im Zuge der Exzellenzinitiative (erste Runde 2006 bis 2011) wurde das bereits bestehende International Office erheblich ausgebaut. Der Erfolg der Internationalisierungsstrategie der Universität Göttingen wurde deutlich durch die Verleihung des Institutional Award for Innovation in Internationalisation der European Association for International Education (EAIE) in 2015. Dieser europäische Preis zeichnet Hochschulen aus, die bei der Internationalisierungsstrategie innovative Wege gehen. Die internationalen Gutachter hoben hervor, dass die Universität Göttingen in den vergangenen Jahren eine herausragende und umfassende Internationalisierungsstrategie entwickelt und umgesetzt hat, die sie zugleich als eine Querschnittsaufgabe begreift, die in allen Bereichen der Universität umgesetzt wird. Maßgeblich gestützt durch den Ausbau der internationalen Partnerschaften und Studienangebote, die gezielte Einwerbung von Drittmitteln und ein erfolgreiches internationales Marketing, belegen die Zahlen und Entwicklungen die erfolgreiche Internationalisierung der Universität Göttingen.

„Man darf nicht erst über die Folgen von Ergebnissen nachdenken, wenn sie schon umgesetzt werden. Man muss zunächst mögliche Folgen abschätzen und dann mit dem entsprechenden Wissen in die gezielte Anwendung gehen." (Ulrike Beisiegel)

In den Jahrhunderten ihres Bestehens hat die Georgia Augusta durch ihre Forschung sowohl den technischen Fortschritt und gesellschaftlichen Wandel mitbestimmt, als auch Impulse von außen aufgenommen – also neue Erkenntnisse und strukturelle Veränderungen unmittelbar in die Entwicklung neuer Methoden in Forschung und Lehre überführt. Dies gilt mehr denn je auch für Prozesse der Digitalisierung, die sämtliche Bereiche der Universität durchdringen und verändern. Der Grad der Digitalisierung ist in den einzelnen Fächerkulturen unterschiedlich weit ausgeprägt. In den Neurowissenschaften, der Biologie und der Medizin, in denen die Datendichte sehr hoch ist, verfügt man bereits heute über jahrzehntelange Erfahrung im Datenmanagement.

In zahlreichen Forschungs- und Verbundprojekten, wie zum Beispiel dem seit 2011 bestehenden Netzwerk DARIAH-DE, einem nationalen Teilprojekt des europaweiten Projekts DARIAH-EU (Digital Research Infrastructure for the Arts and Humanities), beteiligt sich die Universität, insbesondere die Niedersächsische Staats- und Universitätsbibliothek Göttingen, aktiv an der Ausgestaltung zukünftiger digitaler Arbeits- und Forschungsfelder.

Unter dem Oberbegriff der Digital Humanities werden im Bereich der Geistes-, Kultur- und Sozialwissenschaften Konzepte einer virtuellen Forschungsinfrastruktur entwickelt. In diesem Zusammenhang entstand unter anderem die bundesweit erste Professur für „Klassische Archäologie und ihre digitale Methodik". Hier soll die Sammlung der Gipsabgüsse antiker Skulpturen per Laserscan erforscht werden, um ein neues Verfahren der Stilbeschreibung zu entwickeln. Im Jahr 2011 eröffnete die Universität das Göttingen Centre for Digital Humanities (GCDH).

E-Learning, also die Einbindung digitaler Medien in den Lehr- und Studienalltag, hat inzwischen flächendeckend Einzug in die universitäre Lehre gehalten und wird zentral koordiniert und unterstützt. Lehrende und Studierende können im Lernmanagementsystem Stud.IP/Ilias Manuskripte, Audio- und Videomaterial oder Seminararbeiten einstellen sowie Lernmaterialien und -aufgaben erstellen und bearbeiten und sich darüber online austauschen. Stud.IP ist Teil des Göttinger eCampus, das den zentralen Zugang zu den relevanten Onlinediensten bereithält. Entsprechende Angebote in nahezu sämtlichen Fakultäten und Fachrichtungen vermitteln wichtige Kenntnisse des Umgangs mit den neuen Medien, zeigen Potenziale und zugleich Herausforderungen der modernen, vernetzten Welt auf. Mit der Einrichtung eines spezialisierten E-Prüfungsraums sowie eines Digitalen Prüfungs- und Schulungszentrums wurde 2013 erstmals die Möglichkeit computerbasierter Prüfungen fakultätsübergreifend angeboten.

Auch aus der Verwaltung ist die Digitalisierung nicht mehr wegzudenken. Hier werden unter anderem elektronische Studierendenakten geführt, mit dem System „Flex-now" erfolgt die Verwaltung der Noten auf elektronischem Weg, auch Formulare können elektronisch vorgehalten werden und Anträge aller Art oder auch Bewerbungen lassen sich digital einreichen.

Im Juni 2014 gründete die Universität unter Einbeziehung wichtiger Partner wie dem Institut für Medizinische Informatik und der Universitätsmedizin Göttingen (UMG) die Göttingen eResearch Alliance zur Unterstützung von Forschung und Lehre mit digitalen Infrastrukturen. Diese wird gemeinsam von der Niedersächsischen Staats- und Universitätsbibliothek Göttingen und der GWDG geleitet. Die eResearch Alliance bündelt die IT- und informationswissenschaftlichen Angebote am Standort und bietet Forschenden als zentraler Ansprechpartner umfangreiche Unterstützung und Beratungsmöglichkeiten. Hierzu gehören beispielsweise die Entwicklung von Datenstrategien für Forschungsprojekte, die Bereitstellung von Recherchemöglichkeiten informationswissenschaftlicher Angebote sowie Plattformen zur Publikation von Forschungsergebnissen. Grid-Computing und Open Access sind aus dem wissenschaftlichen Leben nicht mehr wegzudenken.

„Unser Ziel ist es, kompetente, kritische und weltoffene Akademikerinnen und Akademiker auszubilden, die in besonderer Weise zum wissenschaftlichen Fortschritt und zur nachhaltigen Entwicklung unserer Gesellschaft beitragen. Dafür setzen wir auf passgenaue Förderung des wissenschaftlichen Nachwuchses in den verschiedenen Qualifikationsphasen." (Ulrike Beisiegel)

Ein wichtiges Anliegen der Universität Göttingen ist die Nachwuchsförderung. Die Doktorandenausbildung erfolgt an den vier Graduiertenschulen, die je für ein großes Fachgebiet optimale Forschungs- und Lernbedingungen bereitstellen. Mit intensiven Betreuungsangeboten und Seminarprogrammen fördern sie die Entwicklung einer neuen Generation Wissenschaftlerinnen und Wissenschaftler.

Die Graduierten der naturwissenschaftlichen Fächer sind in der Georg August University School of Science (GAUSS) organisiert, die mit der Göttinger Graduiertenschule Gesellschaftswissenschaften (GGG), der Graduiertenschule für Geisteswissenschaften Göttingen (GSGG) und der Graduiertenschule Forst- und Agrarwissenschaften (GFA) jeweils das Dach für fächerübergreifende Promotionsprogramme bildet. Seit 2017 wird der Informationsaustausch in der Gruppe der Postdocs durch das Göttingen Campus Postdoc Network unterstützt. Gerade in dieser letzten Qualifikationsphase ist die Beratung häufig für die spätere Karriere entscheidend. Ihrem wissenschaftlichen Nachwuchs bietet die Universität geeignete Rahmenbedingungen zur Karriereentwicklung innerhalb und Kontakte außerhalb der Wissenschaft.

Die Universität Göttingen ist seit Oktober 2011 mit ihrem Projekt Göttingen Campus Q^{PLUS} an dem Bund-Länder-Programm Qualitätspakt Lehre beteiligt. Das Projekt ist eingebettet in die Gesamtentwicklung von

Lehre und Studium an der Universität Göttingen und trägt wesentlich zu den strategischen Zielen im Bereich von Studium und Lehre bei. Anregungen Studierender werden über den studentischen Ideenwettbewerb aufgenommen und umgesetzt, und auch das Projekt Forschungsorientiertes Lehren und Lernen (FoLL) hat sich zu einem festen Angebot etabliert. Studierende bewerben sich hier in Teams mit einer selbst gestellten Forschungsfrage und erleben so bereits in frühen Semestern ein praxisnahes Studium.

„Der Göttingen Campus bietet auf engstem Raum eine einzigartige Forschungsumgebung, die in jeder Hinsicht Vielfalt und einen aktiven Austausch zwischen Forschenden und Lernenden fördert. Wir nennen das den ‚Göttingen Spirit'." (Ulrike Beisiegel)

Ein besonderer Standortvorteil, der Göttingen aus der deutschen Universitätslandschaft heraushebt, ist die enge Verbindung der Universität mit zahlreichen außeruniversitären Forschungseinrichtungen, die in einer ungewöhnlichen Dichte in Göttingen vorhanden sind. Um diese Standortvorteile möglichst effektiv nutzen zu können, schloss sich die Universität 2006 mit den außeruniversitären Forschungsinstituten in Göttingen zusammen, um in Forschung und Lehre möglichst eng zu kooperieren. Neben der Universität und der Universitätsmedizin Göttingen sind dies die fünf Max-Planck-Institute, die in Göttingen ihren Sitz haben – das MPI für biophysikalische Chemie, das MPI für Experimentelle Medizin, das MPI für Dynamik und Selbstorganisation, das MPI für Sonnensystemforschung sowie das MPI zur Erforschung multireligiöser und multiethnischer Gesellschaften – und das Deutsche Primatenzentrum, das Deutsche Zentrum für Luft- und Raumfahrt sowie die Akademie der Wissenschaften zu Göttingen. Darüber hinaus sind Wirtschaftsunternehmen, die Göttinger Hochschulen und weitere öffentliche Institutionen assoziierte Partner des Göttingen Campus.

Vorrangiges Ziel des Göttingen Campus ist es, die Qualität von Forschung und Lehre durch Synergieeffekte zu verbessern und sich gegenseitig zu unterstützen. Durch eine gemeinsame Infrastruktur sollen die Entwicklung des Wissenschaftsstandorts Göttingen vorangetrieben, Forschungsschwerpunkte definiert und der wissenschaftliche Nachwuchs gefördert werden.[6] Für die wissenschaftliche Kooperation im Göttingen Campus ist die Universitätsmedizin Göttingen (UMG) von großer Bedeutung, deren Zusammenarbeit mit der Universität durch den Dekan und Sprecher des Vorstandes der UMG Prof. Dr. Heyo K. Kroemer geprägt wurde.

Die Luftaufnahme zeigt das komplette Areal des Göttingen Campus. Vorn ist das im Süden der Stadt gelegene Deutsche Zentrum für Luft- und Raumfahrt (DLR) zu sehen, gegenüberliegend im Norden der Stadt finden sich mehrere der Max-Planck-Institute. Eine Übersicht mit allen Mitgliedern und Assoziierten Partnern des Göttingen Campus findet sich auf Seite 198.

„Der Exzellenz-Wettbewerb hat viele Universitäten motiviert, sich institutionell neu aufzustellen. Auch die Universität Göttingen und der Göttingen Campus haben eine intensive Strategiediskussion geführt und wissenschaftliche Schwerpunkte herausgearbeitet." (Ulrike Beisiegel)

In der zweiten Programmphase der Exzellenzinitiative (2012 bis 2017) wurde die Universität mit einer Graduiertenschule und einem Exzellenzcluster gefördert. Damit konnten die „Göttinger Graduiertenschule für Neurowissenschaften, Biophysik und Molekulare Biowissenschaften" und der Exzellenzcluster „Mikroskopie im Nanometerbereich und Molekularphysiologie des Gehirns" ihre erfolgreiche Arbeit fortsetzen.

Wenngleich das Zukunftskonzept „Tradition – Innovation – Autonomie" in der zweiten Programmphase nicht weiter gefördert wurde, konnten dank der Unterstützung durch das Land Niedersachsen wesentliche Vorhaben des Zukunftskonzepts, wie die Umsetzung des Konzepts für die Nutzung akademischer Sammlungen und die Informations-Infrastruktur, ausgebaut werden. Die in der ersten Runde erfolgreich etablierten „Courant-Forschungszentren", die „Free Floater-Nachwuchsgruppen", das „Lichtenberg-Kolleg" und „Göttingen International" wurden mit Unterstützung des Landes Niedersachsen und aus Eigenmitteln der Stiftungsuniversität weitergeführt (siehe hierzu auch Kapitel 8).

Im Jahr 2016 wurde eine neue Bund-Länder-Initiative unter dem Namen „Exzellenzstrategie" aufgelegt, um die im Rahmen der Exzellenzinitiative seit 2005 erfolgte Umgestaltung und Weiterentwicklung der deutschen Universitätslandschaft fortzuführen. Die Ausschreibung erfolgte durch die Deutsche Forschungsgemeinschaft und den Wissenschaftsrat. Die Exzellenzstrategie setzt sich aus den zwei gestuften Förderlinien „Exzellenzcluster" (projektförmige Förderung international wettbewerbsfähiger

DER NOBELPREISTRÄGER PROF. DR. STEFAN HELL

Der 1962 in Rumänien als Banater Schwabe geborene Stefan Hell kam 1978 mit seiner Familie in die Bundesrepublik. 2014 wurde ihm gemeinsam mit den beiden amerikanischen Wissenschaftlern Eric Betzig und William E. Moerner der Nobelpreis für Chemie für die Entwicklung superauflösender Fluoreszenzmikroskopie verliehen. Der Physiker, der seit 1996 in Göttingen lebt, war nach seiner Schulzeit in Ludwigshafen und dem Studium der Physik in Heidelberg ein Jahr lang als freier Erfinder tätig. Anschließend begann er am Europäischen Molekularbiologischen Laboratorium (EMBL) in Heidelberg zu arbeiten. Es folgten die Stationen Turku, Heidelberg und Oxford, 1996 wurde Hell Leiter einer selbstständigen Nachwuchsgruppe am Max-Planck-Institut für biophysikalische Chemie in Göttingen, an dem er heute Direktor ist.

Das von Stefan Hell und seinem Team entwickelte STED-Mikroskop (Stimulated Emission Depletion) ermöglicht eine bis zu zehn Mal höhere Detailschärfe als herkömmliche Fluoreszenzmikroskope. Seine 2016 vorgestellte Weiterentwicklung MINFLUX übertrifft es noch um das 20-fache. Verschiedene Mitgliedsinstitutionen des Göttingen Campus arbeiten damit, um unter anderem neurodegenerative Krankheiten wie Alzheimer oder Parkinson besser zu verstehen und behandeln zu können. Als Ausgründung des MPI vertreibt die 2012 von Hell und anderen Forschern ins Leben gerufene Firma Abberior Instruments GmbH diese Technologien erfolgreich in alle Welt.

Die Ausstellung ‚on/off. Vom Nobelpreis und den Grenzen der Wissenschaft', die bis Mai 2017 in der Alten Mensa zu sehen war, thematisierte die Arbeit von Stefan Hell. Sie bot zugleich einen Ausblick auf das geplante Göttinger Wissenschaftsmuseum Forum Wissen, das 2020 in der Zoologie am Bahnhof eröffnet wird. Im Mittelpunkt der Ausstellung stand die Frage, wie Wissen entsteht, die auch bei der Konzeption des Forum Wissen zentral sein wird. Infolgedessen wurde dort auch ein Demonstrationsexemplar des STED-Mikroskops gezeigt. 6.500 Besucherinnen und Besucher interessierten sich für die Präsentation, die auf eindrucksvolle Weise dazu einlud, sich mit den oft langen und selten gradlinigen Wegen zu beschäftigen, die Wissenschaftlerinnen und Wissenschaftler in ihrer Forschung gehen müssen, um erfolgreich zu sein.

Links: Die Nobel-Medaille. Oben im Bild: Blick in die Ausstellung „on/off. Vom Nobelpreis und den Grenzen der Wissenschaft". Unten im Bild: Prof. Dr. Stefan Hell im Gespräch mit Universitätspräsidentin Prof. Dr. Ulrike Beisiegel (Mitte) und Dr. Marie Luisa Allemeyer, Direktorin der Zentralen Kustodie (links).

Forschungsfelder in Universitäten und Universitätsverbünden) sowie „Exzellenzuniversitäten" zur dauerhaften Stärkung der Universitäten als Einzelinstitutionen oder als Universitätsverbünde zusammen.

Die Universität Göttingen und ihre Partner am Göttingen Campus haben in diesem Wettbewerb Fördergelder für den Exzellenzcluster „Multiscale Bioimaging: von molekularen Maschinen zu Netzwerken erregbarer Zellen" eingeworben. Da die Voraussetzung für die Antragstellung als Exzellenzuniversität die erfolgreiche Etablierung von mindestens zwei Exzellenzclustern war, konnte die Universität keinen Antrag in der zweiten Förderlinie stellen.

„Spitzenforschung braucht adäquate Rahmenbedingungen, also ein Umfeld mit dem nötigen Freiraum sowohl für disziplinäre Forschung als auch für interdisziplinäre Zusammenarbeit am Göttingen Campus." (Ulrike Beisiegel)

Gute Rahmenbedingungen sind entscheidend, um hervorragende Wissenschaftlerinnen und Wissenschaftler aus dem In- und Ausland für den Standort Göttingen zu gewinnen. Mit dem Göttingen Campus verfügt die Universität über ein attraktives Umfeld, um interdisziplinäre Forschung zu innovativen Themenfeldern ebenso wie die optimale Förderung des eigenen Nachwuchses zu gewährleisten.

Die Universität erreicht Spitzenplätze in den anerkanntesten nationalen und internationalen Rankings: Zum Beispiel nimmt sie im DFG-Förderatlas 2018, der insbesondere das Einwerben von Fördermitteln für die Forschung bewertet, bundesweit den zehnten Platz ein, im Shanghai Ranking of World Universities 2018 erreicht sie den vierten Platz innerhalb Deutschlands (Rang 99 weltweit) sowie im THE World University Ranking 2018 den elften Platz (Rang 123 weltweit).

Auch Auszeichnungen und Preise für Göttinger Wissenschaftlerinnen und Wissenschaftler untermauern die Bedeutung der Georgia Augusta in der internationalen Forschungslandschaft. Drei Mal konnte die Universität Göttingen seit dem Jahr 2010 eine Alexander von Humboldt-Professur einwerben. Der Preis, mit dem Spitzenforscherinnen und Spitzenforscher aus dem Ausland dauerhaft an eine deutsche Forschungseinrichtung geholt werden können, ist der höchstdotierte Forschungspreis Deutschlands. Insgesamt 21 Mal wurde der seit 1986 jährlich von der DFG verliehene renommierte Gottfried Wilhelm Leibniz-Preis an in Göttingen forschende Wissenschaftlerinnen und Wissenschaftler (Universität und MPIs) vergeben, sieben Mal allein seit dem Jahr 2000.[8] Nicht zuletzt profitiert die Universität Göttingen auch von der Zusammenarbeit mit dem Göttinger Physiker Stefan Hell vom Max-Planck-Institut für biophysikalische Chemie, der gemeinsam mit Eric Betzig und William E. Moerner im Jahre 2014 den Nobelpreis für Chemie erhalten hat. Stefan Hell ist nach Manfred Eigen und Erwin Neher der dritte Nobelpreisträger des Max-Planck-Instituts für biophysikalische Chemie.

„Diversitätsmanagement inklusive Gleichstellung und Chancengleichheit ist ein wissenschaftspolitischer Auftrag und an der Universität Göttingen ein Führungsthema auf allen Ebenen." (Ulrike Beisiegel)

Erklärtes Ziel der Universität Göttingen ist es, ihren Studierenden nicht nur eine hochwertige und forschungsorientierte wissenschaftliche Ausbildung zu bieten, sondern sie auch zu befähigen, ihren zukünftigen Platz in der Gesellschaft zu finden. Dazu trägt die Universität auch der Diversität ihrer Studierenden Rechnung. Hinzu kommt das Bestreben, Kindern bildungsferner Schichten verbesserte Zugangsmöglichkeiten zum Studium zu bieten und Inklusion zu fördern. Ein verändertes Verständnis der Geschlechterverhältnisse und Veränderungen des Berufs- und Familienlebens verlangen eine bessere Vereinbarkeit von Familie und Beruf – auch im universitären Studien- und Berufsalltag.

2007 wurde die Universität Göttingen nach einem Auditierungsverfahren mit dem „TOTAL E-QUALITY Science Award" ausgezeichnet und erreichte die vierte Stufe bei den Forschungsorientierten Gleichstellungsstandards der DFG. 2014 unterzeichnete sie die Charta „Familie in der Hochschule", 2015 die „Charta der Vielfalt" und bewarb sich erfolgreich beim Diversity Audit „Vielfalt gestalten" des Stifterverbandes. In ihrer inklusiven und transformativen Diversitätsstrategie hat sie sich gemäß ihrem Grundsatz „Zum Wohle aller" das Ziel gesetzt, Chancengleichheit und Schutz vor Diskriminierung aller Mitglieder unabhängig von Geschlecht, Alter, sexueller Orientierung, Religion und Weltanschauung, Behinderung und chronischer Krankheit, ethnischer und sozialer Herkunft zu gewährleisten.

„Die Universität steht nicht nur für die Wissenschaft, sondern sie ist auch für eine zukunftsfähige Entwicklung der Gesellschaft mitverantwortlich. Deshalb müssen wir nicht nur die wissenschaftlichen Erkenntnisse in die Gesellschaft tragen, sondern auch aktuelle Fragen der Gesellschaft aufgreifen." (Ulrike Beisiegel)

Zum Sommersemester 2018 hatte die Universität an ihren 13 Fakultäten insgesamt 31.654 Studierende, davon 4.000 internationale. 471 Professorinnen und Professoren sind Teil der insgesamt 12.438 Beschäftigten an Universität und Universitätsmedizin.[9] Allein diese Zahlen lassen die wirtschaftliche und politische Bedeutung der Universität für die Stadt Göttingen und die Region Südniedersachsen erahnen, wesentlich vielschichtiger erweist sich die gegenseitige Beziehung von Stadt, Region und Universität jedoch in gesellschaftlicher Hinsicht. Die Georgia Augusta sieht sich der Verantwortung für das öffentliche Wohl, die aus universitärer Forschung und Lehre erwächst, mehr denn je verpflichtet – nicht nur am Standort Göttingen. So wurden in den vergangenen Jahren unter dem Leitbegriff „Third Mission" zahlreiche Maßnahmen angestoßen und Projekte erfolgreich etabliert, die der Stärkung des Standorts Vorschub leisten und den Dialog zwischen Universität und Öffentlichkeit fördern. Zu diesen vielfältigen Initiativen gehören unter anderem die Nacht des Wissens, Tage der offenen Tür und der Austausch mit Bürgerinnen und Bürgern bei öffentlichen Veranstaltungen. Auch die in Kooperation mit der Vereinigung Deutscher Wissenschaftler und der Stiftung Adam von Trott stattfindende Konferenz „Wissenschaft für Frieden und Nachhaltigkeit" widmet sich gesellschaftlich relevanten Themen. Die seit 2012 jährlich stattfindende öffentliche Konferenzreihe wurde von der Universität Göttingen initiiert und zielt auf den Dialog zwischen Wissenschaft und Gesellschaft. Die Themen der Konferenzreihe reichen von der Frage, wie Wirtschaftswachstum und Nachhaltigkeit zusammen passen, über das Thema der Migration bis hin zu Fragen der Bildung für Nachhaltige Entwicklung.[10]

Mit der Kinder-Uni und universitären Angeboten für Schülerinnen und Schüler bietet die Universität der zukünftigen Studierendengeneration frühzeitige Einblicke in die wissenschaftliche Forschungs- und Arbeitswelt. Vorreiter der Schülerlabore war das Mitte der 1990er-Jahre gegründete XLAB Göttinger Experimentallabor für junge Leute e.V. Gründerin und langjäh-

1 und 2) Die Schülerlabore YLAB und XLAB bieten Schülerinnen und Schülern die Möglichkeit, den Alltag der Universität kennenzulernen und vertiefende Einblicke in die Welt der Wissenschaft zu erhalten.

rige Geschäftsführerin des XLAB e.V. war die Biochemikerin Prof. Dr. Eva-Maria Neher. 2018 wurde das XLAB als Verein aufgelöst und als zentrale Einrichtung in die Universität übertragen. Gemeinsam mit dem 2014 eröffneten YLAB – Geisteswissenschaftliches Schülerlabor und dem 2015 eröffneten B-LAB für Lebens- und Diversitätsfragen verfügt die Universität über ein breites Angebot an außerschulischen Lehrangeboten.

Am Übergang von der Universität zum Beruf engagiert sich die Universität durch verschiedene Beratungsangebote für die Studierenden, Service Learning, Wirtschaftskontakte, Jobbörsen, Praktika in Firmen, Praxisforen oder auch Alumni4Students. Zusammen mit regionalen Partnern wie der SüdniedersachsenStiftung beteiligt sie sich auch an Projekten, mit denen sie ihre Verantwortung für die Region wahrnimmt, so zum Beispiel dem SüdniedersachsenInnovationsCampus, kurz SNIC, und dem Welcome Centre für den Göttingen Campus und die Region Südniedersachsen. Impulse für die regionale Entwicklung setzt die Universität gemeinsam mit dem SNIC, durch einen Ausbau der Gründungsaktivitäten und durch die intensive Vernetzung mit den Fachhochschulen PFH und HAWK.

Eine weitere Maßnahme zur Stärkung des Standorts ist das seit 2008 bestehende Welcome Centre der Abteilung Göttingen International. Dieses wird seit 2017 gemeinsam mit der SüdniedersachsenStiftung, der Stadt Göttingen sowie Landkreisen und zahlreichen Partnern aus der regionalen Wirtschaft ausgebaut. Es unterstützt nationale und internationale zukünftige Mitarbeiterinnen und Mitarbeiter bei der Bewältigung bürokratischer Formalitäten, bei der Planung der familiären und beruflichen Eingliederung vor und während der Tätigkeit am Göttingen Campus. Dabei geht es auch um die Suche nach Kinderbetreuungsmöglichkeiten, geeigneten Schulen und Wohnungen sowie Unterstützung bei der Suche nach Arbeitsmöglichkeiten für Partnerinnen und Partner.[7] Dezentrale Niederlassungen in Göttingen und in

275. JUBILÄUM DER UNIVERSITÄT GÖTTINGEN

2012 konnte die Universität Göttingen auf 275 Jahre Geschichte zurückblicken. Dieses Jubiläum feierte sie unter anderem in einer Festwoche mit Universitätsangehörigen und Kooperationspartnern, Freunden und Förderern sowie Bürgerinnen und Bürgern aus Stadt und Region. Zur Eröffnung der Festwoche waren zahlreiche Hochschulrektoren aus ganz Europa, die an der zeitgleich stattfindenden Jahrestagung der Coimbra-Gruppe[1] in Göttingen teilnahmen, anwesend.

Zum Kennenlernen, Mitmachen und Feiern luden in dieser Woche zudem ein Mitarbeiterfest und ein Kunst- und Kulturtag auf dem zentralen Campus sowie der beliebte Sporttag „Dies Academicus" ein. Auf dem Programm standen darüber hinaus das hochschulöffentliche Symposium „Governance for Integrity and Quality in Universities", der Besuch zahlreicher Ehemaliger und Absolventen während des internationalen Alumni-Tags sowie ein „Tag der offenen Aula" am Wilhelmsplatz, dem Sitz des Präsidiums der Universität Göttingen. Zum Abschluss der Festwoche war Landesbischof Ralf Meister in der Universitätskirche zu Gast.

Um die Frage nach der gesellschaftlichen Verantwortung von Wissenschaft ging es im Jubiläumsjahr in vielen universitären Veranstaltungen, so zum Beispiel auch während der Frühjahrstagung der Deutschen Physikalischen Gesellschaft, die anlässlich des Universitätsjubiläums in Göttingen stattfand. Zu den Gästen gehörten auch Nachfahren der Atomphysiker, die mit der „Göttinger Erklärung von 1957" weltweite Beachtung erfahren hatten. Prof. Dr. Hendrik G. Bohr, Prof. Dr. Jochen Heisenberg und Prof. Dr. Gustav Born erinnerten auf einer Podiumsdiskussion zum Thema Verantwortung von Wissenschaft damals und heute an den Einsatz ihrer Väter und Großväter. Die Diskussion, an der auch Universitätspräsidentin Prof. Dr. Ulrike Beisiegel und der amerikanische Kosmologe Prof. Dr. Michael Turner teilnahmen, fand im Anschluss an das Theaterstück „Kopenhagen" im Deutschen Theater statt.

Auch die Konferenz „Sicherung der Welternährung und Armutsbekämpfung als Herausforderung für Frieden und Nachhaltigkeit" stellte die Frage der gesellschaftlichen Verantwortung. Die Konferenz, die den Auftakt der Konferenzreihe „Wissenschaft für Frieden und Nachhaltigkeit" bildet, fand im Jubiläumsjahr erstmalig statt.

Mit der von Juni bis Oktober geöffneten Jubiläums-Ausstellung „Dinge des Wissens" bot die Universität einen Einblick in die Bestände der akademischen Sammlungen der Georgia Augusta. Die Ausstellung präsentierte Exponate verschiedener Sammlungen, stellte die Hintergründe für das wissenschaftliche Sammeln dar und zeigte die Arbeit mit den Objekten in Forschung und Lehre. Damit erlaubte sie einen vielversprechenden Blick auf die Möglichkeiten des zukünftigen Forum Wissen.

Zum Ausklang des Jubiläumsjahres fand im November die erste Nacht des Wissens statt. Mit mehr als 15.000 Besucherinnen und Besuchern bewies sie, wie Stadt und Region sich in Göttingen von der Wissenschaft begeistern lassen.

der Region dienen dazu, die Wirtschaftsunternehmen der Region in vergleichbarer Weise bei der Akquise und Ankunft von Fach- und Führungskräften zu unterstützen.

„Es macht mir Freude zu sehen, wie sich die Gründungslandschaft um die Universität weiterentwickelt und die Universität durch ihre Startups zur Entwicklung der Region beitragen kann." (Ulrike Beisiegel)

Von Beginn an haben sich im Umfeld der Universität Unternehmen gegründet und angesiedelt. Einige von ihnen prägen das Stadtbild von Göttingen bis heute. Zu den ersten gehörte der Pharma- und Laborzulieferer Sartorius. Die Sartorius AG ist heute ein Weltunternehmen mit mehr als 6.900 Beschäftigten an 47 Standorten. Im Jahr 1870 machte sich der Mechaniker Florenz Sartorius, der bis dahin an der Universität beschäftigt war, mit seiner Feinmechanischen Werkstatt selbstständig. Seine Erfindung, die kurzarmige Analysenwaage, hat damals die Arbeit in Forschungslaboren zukunftsweisend verändert. 1927 gründete Sartorius gemeinsam mit dem Chemie-Nobelpreisträger Richard Zsigmondy die Membranfiltergesellschaft mbH. Die von Zsigmondy entwickelten Membranen waren nicht nur die Basis für die Entwicklung der Membranfiltration, sondern darüber hinaus auch für das heutige Bioprozess-Geschäft von Sartorius. Noch heute gehören Wägetechnik und Filtration zu den Kerntechnologien des breiten Produktportfolios von Sartorius.

Insbesondere die naturwissenschaftlichen Fakultäten, allen voran die Physik, sowie die Universitätsmedizin Göttingen (UMG) haben seit jeher ihren Anteil an den Ausgründungen der Universität. In jüngerer Zeit sind auch einige sehr erfolgreiche Ausgründungen aus dem Göttingen Campus zu verzeichnen, allen voran Abberior Instruments, die hochauflösende Fluoreszenzmikroskope bauen, und deren Mitgründer der Göttinger Nobelpreisträger Stefan Hell ist (siehe auch Themenkasten S. 190). Mit der Öffnung der Universität hin zur Region hat auch die Förderung von Gründungen universitätsintern stark an Bedeutung gewonnen. Heute bietet die Universität gemeinsam mit dem SüdniedersachsenInnovationsCampus Studierenden und Nachwuchswissenschaftlerinnen und -wissenschaftlern vielfältige Möglichkeiten, sich frühzeitig mit der Idee einer Unternehmensgründung vertraut zu machen und sich das nötige Rüstzeug anzueignen. Die Gründerinnen und Gründer werden dabei intensiv von der Universität und ihren Partnern aus den anderen Göttinger Hochschulen unterstützt.

„Eine ‚Stadt, die Wissen schafft' benötigt eine Universität, die der Öffentlichkeit auch zeigt, wie sie das Wissen schafft." (Ulrike Beisiegel)

Seit 2017 entsteht im ehemaligen Gebäude der Zoologie neben dem Göttinger Bahnhof ein moderner Ausstellungs- und Veranstaltungsort, das Forum Wissen. Hier sollen zukünftig Prozesse der Wissens-Entstehung aus interdisziplinärer Perspektive anhand der Objekte der universitären Forschungs- und Lehrsammlungen veranschaulicht werden. Das Forum Wissen soll Menschen, die bisher wenig Berührung mit der Wissenschaft hatten, anregen, sich diese Welt zu erschließen. Interaktive Lernstationen, Laborräume und ein museumspädagogisches Begleitprogramm werden dazu einladen, sich aktiv mit Fragen der Wissensentstehung, -verwendung und -vermittlung auseinanderzusetzen. Gleichzeitig soll das Forum Wissen einen Raum für Wissenschaftlerinnen und Wissenschaftler schaffen, in dem diese aus interdisziplinärer Perspektive mit den Objekten der universitären Sammlungen arbeiten können. Dabei soll es Forschende animieren, sich mit Methoden, Fragestellungen und Argumentationen anderer Fächer und Wissenschafts-

NEU- UND UMBAUTEN

Beispielhaft für die bauliche Entwicklung der Universität stehen Gebäude wie das zum Sommersemester 2012 neu eröffnete Kulturwissenschaftliche Zentrum (KWZ). Das von Bund und Ländern geförderte Projekt bündelt die Institute der Philosophischen Fakultät und bietet Platz für die rund 650.000 Bände umfassende Bibliothek.

2013 wurde unter anderem auch das aus Studienbeiträgen finanzierte Lern- und Studiengebäude (LSG) eröffnet. Der zentral neben der Mensa gelegene Bau bietet Studierenden rund 650 Einzel- und Gruppenarbeitsplätze, Internetzugang, einen Vortragsraum sowie einen Eltern-Kind-Bereich mit samstäglicher Kinderbetreuung.

Nach aufwändiger Sanierung wurde zum Jahreswechsel 2015/2016 der Umbau der traditionsreichen Alten Mensa am Wilhelmsplatz zu einem modernen Tagungs- und Veranstaltungshaus abgeschlossen. Um der stetig gestiegenen Nachfrage nach flexibel nutzbaren Räumen Rechnung zu tragen, ist das zentral gelegene Gebäude als multifunktionaler Veranstaltungsort konzipiert.

Zum Wintersemester 2017/2018 wurde der erste Bauabschnitt der Grundsanierung der Fakultät für Chemie erfolgreich beendet. Damit konnte der Betrieb im neuen Chemikalienlager, den zentralen Werkstätten sowie drei sanierten Hörsälen und modernen Laboren aufgenommen werden.

Im September 2018 begannen mit der Grundsteinlegung die Bauarbeiten für das Forum Wissen, das 2020 eröffnet werden soll. Ebenfalls 2018 starteten auf dem Nordcampus der Universität die Arbeiten am gemeinsamen Rechenzentrum für den Wissenschaftsstandort Göttingen.

Neben der Universität sind die Universitätsmedizin Göttingen (UMG) und die Max-Planck-Gesellschaft (MPG) beteiligt. Das Rechenzentrum der Gesellschaft für wissenschaftliche Datenverarbeitung mbH Göttingen (GWDG) stellt künftig allen beteiligten Einrichtungen zusätzliche Rechen- und Speicherkapazitäten für Forschung, Lehre, gemeinsames Arbeiten, Krankenversorgung und Administration zur Verfügung.

Im Frühjahr 2018 fiel der Startschuss für das größte Neubauvorhaben des Landes Niedersachsen, den Neubau der UMG. Nach den Vorarbeiten auf dem Gelände haben die eigentlichen Bauarbeiten im Frühjahr 2019 begonnen. Die Fertigstellung des ersten Bauabschnitts ist für 2022 geplant, der komplette Neubau soll bis zum Jahr 2033 fertig gestellt werden.

Das Kulturwissenschaftliche Zentrum der Philosophischen Fakultät (Foto links) setzt ein Zeichen für die Geisteswissenschaften. Das unter Denkmalschutz stehende Gebäude der Alten Mensa am Wilhelmsplatz (Foto Mitte) bietet nach umfangreicher Sanierung Platz für ein innenstadtnah gelegenes Tagungs- und Veranstaltungshaus. Das als Modell dargestellte Forum Wissen (Foto rechts) wird 2020 eröffnet. Die Abbildung zeigt links das Gebäude und rechts eine Vergrößerung des Eingangsportals mit barrierefreiem Zugang.

kulturen auseinanderzusetzen. Dieser innovative Lehr- und Lernort soll somit Prozesse und Ergebnisse des Wissen-Schaffens sichtbar machen, ein produktives Umfeld für die Entstehung neuen Wissens bieten und zugleich Raum für öffentliche Debatten über wissenschaftliche Themen zur Verfügung stellen.[11]

Eine wichtige Grundlage des Forum Wissen sind die akademischen Sammlungen. Ihr Erhalt und ihre Erschließung gehören zu den besonderen Zielen, denen sich die Universität im Rahmen ihrer systematischen Brückenschläge ins gesellschaftliche Umfeld verschrieben hat. Im Zentrum steht die durch Mittel des Landes Niedersachsen etablierte Zentrale Kustodie. Diese unterstützt die Kustodinnen und Kustoden der Sammlungen, die in den einzigartigen und zum Teil aus den Gründungsjahren stammenden Lehrsammlungen der Universität erhaltenen Sammlungsobjekte für Forschung und Lehre auch in der Öffentlichkeit sichtbar zu machen. 2012 konnte anlässlich des 275-jährigen Bestehens der Universität erstmals ein Teil der über eine Million Objekte umfassenden Bestände der universitären Sammlungen zusammengeführt und in der großen Ausstellung „Dinge des Wissens" präsentiert werden. Diese Ausstellung stieß auf ein weit über Stadt und Region hinausreichendes Interesse.[12]

In einem groß angelegten Projekt werden die Bestände der akademischen Lehrsammlungen digitalisiert und in einem online zugänglichen Sammlungsportal als gemeinfrei abrufbare Bilder für Forschung und Lehre, Bildung und Wissenskommunikation zugänglich gemacht.[13] Zugleich erfolgt eine wissenschaftliche Erschließung der Sammlungsobjekte nach international anerkannten Maßstäben. Das umfangreiche Digitalisierungsprojekt dient auch dem Schutz und Erhalt der Objekte, da die hochauflösenden Fotografien und Scans einen unmittelbaren Zugriff erlauben, ohne dass die teils fragilen Gegenstände selbst in die Hand genommen werden müssen.[14] Auch wenn sie den Kontakt zum Original nicht ersetzen können, schaffen Objektbeschreibungen, Metadaten und weiterführende Informationen unkomplizierte Zugänge, wecken Neugier und fordern zur Auseinandersetzung auf. So werden neue, vergleichende Studien sowohl innerhalb der Göttinger universitären Lehrsammlungen wie auch zu Objekten in anderen Sammlungszusammenhängen weltweit ermöglicht. Das Sammlungsportal und die Datenbank wurden in einer Kooperation zwischen der Niedersächsischen Staats- und Universitätsbibliothek Göttingen (SUB), der Zentralen Kustodie der Universität und der Verbundzentrale des Gemeinsamen Bibliotheksverbunds (VZG) entwickelt und werden kontinuierlich weitergepflegt.[15]

„In publica commoda": Bis heute ist sich die Universität Göttingen ihrer aufklärerischen Tradition bewusst und hält sie, getreu ihrem Motto, lebendig. Denn damals wie heute gilt ihr Anspruch: Die Georgia Augusta ist eine weltoffene Universität.

Mitglieder des Göttingen Campus

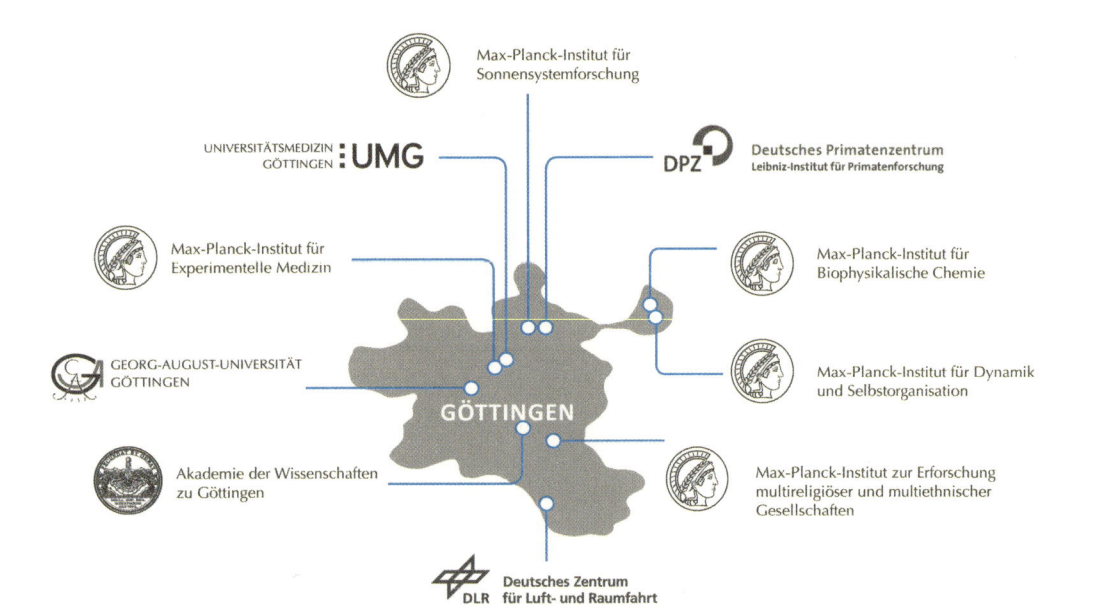

- Max-Planck-Institut für Sonnensystemforschung
- UNIVERSITÄTSMEDIZIN GÖTTINGEN : UMG
- Deutsches Primatenzentrum – Leibniz-Institut für Primatenforschung (DPZ)
- Max-Planck-Institut für Experimentelle Medizin
- Max-Planck-Institut für Biophysikalische Chemie
- GEORG-AUGUST-UNIVERSITÄT GÖTTINGEN
- Max-Planck-Institut für Dynamik und Selbstorganisation
- Akademie der Wissenschaften zu Göttingen
- Max-Planck-Institut zur Erforschung multireligiöser und multiethnischer Gesellschaften
- Deutsches Zentrum für Luft- und Raumfahrt (DLR)

Assoziierte Partner des Göttingen Campus
Georg Eckert Institut
HAWK Hochschule für angewandte Wissenschaft und Kunst
Herzog August Bibliothek Wolfenbüttel
KWS SAAT SE
Laser-Laboratorium Göttingen e.V.
Leibniz-Institut für Pflanzengenetik und Kulturpflanzenforschung
Measurement Valley e.V.
Nordwestdeutsche Forstliche Versuchsanstalt
Otto Bock HealthCare GmbH
PFH – Private Hochschule Göttingen
PHYWE Systeme GmbH & Co. KG
Sartorius AG
Volkswagen AG

---

1) http://www.u4network.eu/index.php/news/2665-the-u4-network-is-an-outstanding-international-network, 04.06.2018.
2) http://www.coimbra-group.eu, 04.06.2018.
3) https://www.hekksagon.net/61.php, 05.06.2018.
4) http://www.the-guild.eu/about/vision, 08.06.2018.
5) http://www.uni-goettingen.de/de/das+göttinger+modell/537119.html, 04.06.2018.
6) UniInform 14. Jg., Januar 2016, S.3.
7) https://www.uni-goettingen.de/de/87827.html, 10.06.2018.
8) http://www.dfg.de/download/pdf/gefoerderte_projekte/preistraeger/gwl-preis/leibniz_preistraeger_86_19.pdf, 10.6.2018.
9) https://www.uni-goettingen.de/de/zahlen%2C+daten+und+fakten/24499.html, 08.06.2018.
10) Siehe hierzu: www.uni-goettingen.de/nachhaltigkeitskonferenz.
11) https://www.uni-goettingen.de/de/forum+wissen/521321.html, 10.06.2018.
12) Zur Ausstellung erschien ein umfangreicher Katalog, in dem die universitären Sammlungen in Einzelbeiträgen vorgestellt wurden: Georg-August-Universität Göttingen (Hg.): Dinge des Wissens. Die Sammlungen, Museen und Gärten der Universität Göttingen, Göttingen 2012.
13) https://sammlungen.uni-goettingen.de, 10.06.2018.
14) https://www.uni-goettingen.de/de/digitalisierung+und+sammlungsdatenbank/526524.html, 10.06.2018.
15) https://www.gbv.de/news/neues-aus-der-verbundzentrale/2018/sammlungsportal-der-universitaet-goettingen, 10.06.2018.

Kasten 275. Jubiläum der Universität Göttingen
I) Die Coimbra-Gruppe ist ein Netzwerk von 40 renommierten und traditionsreichen Universitäten Europas.

Präsidentinnen und Präsidenten der Universität Göttingen

Prof. Dr. Dr. h.c. Ulrike Beisiegel
Präsidentin von 2011 bis 2019
Geboren: 23. Dezember 1952 in Mülheim/Ruhr
Professorin für Biochemie

Prof. Dr. Dr. h.c. Kurt von Figura
Präsident von 2005 bis 2010
Geboren: 16. Mai 1944 in Heiningen/Baden-Württemberg
Professor für Biochemie

Prof. Dr. Horst Kern
Präsident von 1998 bis 2004
Geboren: 29. September 1940 in Wien
Professor für Soziologie

Prof. Dr. Dr. h.c. Hans-Ludwig Schreiber
Präsident von 1992 bis 1998
Geboren: 10. Mai 1933 in Mönchengladbach
Professor für Strafrecht und Strafprozessrecht

Prof. Dr. Norbert Kamp
Präsident von 1979 bis 1992
Geboren: 24. August 1927 in Niese (Lippe)
Verstorben: 12. Oktober 1999 in Braunschweig
Professor für Geschichte

Norbert Kamp, dessen Amtsübernahme am 13.10.1979 erfolgte, war der erste Präsident der Universität Göttingen. Zuvor wurde die akademische Verwaltung vom Rektor geleitet. Der letzte Rektor, Prof. Dr. Wolfgang Knigge, versah vom 1. Oktober 1978 (In-Kraft-Treten des NHG) bis zu Norbert Kamps Amtsantritt kommissarisch das Amt des Präsidenten.

Eine Liste mit den Namen der Rektoren seit 1946 findet sich unter www.uni-goettingen.de/altpraesidentinnen.

Literaturverzeichnis

Angermann, Erich / **Klay**, Eva / **Kopp**, Julia / **Oestreich**, Jan C. / **Stümpel**, Jennifer / **Trutz**, Tobias: *Verdrängt – Verfolgt – Vergessen. Das „Judenhaus" Weender Landstr. 26 und seine BewohnerInnen*, Göttingen 2016.

Annalen der Braunschweig-Lüneburgischen Churlande, Hannover 1787–1795, http://ds.ub.uni-bielefeld.de/viewer/toc/2075668/0/LOG_0000/, abgerufen am 01.11.2017.

Appel, Thomas: *Der Pavillon auf der Schillerwiese – eine Spurensuche*, in: Göttinger Jahrbuch 62 (2014), S. 143–165.

Arglebe, Annerose: *Weltfremde Gelehrte und fleißige Schüler. George Ticknor als Student in Göttingen 1815–1817*, in: Göttinger Jahrbuch 60 (2012), S. 161–176.

Arndt, Karl: *Selbstbildnis und literarisches Denkmal. Johann Dominicus Fiorillo und Wilhelm Heinrich Wackenroder*, in: Göttinger Jahrbuch 63 (2015), S. 109–140.

Artmann, Benno: *Hochburg der Mathematik. Die Göttinger Mathematik und ihre Protagonisten*, in: Georgia Augusta 6 (2008), S. 14–23.

ASTA der Hochschule für Sozialwissenschaften: *Führer durch das Hochschuldorf Rüstersiel*, Wilhelmshaven 1958.

Aufgebauer, Peter: *„Die ganze Nacht hindurch neue Abschriften". Protest und Kommunikation*, in: Göttinger Jahrbuch 56 (2008), S. 7–16.

Barner, Wilfried: *Hallers Dichtung*, in: Elsner, Norbert / Rupke, Nicolaas A. (Hgg.): *Albrecht von Haller im Göttingen der Aufklärung*, Göttingen 2009, S. 381–418.

Bartels, Nicole / **Deinert**, Juliane / **Enderle**, Wilfried / **Möbus**, Frank: *Bücher unter Verdacht. NS-Raub- und Beutegut an der SUB Göttingen (Ausstellungskatalog)*, Göttingen 2011.

Baumgarten, Marita: *Professoren und Universitäten im 19. Jahrhundert. Zur Sozialgeschichte deutscher Geistes- und Naturwissenschaftler*, Göttingen 1997.

Becker, Heinrich / **Dahms**, Hans-Joachim / **Wegeler**, Cornelia (Hgg.): *Die Universität Göttingen unter dem Nationalsozialismus*, München 1998[2].

Beer, Günther: *Vorarbeiten zur Geschichte der Chemie in Göttingen. 200 Jahre chemisches Laboratorium, 1783–1983 (Maschinenschrift vervielfältigt)*, Göttingen 1983.

Beer, Günther: *Die chemischen Dissertationen der Universität Göttingen 1734–1900. Eine Bibliographie*, Göttingen 1998.

Beer, Günther: *„Nachbleibsel der Sündfluth". Das „Naturalien-Cabinet" des Göttinger Tuchfabrikanten Johann Heinrich Grätzel, das erste Museum Göttingens 1737*, in: Göttinger Jahrbuch 56 (2008), S. 171–189.

Beer, Günther: *Wilhelm August Lampadius, Göttinger Apothekergeselle, Chemie- und Physikstudent und sein Mentor G. C. Lichtenberg*, in: Göttinger Jahrbuch 62 (2014), S. 113–126.

Beer, Günther: *Paulinerkloster mit altem Gymnasium, Barfüßerkloster, Hospital St. Crucis in Göttingen und deren Umgebungen. Erläuterungen zu Plänen und einer Ansicht aus dem 18. Jahrhundert*, in: Göttinger Jahrbuch 32 (1984), S. 71–98.

Beer, Günther: *Die Anfänge der Chemie an der Universität Göttingen. Johann Christoph Cron und das Petrefaktenkabinett von Johann Heinrich Grätzel 1735 bis 1737*, in: Museumsbrief Nr. 26 (2007), Museum der Göttinger Chemie, S. 2–17.

Beer, Günther: *Beitrag zur Baugeschichte des Akademischen Museums 1773 bis 1877 mit drei Gebäudeplänen des Akademischen Museums (1832–1842–1862)*, in: Museumsbrief Nr. 29 (2010), Museum der Göttinger Chemie, S. 2–19.

Beisiegel, Ulrike (Hg.): *Starkes Bündnis. Zehn Wissenschaftseinrichtungen bündeln ihre Expertise unter dem Dach des Göttingen Campus, duz-Special, konzeptioniert von Thomas Richter und Romas Bielke (Abteilung Öffentlichkeitsarbeit der Universität Göttingen)*, Berlin 2015.

Beuermann, Gustav / **Hunger**, Ulrich / **Unversehrt**, Gerd / **Wellenreuther**, Hermann (Hgg.): *250 Jahre Georg-August-Universität Göttingen. Ausstellung im Auditorium*, Göttingen 1987.

Blank, Edzard / **Kamp**, Norbert / **Schöne**, Albrecht / **Sellert**, Wolfgang / **Thadden**, Rudolf von / **Wellenreuther**, Hermann: *Die Göttinger Sieben. Ansprachen und Reden anläßlich der 150. Wiederkehr ihrer Protestation*, Göttingen 1988.

Blümel, Günter / **Natonek**, Wolfgang: *„Das edle Bestreben, der breiten Masse zu nützen." Beiträge zur Geschichte der Volkshochschule Göttingen*, Göttingen 2016[2].

Boedeker, Elisabeth / **Colshorn**, Ingeborg: *25 Jahre Frauenstudium in Deutschland. Verzeichnis der Doktorarbeiten von Frauen 1908–1933, vier Hefte*, Hannover 1935.

Böhme, Ernst / **Vierhaus**, Rudolf (Hgg.): *Göttingen. Geschichte einer Universitätsstadt, Bd. 2, Vom Dreißigjährigen Krieg bis zum Anschluss an Preußen – Der Wiederaufstieg als Universitätsstadt (1648–1866)*, Göttingen 2002.

Böhme, Ernst: *Zwischen Restauration und Rebellion. Die Georgia Augusta und die politische Kultur Göttingens in den fünfziger Jahren*, in: Göttinger Jahrbuch 53 (2005), S. 125–156.

Böhme, Ernst: *Bruno Jung, Oberbürgermeister der Stadt Göttingen von 1926 bis 1938. Ein unwilliger Vollstrecker?*, in: Göttinger Jahrbuch 54 (2006), S. 137–145.

Boer, Jan-Hendryk de / **Füssel**, Marian / **Schütte**, Jana Madlen (Hgg.): *Praktiken der europäischen Gelehrtenkultur (12.–17. Jahrhundert). Zwischen Konflikt und Kooperation*, Berlin 2016.

Boockmann, Hartmut (Hg.): *Geschichtswissenschaft in Göttingen. Eine Vorlesungsreihe*, Göttingen 1987.

Boockmann, Hartmut: *Göttingen. Vergangenheit und Gegenwart einer europäischen Universität*, Göttingen 1997.

Bornemann, Daniel / **Citérin,** Gwénaël / **Enderle,** Wilfried / **Fischer,** F. / **Grentzinger,** Dominique: *Von Straßburg nach Göttingen. eine fast vergessene Geschichte,* Göttingen 2013.

Bozsa, Isabella: *Eugen Mattiat (1901–1976): Vom „Deutschen Christen" zum Volkskundeprofessor und wieder zurück ins Pastorat. Fallstudie einer Karriere im Nationalsozialismus,* Göttingen 2014.

Brandt, Sebastian / **Klein,** Christa-Irene / **Kopp,** Nadine / **Paletschek,** Sylvia / **Prüll,** Livia / **Schütze,** Olaf (Hgg.): *Universität, Wissenschaft und Öffentlichkeit in Westdeutschland (1945 bis ca. 1970),* Stuttgart 2014.

Bremer, Georg Friedrich / **Bremer,** Philipp: *Johann Conradt Bremer. In Vino Veritas – 250 Jahre Weinhandelstradition in Göttingen,* in: Christiane Freudenstein (Hg.): *Göttinger Stadtgespräche. Persönlichkeiten aus Kultur, Politik, Wirtschaft und Wissenschaft erinnern an Größen ihrer Stadt,* Göttingen 2016, S. 83–90.

Brinkmann, Jens-Uwe (Bearbeiter): *Göttingen unterm Hakenkreuz. Nationalsozialistischer Alltag in einer deutschen Stadt. Texte und Materialien,* Göttingen 1983.

Brinkschulte, Eva / **Labouvie,** Eva (Hgg.): *Dorothea Christiana Erxleben. Weibliche Gelehrsamkeit und medizinische Profession seit dem 18. Jahrhundert,* Halle (Saale) 2006.

Brocke, Bernhard vom / **Backhaus,** Jürgen G.: *Wissenschaftsgeschichte und Wissenschaftspolitik im Industriezeitalter. Das „System Althoff" in historischer Perspektive,* Hildesheim 1991.

Bruch, Rüdiger vom / **Kintzinger,** Martin / **Füssel,** Marian / **Wagner,** Wolfgang E. (Hgg.): *Studentenkulturen,* Stuttgart 2016.

Brüdermann, Stefan: *Göttinger Studenten und akademische Gerichtsbarkeit im 18. Jahrhundert,* Göttingen 1990.

Brüdermann, Stefan: *Der Göttinger Studentenauszug 1790. Handwerkerehre und akademische Freiheit,* Göttingen 1991.

Brüdermann, Stefan: *Studenten als Einwohner der Stadt,* in: Böhme, Ernst / Vierhaus, Rudolf (Hgg.): *Göttingen. Geschichte einer Universitätsstadt, Bd. 2, Vom Dreißigjährigen Krieg bis zum Anschluss an Preußen – Der Wiederaufstieg als Universitätsstadt (1648–1866),* Göttingen 2002, S. 395–426.

Bruns-Wüstefeld, Alex: *Lohnende Geschäfte. Die „Entjudung" der Wirtschaft am Beispiel Göttingens,* Hannover 1997.

Brynjólfsson, Einar: *Die Entnazifizierung der Universität Göttingen am Beispiel der Philosophischen Fakultät (Magisterarbeit Universität Göttingen),* Göttingen 1996.

Buback, Michael: *Leserbrief im Göttinger Tageblatt (GT) vom 29. April 2017.*

Buback, Michael: *Was man aus dem RAF-Prozess hätte lernen können. Der Fall Verena Becker und Parallelen zum Komplex des Nationalsozialistischen Untergrunds,* in: Andreas Förster, Thomas Moser, Thumilan Selvakumaran (Hg.), *Ende der Aufklärung. Die offene Wunde NSU,* Tübingen 2018, S. 188-211.

Busemann, Hertha Luise: *Göttingen im Jahre 1945. Zwei Briefe über ein College für das britische Militär in den Räumen der Universität und die überlebenden Juden,* in: *Göttinger Jahrbuch* 38 (1990), S. 237–240.

Busse, Detlef: *Engagement oder Rückzug? Göttinger Naturwissenschaften im Ersten Weltkrieg,* Göttingen 2008.

Chandler, Andrew: *George Bell, Bishop of Chichester. Church, state, and resistance in the age of dictatorship,* Grand Rapids, Michigan 2016.

Cherubim, Dieter / **Walsdorf,** Ariane / **Henne,** Helmut: *Sprachkritik als Aufklärung. Die Deutsche Gesellschaft in Göttingen im 18. Jahrhundert (Ausstellungskatalog),* Göttingen 20052.

Claproth, Johann Christian: *Schreiben von dem gegenwärtigen Zustande der Göttingischen Universität an einen vornehmen Herrn im Reiche,* o. O., o. J. [1747].

Costas, Ilse: *Der Beginn des Frauenstudiums an der Universität Göttingen. Die Wissenschaft, das „Wesen der Frau" und erste Schritte zur Öffnung männerdominierter Karrieren,* in: Duwe, Kornelia / Gottschalk, Carola / Koerner, Marianne (Hgg.): *Göttingen ohne Gänseliesel. Texte und Bilder zur Stadtgeschichte,* Gudensberg-Gleichen 1988, S. 185–193.

Dahms, Hans-Joachim: *Die Universität Göttingen 1918 bis 1989. Vom „Goldenen Zeitalter" der Zwanziger Jahre bis zur „Verwaltung des Mangels in der Gegenwart",* in: Thadden, Rudolf von / Trittel, Günter J. / Ohse, Marc-Dietrich (Hgg.), *Göttingen. Geschichte einer Universitätsstadt, Bd. 3, Von der preußischen Mittelstadt zur südniedersächsischen Großstadt: 1866–1989,* Göttingen 1999, S. 395–456.

Dahms, Hans-Joachim / **Sommer,** Klaus P.: *1968 in Göttingen. Wie es kam und was es war. In unbekannten Pressefotos,* Göttingen 2008.

Deinert, Juliane: *„Politisieren […] strengstens untersagt" – Die Universitätsbibliothek Göttingen in den Vorkriegsjahren zwischen 1933 und 1939.* Online verfügbar unter http://edoc.hu-berlin.de/series/berliner-handreichungen/2016-409/PDF/409.pdf, abgerufen am 27.07.2016.

Denecke, Dietrich / **Kühn,** Helga-Maria (Hgg.): *Göttingen, Geschichte einer Universitätsstadt, Bd. 1: Von den Anfängen bis zum Ende des Dreißigjährigen Krieges,* Göttingen 1987.

Der in Göttingen Geweihete Parnassus Oder Ausführliche und gründliche Relation Von der Am 17. September 1737. feyerlich vollzogenen Einweihung Der Königlichen und Churfürstlichen Georg-August-Universitaet zu Göttingen Und Bey dieser solennen Inauguration vorgekommenen merckwürdigen Begebenheiten, Frankfurt und Leipzig 1737; als Online-Publikation: *http://gdz.sub.uni-goettingen.de/dms/load/img/?PID=PPN637079116,* abgerufen am 01.11.2017.

Didier, Christophe / **Bornemann,** Daniel: *Von Straßburg nach Göttingen. Eine fast vergessene Geschichte,* Strasbourg 2013.

Diers, Gerd: *Die Hochschule für Arbeit, Politik und Wirtschaft (Hochschule für Sozialwissenschaften) in Wilhelmshaven-Rüstersiel. Darstellung und Deutung der Bemühungen um die Durchsetzung des Studienganges „Sozialwissenschaften" und um die Anerkennung als wissenschaftliche Hochschule,* Göttingen 1972.

Dietze, Carola: *Nachgeholtes Leben. Helmuth Plessner (1892–1985),* Göttingen 2006.

Dogherty, Frank: *Christoph Meiners und Johann Friedrich Blumenbach im Streit um den Begriff der Menschenrasse,* in: Mann, Gunter / Dumont, Franz: *Die Natur des Menschen. Probleme der Physischen Anthropologie und Rassenkunde (1750–1850),* Stuttgart 1990, S. 89–112.

Dreher, Martin: *Der Fackelzug der Korporationen am 8. Juli 1953,* in: Göttinger Jahrbuch 54 (2006), S. 147–148.

Driever, Rainer / **Tamke,** Gerd: *Göttinger Straßennamen,* Göttingen 2012³.

Driever, Rainer: *Zwi Horowitz: ein jüdisches Leben für die Erinnerung,* in: Göttinger Jahrbuch 60 (2012), S. 211–238.

[**Driever,** Rainer]: *Widerstand in Göttingen,* Online-Publikation 2016: http://www.stadtarchiv.goettingen.de/widerstand/index.htm, abgerufen am 01.11.2017.

Drüding, Markus: *Akademische Jubelfeiern. Eine geschichtskulturelle Analyse der Universitätsjubiläen in Göttingen, Leipzig, Münster und Rostock (1919–1969),* Berlin 2014.

Duwe, Kornelia / **Gottschalk,** Carola / **Koerner,** Marianne (Hgg.): *Göttingen ohne Gänseliesel. Texte und Bilder zur Stadtgeschichte,* Gudensberg-Gleichen 1988.

Ebel, Wilhelm: *Catalogus professorum Gottingensium: 1734–1962,* Göttingen 1962.

Elsner, Norbert / **Rupke,** Nicolaas A. (Hgg.): *Albrecht von Haller im Göttingen der Aufklärung,* Göttingen 2009.

Enderle, Wilfried: *Karl Julius Hartmann als Direktor der Universitätsbibliothek in Göttingen (1935–1958),* in: Michael Knoche und Wolfgang Schmitz (Hgg.): *Wissenschaftliche Bibliothekare im Nationalsozialismus. Handlungsspielräume, Kontinuitäten, Deutungsmuster,* Wiesbaden 2011, S. 193–223.

Enderle, Wilfried: *Der Gelehrte als Bibliothekar im Netzwerk der Wissenskommunikation. Jeremias David Reuß (1750–1837) und die Bibliothek der Universität Göttingen,* in: Hölscher, Steffen / Schlitte, Sune Erik (Hgg.): *Kommunikation im Zeitalter der Personalunion (1714–1837). Prozesse, Praktiken, Akteure,* Göttingen 2014¹, S. 125–153.

Enderle, Wilfried: *Ein König – viele Wege zum Bücherwissen. Die Göttinger Universitätsbibliothek im Kontext der deutschen und britischen Bibliothekslandschaften 1734–1820,* in: Reitemeier, Arnd (Hg.): *Kommunikation und Kulturtransfer im Zeitalter der Personalunion zwischen Großbritannien und Hannover,* Göttingen 2014², 207–236.

Engmann, Claudia / **Wiechert,** Bernd: *„Erbe und Auftrag". Die Musik bei der Zweihundertjahrfeier der Göttinger Universität im Jahre 1937,* in: Göttinger Jahrbuch 40 (1992), S. 253–279.

Ericksen, Robert P.: *Die Göttinger Theologische Fakultät im Dritten Reich,* in: Becker, Heinrich / Dahms, Hans-Joachim / Wegeler, Cornelia (Hgg.): *Die Universität Göttingen im Nationalsozialismus,* München 1998², S. 75–101.

Erxleben, Johann Christian Polycarp: *Anfangsgründe der Chemie,* Göttingen 1775.

Eyßell, Manfred: *Anfänge der wissenschaftlichen Datenverarbeitung in Göttingen;* in: GWDG-Nachrichten 6/2010

Fahrenberg, W.P. / **Gelderen,** Martin van (Hgg.): *Lichtenberg lacht. Aufklärung und Satire,* Göttingen 2015.

Ferera, Lisette / **Tollmien,** Cordula / **Hayden,** Michael / **Meen,** Sharon: *Das Vermächtnis des Max Raphael Hahn – Göttinger Bürger und Sammler. Eine Geschichte über Leben und Tod, mutige Beharrlichkeit und die fortwirkende Kraft der Familientradition,* Göttingen 2015.

Fesefeldt, Wiebke: *Der Wiederbeginn des kommunalen Lebens in Göttingen. Die Stadt in den Jahren 1945 bis 1948,* Göttingen 1962.

Fester, Richard: *„Der Universitäts-Bereiser" Friedrich Gedike und sein Bericht an Friedrich Wilhelm II.,* Berlin 1905.

Fieseler, Christian / **Hölscher,** Steffen / **Mangei,** Johannes (Hgg.): *DingeDenkenLichtenberg. Ausstellung zum 275. Geburtstag Georg Christoph Lichtenbergs,* Göttingen 2017.

Finckh, Ruth: *Das Universitätsmamsellen-Lesebuch. Fünf gelehrte Frauenzimmer, vorgestellt in eigenen Werken,* Göttingen 2015.

Franck, Burchard: *250 Jahre Chemie in Göttingen und ihre Auswirkungen. Organische Chemie zwischen Biologie und Medizin,* in: Voigt, Hans-Heinrich (Hg.): *Naturwissenschaften in Göttingen,* Göttingen 1988, S. 68–84.

Franck, Ernst Ulrich: *250 Jahre Chemie in Göttingen und ihre Auswirkungen. Anorganische und physikalische Chemie,* in: Voigt, Hans-Heinrich (Hg.): *Naturwissenschaften in Göttingen,* Göttingen 1988, S. 53–67.

Franke, Holger: *Leonard Nelson: ein biographischer Beitrag unter besonderer Berücksichtigung seiner rechts- und staatspolitischen Arbeiten,* Ammersbek bei Hamburg, 1997².

Frauen- und Gleichstellungsbüro des Bereichs Humanmedizin der Georg-August-Universität Göttingen (Hg.): *Georgia. 10 Jahre Frauen- und Gleichstellungsbüro*, Göttingen 2004.

Freitag, Lena: *Die Ehrungen der Universität als Mittel zur öffentlichkeitswirksamen Selbstmobilisierung im Nationalsozialismus*, in: Göttinger Jahrbuch 64 (2016), S. 177–192.

Freudenstein, Christiane (Hg.): *Göttinger Stadtgespräche. Persönlichkeiten aus Kultur, Politik, Wirtschaft und Wissenschaft erinnern an Größen ihrer Stadt*, Göttingen 2016.

Frieling, Hans-Dieter von: *Der Bau des Gehäuses. Die Entwicklung der Stadt Göttingen seit dem 18. Jhd., Ein Vergleich von Landkarten*, in: Duwe, Kornelia / Gottschalk, Carola / Koerner, Marianne (Hgg.): *Göttingen ohne Gänseliesel. Texte und Bilder zur Stadtgeschichte*, Gudensberg-Gleichen 1988, S. 18–31.

Fröhlich, Claudia: *„Wider die Tabuisierung des Ungehorsams". Fritz Bauers Widerstandsbegriff und die Aufarbeitung von NS-Verbrechen*, Frankfurt am Main 2006.

Gabler, Andrea: *Sturm im Elfenbeinturm. Positionen und Aktionsformen des Göttinger AStA zu Wissenschaftsbetrieb und politischem Mandat von 1967 bis 1987*, Göttingen 1993.

Ganß, Gustav-Adolf: *Geschichte der pharmazeutischen Chemie an der Universität zu Göttingen*, Marburg 1937.

Geschichtswerkstatt Göttingen (Hg.): *Göttingen im Nationalsozialismus. Ein Stadtrundgang*, Göttingen 2000.

Geschichtswerkstatt Göttingen (Hg.): *„Nichts verschweigen, nichts vergessen?" Göttinger Frauengeschichte im Nationalsozialismus*, Göttingen 2000.

Geschichtswerkstatt Göttingen (Hg.): *Medizin im Nationalsozialismus am Beispiel Göttingen. Ein Stadtrundgang*, Göttingen 2006.

Geschichtswerkstatt Göttingen (Hg.): *Von der Konditorei zu Messtechnik. NS-Zwangsarbeit in Göttingen. Ein Stadtrundgang zu Fuß und mit dem Fahrrad*, Göttingen 2011.

Geschichtswerkstatt Göttingen (Hg.): *Göttinger Frauengeschichte im 19. Jahrhundert. Ein virtueller Stadtrundgang*, http://geschichtswerkstatt-goettingen.de/stadtrundgaenge/frauengeschichte-19-jahrhundert.html, abgerufen am 01.11.2017.

Geyken, Frauke: *Gentlemen auf Reisen. Das britische Deutschlandbild im 18. Jahrhundert*, Frankfurt am Main 2002.

Geyken, Frauke: *The Four Georges – Die hannoverschen Könige und Kurfürsten zur Zeit der Personalunion mit Großbritannien*, in: Elmar Mittler (Hg.): *„Eine Welt allein ist nicht genug"*, Göttingen 2005, S. 67–89.

Gidion, Jürgen: *Kulturelles Leben in Göttingen*, in: Thadden, Rudolf von / Trittel, Günter J. / Ohse, Marc-Dietrich (Hgg.): *Göttingen. Geschichte einer Universitätsstadt, Bd. 3, Von der preußischen Mittelstadt zur südniedersächsischen Großstadt: 1866–1989*, Göttingen 1999, S. 535–589.

Gierl, Martin: *Vom Wühlen der Aufklärung im Gedärme*, in: Duwe, Kornelia / Gottschalk, Carola / Koerner, Marianne (Hgg.): *Göttingen ohne Gänseliesel. Texte und Bilder zur Stadtgeschichte*, Gudensberg-Gleichen 1988, S. 144–149.

Gierl, Martin: *Die Göttinger Aufklärung*, in: Fahrenberg, W.P. / Gelderen, Martin van (Hgg.), *Lichtenberg lacht. Aufklärung und Satire*, Göttingen 2015, S. 9–44.

Girod, Sonja: *Protest und Revolte. Drei Jahrhunderte studentisches Aufbegehren in der Universitätsstadt Göttingen (1737–2000)*, Göttingen 2012.

Goldschmidt, Dietrich: *Als Redakteur bei der „Göttinger Universitäts-Zeitung". Erinnerungen 1945 bis 1949*, in: Das Argument 37,2 (1995), S. 207–222.

Goldstein, Jürgen: *Georg Forster. Zwischen Freiheit und Naturgewalt*, Berlin 2015.

Gottschalk, Carola / **Koerner**, Marianne: *„Kultur und was sich dafür hält". Die Geschichte des Otfried-Müller-Hauses*, in: Duwe, Kornelia / Gottschalk, Carola / Koerner, Marianne (Hgg.): *Göttingen ohne Gänseliesel. Texte und Bilder zur Stadtgeschichte*, Gudensberg-Gleichen 1988, S. 77–84.

Gottschalk, Carola: *Gebaute Geschichte – versteinerter Fortschritt. Vom Reitstall zu Hertie*, in: Duwe, Kornelia / Gottschalk, Carola / Koerner, Marianne (Hgg.): *Göttingen ohne Gänseliesel. Texte und Bilder zur Stadtgeschichte*, Gudensberg-Gleichen 1988, S. 119–125.

Gresky, Wolfgang: *Die Volksversammlung auf der Plesse 1848 und der Göttinger Revolutionär Otto Volger*, in: Plesse-Archiv 8 (1973), S. 31–68.

Gresky, Wolfgang: *Eine Göttingen-Schilderung vom Mai 1799. Ein Brief des Schweizer Studenten Gottlieb von Greyerz*, in: Göttinger Jahrbuch 30 (1982), S. 181–199.

Grossbach, Ulrich: *Der Weg zur allgemeinen Biologie. Entwicklungsbiologie und Genetik in Göttingen*, in: Voigt, Hans-Heinrich (Hg.), *Naturwissenschaften in Göttingen*, Göttingen 1988, S. 85–97.

Grüttner, Michael: *Studenten im Dritten Reich*, Paderborn 1995.

Grüttner, Michael / **Kinas**, Sven: *Die Vertreibung von Wissenschaftlern aus den deutschen Universitäten 1933–1945*, in: Vierteljahrshefte für Zeitgeschichte 55,1 (2007), S. 123–186.

Gutmann, Joachim: *Die Entwicklung des Studentenwerks Göttingen, 1922–1972. Ein Beitrag zur Geschichte studentischer Selbsthilfe und Sozialversorgung (Festschrift zum 50-jährigen Bestehen des Studentenwerks Göttingen)*, Göttingen 1972.

Hahne, Gert: *Der Karzer - Bier! Unschuld! Rache! Der Göttinger Universitätskarzer und seine Geschichte(n).* Göttingen 2005.

Hammerstein, Notker: *1787 – Die Universität im Heiligen Römischen Reich,* in: Moeller, Bernd (Hg.), Stationen der Göttinger Universitätsgeschichte: 1737–1787–1837–1887–1937. Eine Vortragsreihe, Göttingen 1988, S. 27–45.

Hansen-Schaberg, Inge: *Minna Specht, eine Sozialistin in der Landerziehungsheimbewegung (1918 bis 1951). Untersuchung zur pädagogischen Biographie einer Reformpädagogin,* Frankfurt am Main u. a. 1992.

Hansen-Schaberg, Inge: *Töchter der Alma Mater Georgia Augusta Gottingensis. Minna Specht und Grete Hermann als Nachlassverwalterinnen der Philosophisch-Politischen Akademie,* in: Hansen-Schaberg, Inge / Häntzschel, Hiltrud (Hgg.), Alma Maters Töchter im Exil. Zur Vertreibung von Wissenschaftlerinnen in der NS-Zeit, München 2011, S. 46–76.

Hansen-Schaberg, Inge: *Akten-Einsicht,* Münster 2012.

Hansen-Schaberg, Inge / **Häntzschel,** Hiltrud (Hgg.): *Alma Maters Töchter im Exil. Zur Vertreibung von Wissenschaftlerinnen in der NS-Zeit,* München 2011.

Harpprecht, Klaus / **Dane,** Gesa: *Die Universitäts-Mamsellen. Fünf Göttinger Damen, die teilweise schön, allesamt reizvoll, begabt und gebildet, gewiss aber so gescheit waren wie die meisten Professoren,* Göttingen 1988.

Hasel, Karl: *Die Entwicklung der Forstwissenschaften in Göttingen und in Hannoversch-Münden,* in: Voigt, Hans-Heinrich (Hg.): Naturwissenschaften in Göttingen, Göttingen 1988, S. 98–114.

Hasselhorn, Fritz: *Wie wählte Göttingen? Wahlverhalten und die soziale Basis der Parteien in Göttingen 1924–1933,* Göttingen 1983.

Hausmann, Frank-Rutger: *Die Geisteswissenschaften im „Dritten Reich".* Frankfurt am Main 2011.

Heeren, Arnold Hermann Ludwig. *Christian Gottlob Heyne. Biographisch dargestellt,* Göttingen 1813.

Heesen, Anke te / **Spary,** Emma C. (Hgg.): *Sammeln als Wissen. Das Sammeln und seine wissenschaftsgeschichtliche Bedeutung,* Göttingen 2002².

Heimpel, Hermann: *Korporatives Bewußtsein,* in: Deutsche Universitätszeitung (duz), 10. Jahrgang (1955), Nr. 21.

Heimpel, Hermann / Kamp, Norbert / Kertz, Walter: *Der Neubeginn der Georgia Augusta zum Wintersemester 1945–46,* Göttingen 1986.

Hein, Dieter: *Die Revolution von 1848/49,* München 1998, S. 122.

Helling, Dörte: *Die ‚Akademische Burse' in Göttingen und der Studentenwohnheimbau in den ersten Nachkriegsjahren,* Göttingen 2004.

Helling, Dörte: *Der erste Göttinger Studentenwohnheimbau nach dem Zweiten Weltkrieg. Die ‚Akademische Burse' von Diez Brandi,* in: Göttinger Jahrbuch 55 (2007), S. 187–212.

Herrlitz, Hans-Georg / **Kern,** Horst: *Anfänge Göttinger Sozialwissenschaft. Methoden, Inhalte und soziale Prozesse im 18. und 19. Jahrhundert,* Göttingen 1987.

Hinze, Ute / **Kratz-Ritter,** Bettina / **Vogt,** Hannah: *Göttinger Ratsfrau und Ehrenbürgerin,* Göttingen 2009.

Hoffmann, Dieter: *Operation Epsilon. Die Farm-Hall Protokolle,* Berlin 1993.

Hoffmann, Dieter / **Walker,** Mark (Hgg.): *The German Physical Society in the Third Reich. Physicists between Autonomy and Accomodation,* Cambridge 2012.

Hoffmann, Dietrich / **Maack-Rheinländer,** Kathrin (Hgg.): *„Ganz für das Museum angelegt". Die Museen, Sammlungen und Gärten der Universität Göttingen,* Göttingen 2001.

Hoffmann, Dietrich (Hg.): *Pädagogische Hochschule Göttingen 1946–1978. Dokumentarische Texte zur Geschichte der Lehrerbildung zwischen Tradition und Innovation,* Hamburg 2012.

Hoffmann, Peter: *Hitler's personal security,* London 1979.

Hölscher, Steffen: *Zwischen Legitimation und Lustbarkeit. Der Besuch Georgs II. an der Universität Göttingen 1748,* in: Göttinger Jahrbuch 59 (2011), S. 41–69.

Hölscher, Steffen / **Schlitte,** Sune Erik (Hgg.): *Kommunikation im Zeitalter der Personalunion (1714–1837). Prozesse, Praktiken, Akteure,* Göttingen 2014.

Horn, Sabine / **Büttner,** Maren: *Alltagsleben nach 1945. Die Nachkriegszeit am Beispiel der Stadt Göttingen,* Göttingen 2010.

Hüllbrock, Klaus: *Offener Brief an Michael Buback vom 24.01.2001, zitiert nach Wollenhaupt-Schmidt 2012.*

Hund, Friedrich: *Die Geschichte der Göttinger Physik,* Göttingen 1987.

Hunger, Ulrich: *Die Georgia Augusta als hannoversche Landesuniversität. Von ihrer Gründung bis zum Ende des Königreichs,* in: Böhme, Ernst / Vierhaus, Rudolf (Hgg.): Göttingen. Geschichte einer Universitätsstadt, Bd. 2, Vom Dreißigjährigen Krieg bis zum Anschluss an Preußen – Der Wiederaufstieg als Universitätsstadt (1648–1866), Göttingen 2002, S. 139–213.

Hunger, Ulrich: *Friedrich Neumann und der Nationalsozialismus. Eine biographische Fallstudie zum Verhältnis von Wissenschaft und Politik,* in: Göttinger Jahrbuch 53 (2005), S. 95–124.

Hunger, Ulrich: *Nationaler Chauvinismus und universitäre Tradition. Die Universität im Ersten Weltkrieg,* in: Göttinger Jahrbuch 63 (2015), S. 141–162.

Jarausch, Konrad: *Deutsche Studenten. 1800–1970,* Frankfurt am Main 1989.

Jentzsch, Gunda: *Zur Geschichte der Klinischen Medizin in Göttingen. Das Ernst-August-Hospital 1850–1890*, Göttingen 1988.

Joachim, Johannes: *Die Anfänge der Königlichen Sozietät der Wissenschaften zu Göttingen*, Berlin 1936.

Kamp, Norbert / **Wellenreuther,** Hermann / **Hund,** Friedrich: *250 Jahre Vorlesungen an der Georgia Augusta 1734–1984. Akademische Feier aus Anlaß der 250. Wiederkehr des Tages der ersten Vorlesung an der Georgia Augusta am 14. Oktober 1984 in der Aula der Georg-August-Universität Göttingen*, Göttingen 1985.

Kamp, Norbert: *Das Göttinger Jubiläum von 1937. Glanz und Elend einer Universität*, Göttingen 1987.

Kamp, Norbert: *1937 – Die Universität im Dritten Reich*, in: Moeller, Bernd (Hg.): *Stationen der Göttinger Universitätsgeschichte: 1737–787–1837–1887–1937. Eine Vortragsreihe*, Göttingen 1988, S. 91–115.

Kamp, Norbert: *Exodus professorum. Akademische Feier zur Enthüllung einer Ehrentafel für die zwischen 1933 und 1945 entlassenen und vertriebenen Professoren und Dozenten der Georgia Augusta am 18. April 1989*, Göttingen 1989.

Kaschuba, Wilfgang (Hg.): *Alltagswelt Universität*, Stuttgart 2007.

Kern, Bärbel / **Kern,** Horst: *Madame Doctorin Schlözer. Ein Frauenleben in den Widersprüchen der Aufklärung*, München 1990[2].

Kind-Doerne, Christiane / **Haenel,** Klaus: *Die Niedersächsische Staats- und Universitätsbibliothek Göttingen. Ihre Bestände und Einrichtungen in Geschichte und Gegenwart*, Wiesbaden 1986.

Klee, Ernst: *Was sie taten – was sie wurden. Ärzte, Juristen und andere Beteiligte am Kranken- oder Judenmord*, Frankfurt am Main 1986[12].

Klee, Ernst: *„Euthanasie" im NS-Staat.*, Frankfurt am Main 2004.

Kleßmann, Eckart: *Universitätsmamsellen. Fünf aufgeklärte Frauen zwischen Rokoko, Revolution und Romantik*, Frankfurt am Main 2008[17].

Knoche, Michael / **Schmitz,** Wolfgang (Hgg.): *Wissenschaftliche Bibliothekare im Nationalsozialismus. Handlungsspielräume, Kontinuitäten, Deutungsmuster*, Wiesbaden 2011.

Kohnle, Armin / **Engehausen,** Frank (Hg.): *Zwischen Wissenschaft und Politik. Studien zur deutschen Universitätsgeschichte*, Stuttgart 2001.

Kratz-Ritter, Bettina: *Konrat F. Ziegler, ein „Gerechter unter den Völkern" aus Göttingen*, in: *Göttinger Jahrbuch* 50 (2002), S. 187–196.

Kraushaar, Wolfgang: *Die RAF und der linke Terrorismus*, Hamburg 2006.

Kriedte, Peter: *Die Rabbinerin Regina Jonas und das jüdische Altersheim an der Weender Landstraße. Ein Kapitel aus der Geschichte der Göttinger Synagogengemeinde in der Zeit der Verfolgung und Vernichtung*, in: *Göttinger Jahrbuch* 63 (2015), S. 185–238.

Kriedte, Peter: *Vom verborgenen zum offenen Zwang. „Judenhäuser" in Göttingen (1939–1942)*, in: *Göttinger Jahrbuch* 64 (2016), S. 141–164.

Krönig, Waldemar / **Müller,** Klaus Dieter: *Nachkriegs-Semester. Studium in Kriegs- und Nachkriegszeit*, Stuttgart 1990.

Krüger, Gundolf: *„ … etwas von dem Ueberflusse ausländischer Merkwürdigkeiten": Johann Friedrich Blumenbach, England und die frühe Völkerkunde*, in: Mittler, Elmar / Glitsch, Silke / Rohmann, Ivonne (Hgg.): *„Eine Welt allein ist nicht genug". Großbritannien, Hannover und Göttingen 1714–1837*, Göttingen 2005, S. 202–244.

Krug-Richter, Barbara / **Mohrmann,** Ruth-E. (Hgg.): *Frühneuzeitliche Universitätskulturen. Kulturhistorische Perspektiven auf die Hochschulen in Europa*, Köln 2009.

Krusenstjern, Benigna von: *„daß es Sinn hat zu sterben, gelebt zu haben". Adam von Trott zu Solz, 1909–1944*, Göttingen 2009.

Kühn, Helga-Maria: *Göttingen im Dreißigjährigen Krieg*, in: Denecke, Dietrich / Kühn, Helga-Maria (Hgg.): *Göttingen, Geschichte einer Universitätsstadt*, Bd. 1, *Von den Anfängen bis zum Ende des Dreißigjährigen Krieges*, Göttingen 1987[1], S. 650–692.

Kühn, Helga-Maria: *Studentisches Leben im Göttingen des 18. Jahrhunderts nach zeitgenössischen Berichten, Briefen, Reisebeschreibungen und Akten des Stadtarchivs*, in: Stadt Göttingen (Hg.), *Göttingen im 18. Jahrhundert*, Göttingen 1987[2], S. 145–182.

Kühn, Helga-Maria (Hg.): *Studentisches Leben im 18. Jahrhundert in Göttingen*, Ausstellungskatalog, Göttingen 1990.

Kühn, Helga-Maria: *Ehrengard Schramm, eine engagierte Göttinger Bürgerin*, in: *Göttinger Jahrbuch* 41 (1993), S. 211–224.

Kühn, Helga-Maria: *„In diesem ruhigen Kleinleben geht so schrecklich viel vor". Rebecka Lejeune Dirichlet, geb. Mendelssohn-Bartholdy, in Göttingen 1855–1858*, in: *Göttinger Jahrbuch* 46 (1998), S. 115–125.

Kufferath, Phillipp: *Peter von Oertzen (1924–2008). Eine politische und intellektuelle Biografie*, Göttingen 2017.

Kumsteller, Renate: *Die Anfänge der medizinischen Poliklinik zu Göttingen. Eine medizin- und kulturhistorische Studie zur zweiten Hälfte des 18. Jahrhunderts, gewonnen aus dem Archivmaterial der Universität*, Göttingen 1958.

Lampe, Jörg H.: *Politische Entwicklungen in Göttingen vom Beginn des 19. Jahrhunderts bis zum Vormärz,* in: Böhme, Ernst / Vierhaus, Rudolf (Hgg.): *Göttingen. Geschichte einer Universitätsstadt, Bd. 2, Vom Dreißigjährigen Krieg bis zum Anschluss an Preußen – Der Wiederaufstieg als Universitätsstadt (1648–1866),* Göttingen 2002, S. 43–102.

Katja **Lembke** (Hg.): *Als die Royals aus Hannover kamen (Kataloge zur Niedersächsischen Landesausstellung in Hannover und Celle, 17. Mai bis 5. Oktober 2014),* 4 Bde., Dresden 2014.

Leibholz, Gerhard: *Wiederbegegnung,* in: *Göttinger Universitäts-Zeitung,* 2. Jhg., Nr. 14, 20, Juni 1947.

Leibholz-Bonhoeffer, Sabine: *vergangen, erlebt, überwunden. Schicksale der Familie Bonhoeffer,* Gütersloh 19793.

Löhnig, Martin / **Preisner,** Mareike / **Schlemmer,** Thomas (Hgg.): *Ordnung und Protest. Eine gesamtdeutsche Protestgeschichte von 1949 bis heute,* Tübingen 2015.

Löneke, Regina / **Spieker,** Ira (Hg.): *Hort der Freiheit. Ethnografische Annäherungen an das Grenzdurchgangslager Friedland,* Göttingen 2014.

Lösel, Barbara: *Anna Vandenhoeck, geborene Parry,* in: Weber-Reich, Traudel (Hg.): *Des Kennenlernens werth. Bedeutende Frauen Göttingens,* Göttingen 1993, S. 13–26.

Lorenz, Robert: *Protest der Physiker. Die „Göttinger Erklärung" von 1957,* Bielefeld 2011.

Lotter, Friedrich: *Christoph Meiners und die Lehre von der unterschiedlichen Wertigkeit der Menschenrassen,* in: Boockmann, Hartmut / Wellenreuther, Hermann (Hgg.): *Geschichtswissenschaft in Göttingen. Eine Vorlesungsreihe,* Göttingen 1987, S. 30–75.

Lübbe, Hermann: *Der Nationalsozialismus im deutschen Nachkriegsbewusstsein,* in: *Historische Zeitschrift* 236 (1983), S. 579–599.

Lüer, Gerd / **Kern,** Horst (Hgg.): *Tradition – Autonomie – Innovation. Göttinger Debatten zu universitären Standortbestimmungen,* Göttingen 2013.

Maercker, Dietrich von: *Die Zahlen der Studierenden an der Georg-August-Universität in Göttingen von 1734/37 bis 1978,* in: *Göttinger Jahrbuch* 27 (1979), S. 141–158.

Mälzer, Moritz: *Auf der Suche nach der neuen Universität. Die Entstehung der „Reformuniversitäten" Konstanz und Bielefeld in den 1960er-Jahren,* Göttingen 2016.

Hubert **Mania**: *Gauß. Eine Biographie,* Reinbek bei Hamburg 2009.

Marg, Stine / **Walter,** Franz (Hgg.): *Göttinger Köpfe und ihr Wirken in die Welt,* Göttingen 2012.

Marshall, Barbara: *Der Einfluß der Universität auf die politische Entwicklung der Stadt Göttingen 1918–1933,* in: *Niedersächsisches Jahrbuch für Landesgeschichte* 49 (1977), S. 265–301.

Marten, Heinz-Georg: *Der niedersächsische Ministersturz. Protest und Widerstand der Georg-August-Universität Göttingen gegen den Kultusminister Schlüter im Jahre 1955,* Göttingen 1987.

Matysiak, Stefan (Hg.): *Von braunen Wurzeln und großer Einfalt. Südniedersächsische Medien in Geschichte und Gegenwart,* Norderstedt 2014.

Maurer, Trude: *Balten, Polen, Juden – und strebsame Frauen. Die „russischen" Studenten Göttingens um die Wende vom 19. zum 20. Jahrhundert,* in: Glitsch, Silke / Mittler, Elmar (Hgg.): *Rußland und die „Göttingische Seele". 300 Jahre St. Petersburg,* Göttingen 2003, S. 453–478.

Maurer, Trude (Hg.): *Der Weg an die Universität. Höhere Frauenstudien vom Mittelalter bis zum 20. Jahrhundert,* Göttingen 2010.

Maurer, Trude: *Diskriminierte Bürger und emanzipierte „Fremdstämmige". Juden an deutschen und russischen Universitäten,* Graz 2013.

Maurer, Trude: *„ … und wir gehören auch dazu". Universität und „Volksgemeinschaft" im Ersten Weltkrieg,* 2 Bde., Göttingen 2015.

Maurer, Trude: *Russian Women in German Universities – Pioneers of Female Higher Education?,* in: *Vestnik Sankt-Peterburgskogo Gosudarstvennogo Universiteta, Serie 2, Istorija* 2016, Heft 3, S. 68–84.

Maushart, Marie-Ann: *„Um mich nicht zu vergessen". Hertha Sponer – ein Frauenleben für die Physik im 20. Jahrhundert,* Bassum 1997.

Voit, Max (Hg.): *Bildnisse Göttinger Professoren aus zwei Jahrhunderten (1737–1937),* Göttingen 1937.

Meixner, Brigitte: *Dr. Dorothea Christiana Erxleben. Erste deutsche promovierte Ärztin,* Halle (Saale) 1999.

Mejer, Otto: *Göttinger Studentenwohnungen. Eine Wanderung durch das alte Göttingen,* Göttingen 1887.

Meumann, Markus: *Universität und Sozialfürsorge zwischen Aufklärung und Nationalsozialismus. Das Waisenhaus der Theologischen Fakultät in Göttingen 1747–1938,* Göttingen 1997.

Michaelis, Johann David: *Raisonnement über die protestantischen Universitäten in Deutschland,* Frankfurt / Leipzig, 4 Bde., 1768–1776.

Michaelis, Johann David: *Johann David Michaelis ehemaligen Professors der Philosophie zu Göttingen […] Lebensbeschreibung: von ihm selbst abgefaßt / mit Anmerkungen von Hassencamp; Nebst Bemerkungen über dessen litterarischen Character von Eichhorn, Schulz und dem Elogium von Heyne; Mit dem Brustbilde des Seligen und einem vollständigen Verzeichnisse seiner Schriften;* http://gdz.sub.uni-goettingen.de/dms/load/img/?PID=PPN635922738, abgerufen am 11.08.2017.

Michaelis, Karl / **Sellert,** Wolfgang: *Die Wiedereröffnung der Göttinger Juristischen Fakultät zum Wintersemester 1945–46. Vorträge anlässlich einer Gedenkfeier am 30. November 1985 im Auditoriengebäude der Georg-August-Universität Göttingen,* Göttingen 1986.

Minnigerode, Gunther von: *250 Jahre Demonstrationsversuche in der Physik,* in: Voigt, Hans-Heinrich (Hg.): *Naturwissenschaften in Göttingen,* Göttingen 1988, S. 37–52.

Mittler, Elmar / **Glitsch,** Silke / **Rohmann,** Ivonne (Hgg.): *„Eine Welt allein ist nicht genug". Großbritannien, Hannover und Göttingen 1714–1837,* Göttingen 2005.

Moeller, Bernd (Hg.): *Stationen der Göttinger Universitätsgeschichte. 1737–1787–1837–1887–1937. Eine Vortragsreihe,* Göttingen 1988.

Mühlhausen, Elisabeth: *Grace Emily Chisholm Young (1868–1944),* in: Weber-Reich, Traudel (Hg.): *Des Kennenlernens werth. Bedeutende Frauen Göttingens,* Göttingen 1993, S. 195–211.

Müller, Karl Otfried: *Handbuch der Archäologie der Kunst,* Breslau, im Verlage von Josef Max und Komp., 1830.

Müller, Wilhelm Christian: *Wilhelm M……'s Lern- und Wanderjahre: Erinnerungen aus einem langen Leben / aufgeschrieben von Wilhelm Christian Müller vor 1829. Übertragen und kommentiert von Sibylla Bösenberg und Mechthild Reinhardt,* Göttingen, 2015.

Münster, Clemens: *Die Universität in Frankfurter Hefte im April 1946.* Zitiert nach Wolbringer 2014.

Nagel, Anne Christine: *Im Schatten des Dritten Reichs. Mittelalterforschung in der Bundesrepublik Deutschland 1945–1970,* Göttingen 2005.

Nägele, Barbara / **Häußer,** Martina (Hgg.): *Das Historische Colloquium in Göttingen. Die Geschichte eines selbstverwalteten studentischen Wohnprojekts seit 1952,* Göttingen 2004.

Nawa, Christine: *Zum „öffentlichen Gebrauche" bestimmt. Das Academische Museum Göttingen,* in: *Göttinger Jahrbuch* 58 (2010), S. 23–62.

Nawa, Christine: *Sammeln für die Wissenschaft? Das Academische Museum Göttingen (1773-1840),* Göttingen 2005.

Nehring, Holger: *Die nachgeholte Stunde Null. Intellektuelle Debatten um die Atombewaffnung der Bundeswehr 1958–1960,* in: Geppert, Dominik / Hacke, Jens (Hgg.): *Streit um den Staat. Intellektuelle Debatten in der Bundesrepublik 1960–1980,* Göttingen 2008, S. 229–250.

Neitzert, Dieter: *Göttingens Wirtschaft, an Beispielen des 15. und 16. Jahrhunderts,* in: Denecke, Dietrich / Kühn, Helga-Maria (Hgg.), *Göttingen, Geschichte einer Universitätsstadt, Bd. 1, Von den Anfängen bis zum Ende des Dreißigjährigen Krieges,* Göttingen 1987, S. 298–345.

Neumann, Michael: *Über den Versuch, ein Fach zu verhindern. Soziologie in Göttingen,* in: Becker, Heinrich / Dahms, Hans-Joachim / Wegeler, Cornelia (Hgg.): *Die Universität Göttingen im Nationalsozialismus,* München 19982, S. 454–468.

Nickol, Thomas (Hg.): *Gesammelte Schriften. Historisch-kritische und kommentierte Ausgabe der Schriften von Georg Christoph Lichtenberg, Bd. 6, Vorlesungen zur Naturlehre; Instrumentenverzeichnis,* Göttingen 2017.

Obenaus, Herbert: *Geschichtsstudium und Universität nach der Katastrophe von 1945. Das Beispiel Göttingen,* in: Rudolph, Karsten (Hg.): *Geschichte als Möglichkeit. Über die Chancen von Demokratie,* Essen 1995, S. 307–337.

Oberdiek, Alfred: *Göttinger Universitätsbauten. Die Baugeschichte der Georg-August-Universität,* Göttingen 2002².

Oehler, Johanna: *„Abroad at Göttingen". Britische Studenten als Akteure des kulturellen und wissenschaftlichen Transfers, 1735–1806,* Göttingen 2016.

Orth, Karin: *Die NS-Vertreibung der jüdischen Gelehrten. Die Politik der Deutschen Forschungsgemeinschaft und die Reaktionen der Betroffenen,* Göttingen 2016.

Panke-Kochinke, Birgit: *Die „heimlichen" Pflichten. Professorenhaushalte im 18./19. Jahrhundert,* in: Duwe, Kornelia / Gottschalk, Carola / Koerner, Marianne (Hgg.): *Göttingen ohne Gänseliesel. Texte und Bilder zur Stadtgeschichte,* Gudensberg-Gleichen 1988, S. 42–47.

Paul, Reimar: *In Bewegung. 1976 bis 1984: Turbulente Jahre in Göttingen,* Göttingen 2017.

Petke, Wolfgang: *Alfred Hessel (1877–1939). Mediävist und Bibliothekar in Göttingen,* in: Kohnle, Armin / Engehausen, Frank (Hgg.): *Zwischen Wissenschaft und Politik. Studien zur deutschen Universitätsgeschichte,* Stuttgart 2001, S. 387–414.

Petke, Wolfgang: *Aus der Geschichte des Diplomatischen Apparats der Universität Göttingen (1802–2002),* in: *Göttinger Jahrbuch* 50 (2002), S. 123–148.

Petke, Wolfgang: *Alfred Hessel, Historiker (1877–1939),* in: *Göttinger Jahrbuch* 62 (2014), S. 285–292.

Phillips, David: *Pragmatismus und Idealismus. Das ‚Blaue Gutachten' und die britische Hochschulpolitik in Deutschland 1948,* Köln u. a. 1995.

Pütter, Johann Stephan: *Johann Stephan Pütters Königl. Großbrit. churfürstl. Braunschw. Lüneb. Hofraths und ordentlichen Lehrers zu Göttingen, Versuch einer academischen Gelehrten-Geschichte von der Georg-Augustus-Universität zu Göttingen,* Göttingen, im Verlag der Wittwe Vandenhoek, 1765–1838.

Ramberg, Peter J.: *The death of vitalism and the birth of organic chemistry: Wöhler's urea synthesis and the disciplinary identity of organic chemistry,* Ambix 47 (3/ 2000).

Ratzke, Erwin: „1968" – Studentenbewegung in Göttingen, in: Duwe, Kornelia / Gottschalk, Carola / Koerner, Marianne (Hgg.): Göttingen ohne Gänseliesel. Texte und Bilder zur Stadtgeschichte, Gudensberg-Gleichen 1988, S. 212–220.

Rauh, Cornelia / **Reitemeier,** Arnd / **Schumann,** Dirk (Hgg.): *Kriegsbeginn in Norddeutschland. Zur Herausbildung einer „Kriegskultur" 1914/15 in transnationaler Perspektive,* Göttingen 2015.

Raulff, Ulrich: *Kreis ohne Meister. Stefan Georges Nachleben,* München 2009.

Reill, Peter Hanns: *„Pflanzgarten der Aufklärung". Haller und die Gründung der Göttinger Universität,* in: Elsner, Norbert / Rupke, Nicolaas A. (Hgg.): Albrecht von Haller im Göttingen der Aufklärung, Göttingen 2009, S. 47–70.

Rexroth, Frank: *Geschichte schreiben im Zeitalter der Extreme. Die Göttinger Historiker Percy Ernst Schramm, Hermann Heimpel und Alfred Heuß,* in: Sie befruchtet und ziert. Die Geschichte der Akademie der Wissenschaften zu Göttingen, Berlin u. a. 2013, S. 265–299.

Reiter, Raimond: *Denunziationen im „Dritten Reich" im Kreis Göttingen,* in: Göttinger Jahrbuch 46 (1998), S. 127–13.

Reiter, Raimond: *Opfer der NS-Psychiatrie. Gedenken in Niedersachsen und Bremen,* Marburg 2007.

Römling, Michael: *Göttingen. Geschichte einer Stadt,* Soest 2012.

Rosenbaum, Heidi: *„Und trotzdem war's ‚ne schöne Zeit". Kinderalltag im Nationalsozialismus,* Frankfurt am Main u. a. 2014.

Max **Runge**: *Das Weib in seiner geschlechtlichen Eigenart,* Berlin 1908.

Rupke, Nicolaas A.: *Göttingen and the development of the natural sciences,* Göttingen 2002.

Rürup, Miriam: *Ehrensache. Jüdische Studentenverbindungen an deutschen Universitäten 1886–1937,* Göttingen 2008.

Saage-Maaß, Miriam: *Die Göttinger Sieben – demokratische Vorkämpfer oder nationale Helden? Zum Verhältnis von Geschichtsschreibung und Erinnerungskultur in der Rezeption des Hannoverschen Verfassungskonfliktes,* Göttingen 2007.

Sachse, Wieland: *Göttingen im 18. und 19. Jahrhundert. Zur Bevölkerungs- und Sozialstruktur einer deutschen Universitätsstadt,* Göttingen 1987.

Sandner, Harald: *Hitler – das Itinerar. Aufenthaltsorte und Reisen von 1889 bis 1945,* Berlin 2016².

Schael, Oliver: *Die Grenzen der akademischen Vergangenheitspolitik. Der Verband der nichtamtierenden (amtsverdrängten) Hochschullehrer und die Göttinger Universität,* in: Bernd Weisbrod (Hg.): Akademische Vergangenheitspolitik. Beiträge zur Wissenschaftskultur der Nachkriegszeit, Göttingen 2002, S. 53–72.

Schael, Oliver: *Von der Aufgabe der Erziehung. Das gescheiterte Reformexperiment der „Hochschule für Arbeit, Politik und Wirtschaft" in Wilhelmshaven-Rüstersiel,* in: Detlef Schmiechen-Ackermann, Hans Otte, Wolfgang Brandes (Hgg.), Hochschulen und Politik in Niedersachsen nach 1945, Göttingen 2014, S. 53–70.

Schäfer-Richter, Uta / **Klein,** Jörg / **Aufgebauer,** Peter (Hgg.): *Die jüdischen Bürger im Kreis Göttingen 1933–1945,* Göttingen / Hann. Münden / Duderstadt. Ein Gedenkbuch, Göttingen 1993².

Schallmann, Jürgen: *Arme und Armut in Göttingen 1860–1914,* Göttingen 2014.

Schießl, Sascha: *„Das Tor zur Freiheit". Kriegsfolgen, Erinnerungspolitik und humanitärer Anspruch im Lager Friedland (1945–1970),* Göttingen 2016.

Schirrmacher, Arne: *Verantwortung made in Göttingen? Die Erklärung der Göttinger Achtzehn von 1957,* in: Göttinger Jahrbuch 56 (2008), S. 57–71.

Schlözer, August Ludwig: *Vorbereitung zur WeltGeschichte für Kinder,* 3. Ausgabe, Göttingen 1790, § 31, S. 59; siehe auch: http://gdz.sub.uni-goettingen.de/dms/load/img/?PID=PPN661903737|LOG_0001&physid=PHYS_0001, zuletzt abgerufen am 16.10.2018.

Schlumbohm, Jürgen: *Lebendige Phantome. Ein Entbindungshospital und seine Patientinnen 1751–1830,* Göttingen 2012.

Schlumbohm, Jürgen: *Nichteheliche Patchworkfamilien am Ende des 18. Jahrhunderts. Stud. med. Georg Gatterer und die Mütter seiner Kinder,* in: Göttinger Jahrbuch 61 (2013), S. 221–238.

Schlumbohm, Jürgen / Wiesemann, Claudia (Hgg.): *Die Entstehung der Geburtsklinik in Deutschland 1751–1850,* Göttingen u.a. 2004.

Schlumbohm, Jürgen: *Carsten Niebuhr, Forschungsreisender (1733–1815),* in Göttinger Jahrbuch 64 (2016), S. 197–201.

Schlumbohm, Jürgen: *Verbotene Liebe, Verborgene Kinder – Das geheime Buch des Göttinger Geburtshospitals, 1794–1857,* Göttingen 2018.

Schmidt, Roderich (Hg.): *In Göttingen erlebt. Lebenszeugnisse bedeutender Persönlichkeiten des 20. Jahrhunderts,* Göttingen 2001.

Schmiechen-Ackermann, Detlef / **Otte,** Hans / **Brandes,** Wolfgang (Hgg.): *Hochschulen und Politik in Niedersachsen nach 1945,* Göttingen 2014.

Schmolder, Klaus: *Collegium Historicum,* in: Deutsche Universitätszeitung (duz), 7. Jahrgang, 22. Dezember 1952, S. 28.

Schönwälder, Karen: *Historiker und Politik. Geschichtswissenschaft im Nationalsozialismus,* Frankfurt am Main u.a. 1992.

Schöne, Albrecht: *Vom Betreten des Rasens. Siebzehn Reden über Literatur,* München 2005.

Schütz, Siegfried / **Nissen,** Walter: *Göttinger Gedenktafeln. Ein biografischer Wegweiser,* Göttingen 2016.

Schramm, Ehrengard: *Ein Hilfswerk für Griechenland. Begegnungen und Erfahrungen mit Hinterbliebenen deutscher Gewalttaten der Jahre 1941–1944,* Göttingen 2003.

Schumann, Peter: *Göttingen zwischen 1848 und 1866,* in: Böhme, Ernst / Vierhaus, Rudolf (Hgg.), Göttingen. Geschichte einer Universitätsstadt, Bd. 2, Vom Dreißigjährigen Krieg bis zum Anschluss an Preußen – Der Wiederaufstieg als Universitätsstadt (1648–1866), Göttingen 2002, S. 102–137.

Scriba, Christoph J. (Hg.): *Disciplinae novae. Zur Entstehung neuer Denk- und Arbeitsrichtungen in der Naturwissenschaft,* Göttingen 1979.

Seidler, Ute: *Zwischen Aufbruch und Konvention. Dorothea Schlözer,* in: Duwe, Kornelia / Gottschalk, Carola / Koerner, Marianne (Hgg.): Göttingen ohne Gänseliesel. Texte und Bilder zur Stadtgeschichte, Gudensberg-Gleichen 1988, S. 176–184.

Selle, Götz von: *Die Georg-August-Universität zu Göttingen, 1737–1937,* Göttingen 1937.

Sellert, Wolfgang: *Die Geschichte des Göttinger Universität Bundes e. V.. Zum 100-jährigen Jubiläum am 26. Juni 2018,* Göttingen 2018.

Siedbürger, Günther: *Zwangsarbeit im Landkreis Göttingen, 1939–1945,* Duderstadt 2005.

Siedbürger, Günther: *Measurement Valley. Göttinger Messtechnikmeile,* Göttingen 2002.

Smend, Rudolf: *Die Göttinger Universität und ihre Umwelt. Rede, gehalten am Tag der Universität (1. Juli 1953) im Rahmen der Tausendjahrfeier der Stadt Göttingen,* Göttingen 1953.

Smend, Rudolf: *1887 – Die Universität in Preußen,* in: Moeller, Bernd (Hg.): Stationen der Göttinger Universitätsgeschichte: 1737–1787–1837–1887–1937. Eine Vortragsreihe, Göttingen 1988, S. 68–90.

Smend, Rudolf: *Eine Fakultät in kritischer Zeit. Die Göttinger Theologie zwischen 1930 und 1950,* in: Göttinger Jahrbuch 50 (2002), S. 149–163.

Smend, Rudolf: *„Ein Academiste muß erfinden." Haller und die Königliche Societät der Wissenschaften,* in: Elsner, Norbert / Rupke, Nicolaas A. (Hgg.): Albrecht von Haller im Göttingen der Aufklärung, Göttingen 2009, S. 143–165.

Speiser, Peter: *The British Army of the Rhine. Turning Nazi enemies into Cold War partners,* Urbana, Illinois 2016.

Spengler, Andreas (Hg.): *Die Klingebiel-Zelle. Leben und künstlerisches Schaffen eines Psychiatriepatienten,* Göttingen 2013.

Starck, Christian / **Schönhammer,** Kurt: *Die Geschichte der Akademie der Wissenschaften zu Göttingen,* Berlin 2013.

Steinsiek, Peter-Michael: *Die Forstliche Fakultät der Universität Göttingen im Nationalsozialismus. Eine Erinnerung an ihre ehemaligen jüdischen Angehörigen,* Göttinger Forstwissenschaften Band 6, Universitätsverlag Göttingen 2015.

Steinsiek, Peter-Michael: *Richard Falck, Mykologe. Lebensweg und Werk eines jüdischen Gelehrten (1873–1955),* Universitätsverlag Göttingen, 2019

Stöckmann, Hagen: *„Displaced Persons" in Göttingen,* in: Büttner, Maren / Horn, Sabine (Hgg.): Alltagsleben in Göttingen nach 1945. Die Nachkriegszeit am Beispiel der Stadt Göttingen, Göttingen 2010.

Stuber, Martin (Hg.): *Hallers Netz. Ein europäischer Gelehrtenbriefwechsel zur Zeit der Aufklärung,* Basel 2005.

Szabó, Anikó: *Vertreibung, Rückkehr, Wiedergutmachung. Göttinger Hochschullehrer im Schatten des Nationalsozialismus; mit einer biographischen Dokumentation der entlassenen und verfolgten Hochschullehrer,* Göttingen 2000.

Teichmann, Herbert: *175 Jahre Wöhlers Harnstoff-Synthese,* in: Mitteilungen der Gesellschaft Deutscher Chemiker, Fachgruppe Geschichte der Chemie 17 (2004), online zugänglich unter: https://www.gdch.de/netzwerk-strukturen/fachstrukturen/geschichte-der-chemie/mitteilungen-der-fachgruppe-online.html

Tent, Margret B.W.: *The prince of mathematics: Carl Friedrich Gauss,* Wellesley/Massachusetts 2006.

Terhoeven, Petra: *Deutscher Herbst in Europa. Der Linksterrorismus der siebziger Jahre als transnationales Phänomen,* München 2014.

Terhoeven, Petra: *Die Rote Armee Fraktion. Eine Geschichte terroristischer Gewalt,* München 2017.

Thadden, Leopold von: *Das Max-Planck-Gymnasium im Nationalsozialismus,* in: Duwe, Kornelia / Gottschalk, Carola / Koerner, Marianne (Hgg.): Göttingen ohne Gänseliesel. Texte und Bilder zur Stadtgeschichte, Gudensberg-Gleichen 1988, S. 221–233.

Thadden, Rudolf von: *1837 – Die Universität in Preußen,* in: Moeller, Bernd (Hg.): Stationen der Göttinger Universitätsgeschichte: 1737–1787–1837–1887–1937. Eine Vortragsreihe, Göttingen 1988, S. 46–67.

Thadden, Rudolf von / Trittel, Günter J. / Ohse, Marc-Dietrich (Hgg.): *Göttingen. Geschichte einer Universitätsstadt, Bd. 3, Von der preußischen Mittelstadt zur südniedersächsischen Großstadt: 1866–1989,* Göttingen 1999.

Thieler, Kerstin (Bearbeiterin): *Hitler in Göttingen. Die Wahlkampfrede Adolf Hitlers am 21. Juli 1932 im Kaiser-Wilhelm-Park,* CD-Rom mit Erläuterungen und Dokumenten, Göttingen 2004.

Thieler, Kerstin / **Weisbrod,** Bernd: *„(…) des Tragens eines deutschen akademischen Grades unwürdig". Die Entziehung von Doktortiteln an der Georg-August-Universität Göttingen im „Dritten Reich",* Göttingen 1993, 2004².

Thieler, Kerstin: *„Volksgemeinschaft" unter Vorbehalt. Gesinnungskontrolle und politische Mobilisierung in der Herrschaftspraxis der NSDAP-Kreisleitung Göttingen,* Göttingen 2014.

Thimme, David: *Percy Ernst Schramm und das Mittelalter. Wandlungen eines Geschichtsbildes,* Gießen 2006.

Tobies, Renate: *Wissenschaftliche Schwerpunktbildung. Der Ausbau Göttingens zum Zentrum der Mathematik und Naturwissenschaften,* in: Brocke, Bernhard vom (Hg.): Wissenschaftsgeschichte und Wissenschaftspolitik im Industriezeitalter. Das „System Althoff" in historischer Perspektive, Hildesheim 1991, S. 87–108.

Tobies, Renate: *Vertrieben aus Positionen seit 1933: Habilitierte und promovierte Mathematikerinnen und Physikerinnen. Trends, Ursachen, Merkmale,* in: Hansen-Schaberg, Inge, Häntzschel, Hiltrud (Hgg.): Alma Maters Töchter im Exil. Zur Vertreibung von Wissenschaftlerinnen und Akademikerinnen in der NS-Zeit, München 2011, S. 114–131.

Tollmien, Cordula: *„Sind wir doch der Meinung, daß ein weiblicher Kopf nur ganz ausnahmsweise in der Mathematik schöpferisch tätig sein kann …". Emmy Noether 1882–1935; zugleich ein Beitrag zur Geschichte der Habilitation von Frauen an der Universität Göttingen,* in: Göttinger Jahrbuch 38 (1990), S. 153–219.

Tollmien, Cordula: *Luftfahrtforschung. Die Aerodynamische Versuchsanstalt in Göttingen,* in: Tschirner, Martina / Göbel, Heinz-Werner (Hgg.), Wissenschaft im Krieg – Krieg in der Wissenschaft, Marburg 1992, S. 64–79.

Tollmien, Cordula: *Der Krieg der Geister in der Provinz. Das Beispiel der Universität Göttingen,* in: Göttinger Jahrbuch 41 (1993), S. 137–210.

Tollmien, Cordula: *Fürstin der Wissenschaft. Die Lebensgeschichte der Sofja Kowalewskaja,* Weinheim 1995.

Tollmien, Cordula: *Das Kaiser-Wilhelm-Institut für Strömungsforschung verbunden mit der Aerodynamischen Versuchsanstalt,* in: Becker, Heinrich / Dahms, Hans-Joachim / Wegeler, Cornelia (Hgg.): Die Universität Göttingen unter dem Nationalsozialismus, München 1998², 1998, S. 684–708.

Tollmien, Cordula: *Nationalsozialismus in Göttingen (1933–1945),* in: Thadden, Rudolf von / Trittel, Günter J. / Ohse, Marc-Dietrich (Hgg.): Göttingen. Geschichte einer Universitätsstadt, Bd. 3, Von der preußischen Mittelstadt zur südniedersächsischen Großstadt: 1866–1989, Göttingen 1999, S. 127–273.

Tollmien, Cordula: *Die Universität Göttingen im Kaiserreich,* in: Thadden, Rudolf von / Trittel, Günter J. / Ohse, Marc-Dietrich (Hgg.): Göttingen. Geschichte einer Universitätsstadt, Bd. 3, Von der preußischen Mittelstadt zur südniedersächsischen Großstadt: 1866–1989, Göttingen 1999, S. 370–393.

Tollmien, Cordula: *NS-Zwangsarbeiter in der Stadt Göttingen,* Online-Publikation 2000, http://www.zwangsarbeit-in-goettingen.de/, abgerufen am 01.11.2017.

Tollmien, Cordula: *Sofja Kowaleskaja (1850 bis 1891) – die erste promovierte Mathematikerin und die erste Professorin im Europa der Neuzeit,* in: Georgia Augusta 6 (2008), S. 45.

Tollmien, Cordula: *Zwangsarbeit von Göttinger Juden 1938 bis 1945,* in: Göttinger Jahrbuch 59 (2011), S. 137–160.

Trillhaas, Wolfgang: *Aufgehobene Vergangenheit. Aus meinem Leben,* Göttingen 1976.

Wähner, Andreas Georg: *Tagebuch aus dem Siebenjährigen Krieg,* bearbeitet von Sigrid Dahmen, Göttingen 2012.

Trittel, Günter J.: *Göttingens Entwicklung seit 1948,* in: Thadden, Rudolf von / Trittel, Günter J. / Ohse, Marc-Dietrich (Hgg.), Göttingen. Geschichte einer Universitätsstadt, Bd. 3, Von der preußischen Mittelstadt zur südniedersächsischen Großstadt: 1866–1989, Göttingen 1999, S. 291–356.

Tröhe, Ulrich: *250 Jahre Göttinger Medizin. Begründung – Folgen – Folgerungen,* in: Voigt, Hans-Heinrich (Hg.): Naturwissenschaften in Göttingen, Göttingen 1988, S. 9–36.

Tschirner, Martina / **Göbel,** Heinz-Werner: *Wissenschaft im Krieg – Krieg in der Wissenschaft,* Marburg 1992.

Ude-Koeller, Susanne: *„Geben Sie diese schönste Professur in Deutschland, nach welcher Viele die Hand ausstrecken nicht aus Ihrer Hand", Jacob Henle in Göttingen 1852–1885,* in: Göttinger Jahrbuch 58 (2010), S. 63–78.

Universität Göttingen (Hg.): *Manuale professorum Gottingensium,* Göttingen 1959⁴.

Universität Göttingen (Hg.): *UniInform,* 14. Jahrgang, Januar 2016.

Universität Göttingen (Hg.): *Pressemitteilung der Georg-August-Universität Göttingen,* Nr. 276/2002 vom 16.10.2002.

Uray, Johannes: *Die Wöhlersche Harnstoffsynthese und das wissenschaftliche Weltbild: Analyse eines Mythos,* Graz 2009.

Vetter, Sabine: *Wissenschaftlicher Reduktionismus und die Rassentheorie von Christoph Meiners. Ein Beitrag zur Geschichte der verlorenen Metaphysik in der Anthropologie,* Mainz 1997.

Vierhaus, Rudolf: *1737 – Europa zur Zeit der Universitätsgründung,* in: Moeller, Bernd (Hg.): Stationen der Göttinger Universitätsgeschichte: 1737–1787–1837–1887–1937. Eine Vortragsreihe, Göttingen 1988, S. 9–26.

Villers, Charles: *Coup d'œil sur les universités et le mode d'instruction publique de l'Allemagne prostestante, en particulier du royaume de Westphalie,* Kassel 1808.

Voigt, Hans Heinrich: *Naturwissenschaften in Göttingen. Eine Vortragsreihe,* Göttingen 1988.

Voigt, Matthias / **Otto,** Karlheinz: *Göttingen. Von der APO bis zur Wende,* Erfurt 2007.

Vogel, Rudolph Augustin: *Rudolph Augustin Vogel's Lehrsätze der Chemie. Ins deutsche übers. von Johann Christian Wiegleb,* Weimar 1775.

Vries, Willem de: *Kunstraub im Westen 1940–1945. Alfred Rosenberg und der „Sonderstab Musik",* Frankfurt am Main, 2000.

Wagener, Silke: *Pedelle, Mägde und Lakaien. Das Dienstpersonal an der Georg-August-Universität Göttingen 1737–1866,* Göttingen 1996.

Wagenitz, Gerhard: *Göttinger Biologen 1737–1945. Eine biographisch-bibliographische Liste,* Göttingen 1988.

Walker, Mark: *Nazi science: myth, truth and the German atomic bomb,* New York 1995.

Wallis, Ludwig: *Der Göttinger Student oder Bemerkungen, Ratschläge und Belehrungen über Göttingen und das Studentenleben auf der Georgia Augusta: mit acht Ansichten, Neudruck der Ausgabe Göttingen 1813 und 1913,* Göttingen 1981.

Walter, Franz: *Edith Stein. „Potenz und Akt",* in: Marg, Stine / Walter, Franz (Hgg.): *Göttinger Köpfe und ihr Wirken in die Welt,* Göttingen 2012, S. 171–180.

Freudenstein, Christiane (Hg.): *Göttinger Stadtgespräche. Persönlichkeiten aus Kultur, Politik, Wirtschaft und Wissenschaft erinnern an Größen ihrer Stadt,* Göttingen 2016.

Weber-Reich, Traudel (Hg.): *Des Kennenlernens werth. Bedeutende Frauen Göttingens,* Göttingen 1993.

Weber-Reich, Traudel: *Elisabeth Heimpel, geborene Michel (1902–1972),* in: Weber-Reich, Traudel (Hg.): *Des Kennenlernens werth. Bedeutende Frauen Göttingens,* Göttingen 1993, S. 303–319.

Wedemeyer, Bernd: *Göttingen im Spiegel von Reisebeschreibungen des 18. Jahrhunderts,* in: Duwe, Kornelia / Gottschalk, Carola / Koerner, Marianne (Hgg.): *Göttingen ohne Gänseliesel. Texte und Bilder zur Stadtgeschichte,* Gudensberg-Gleichen 1988, S. 7–11.

Weisbrod, Bernd (Hg.): *Akademische Vergangenheitspolitik. Beiträge zur Wissenschaftskultur der Nachkriegszeit. Jahrestagung des Zeitgeschichtlichen Arbeitskreises Niedersachsen,* Göttingen 2002.

Weisbrod, Bernd: *„Ein Vorsprung, der uns tief verpflichtet". Die Wiedereröffnung der Universität Göttingen im Wintersemester 1945/46,* in: *„Ein Vorsprung, der uns tief verpflichtet". Die Wiedereröffnung der Universität Göttingen vor 70 Jahren,* hrsg. von der Präsidentin der Georg-August-Universität Göttingen und dem Universitätsbund, Göttingen 2016, S. 21–38.

Wellenreuther, Hermann (Hg.): *Die Göttinger Sieben. Eine Ausstellung der Georg-August-Universität Göttingen,* Göttingen 1987.

Wellenreuther, Hermann (Hg.): *Göttingen 1690–1755. Studien zur Sozialgeschichte einer Stadt,* Göttingen 1988.

Wettig, Klaus: *Sozialdemokratischer Neubeginn in Göttingen nach 1945,* in: Göttinger Jahrbuch 55 (2007), S. 213–223.

Weyer, Jost: *Die Entstehung der Organischen Chemie im 19. Jahrhundert. Ein Überblick,* in: *Disciplinae novae: zur Entstehung neuer Denk- und Arbeitsrichtungen in der Naturwissenschaft,* hrsg. von Christoph J. Scriba im Auftr. der Joachim Jungius-Gesellschaft der Wissenschaften e.V., Göttingen 1979, S. 91–103.

Wieacker, Franz / **Kamp,** Norbert: *250 Jahre Georgia Augusta. Akademische Feier am Tag der 250. Wiederkehr des Inaugurationstages der Universität am 17. September 1987,* Göttingen 1988.

Wilhelm, Jan Volker: *Das Baugeschäft und die Stadt. Stadtplanung, Grundstücksgeschäfte und Bautätigkeit in Göttingen (1861–1924),* Göttingen 2006.

Wilhelm, Jan Volker: *200 Jahre Königsallee. Das Geburtstagsgeschenk der Stadt Göttingen an Jérôme Bonaparte,* in: Göttinger Jahrbuch 56 (2008), S. 115–131.

Wille, Hans: *Die „Göttinger Galerie" 1946–1948,* in: Göttinger Jahrbuch 42 (1994), S. 159–183.

Winkelmann, Heike: *Das akademische Hospital in Göttingen von 1781 bis 1850,* Göttingen 1981.

Wolbring, Barbara: *Trümmerfeld der bürgerlichen Welt. Universität in den gesellschaftlichen Reformdiskursen der westlichen Besatzungszonen (1945–1949),* Göttingen u.a. 2014.

Wollenhaupt-Schmidt, Ulrike: *„aus einer Göttinger Mücke ein bundesweiter Elefant…". Der Buback-Nachruf und seine Folgen an der Universität Göttingen im Jahr 1977,* in: Göttinger Jahrbuch 60 (2012), S. 273–294.

Wuensch, Daniela: *Der letzte Physiknobelpreis für eine Frau? Maria Goeppert Mayer: Eine Göttingerin erobert die Atomkerne, Nobelpreis 1963. Zum 50. Jubiläum,* Göttingen 2013.

Zingel, Marianne: *Edith Stein, Studentin in Göttingen: 1913–1916. Ausstellung zum 100. Geburtstag,* Göttingen 1993.

Onlinequellen

https://www.mwk.niedersachsen.de/startseite/hochschulen/hochschulpolitik/niedersaechsisches_hochschulgesetz/-reform-des-niedersaechsischen-hochschulgesetzes-19107.html

https://www.kmk.org/themen/hochschulen/internationale-hochschulangelegenheiten.html, zuletzt abgerufen am 04.06.2018

http://www.uni-goettingen.de/de/studium/13.html

http://www.dfg.de/foerderung/programme/exzellenzinitiative/, zuletzt abgerufen am 24.09.2018

https://www.uni-goettingen.de/de/119606.html, zuletzt abgerufen am 04.06.2018

https://www.sub.uni-goettingen.de/elektronisches-publizieren/open-access/, zuletzt abgerufen am 04.06.2018

http://www.uni-goettingen.de/de/leitbild/43883.html, zuletzt abgerufen am 04.06.2018

http://www.u4network.eu/index.php/news/2665-the-u4-network-is-an-outstanding-international-network, 04.06.2018

http://www.coimbra-group.eu, 04.06.2018

https://www.hekksagon.net/61.php, 05.06.2018

http://www.the-guild.eu/about/vision, 08.06.2018

http://www.uni-goettingen.de/de/das+g%c3%b6ttinger+modell/537119.html, 04.06.2018

https://www.uni-goettingen.de/de/559348.html, 04.06.2018

https://www.uni-goettingen.de/de/87827.html, 10.06.2018

www.uni-goettingen.de/historischetexte, abgerufen am 21.03.2019

www.uni-goettingen.de/nachhaltigkeitskonferenz abgerufen am 21.03.2019

http://www.dfg.de/download/pdf/gefoerderte_projekte/preistraeger/gwl-preis/leibniz_preistraeger_86_18.pdf, 10.6.2018

https://www.uni-goettingen.de/de/367892.html, 08.06.2018

https://www.uni-goettingen.de/de/zahlen%2C+daten+und+fakten/24499.html, 08.06.2018

https://sammlungen.uni-goettingen.de, 10.06.2018

https://www.uni-goettingen.de/de/digitalisierung+und+sammlungsdatenbank/526524.html, 10.06.2018

https://www.gbv.de/news/neues-aus-der-verbundzentrale/2018/sammlungsportal-der-universitaet-goettingen, 10.06.2018

https://www.uni-goettingen.de/de/forum+wissen/521321.html, 10.06.2018

Bildquellennachweis

akg-images
S. 92 (Abb. Butenandt) © Fritz Eschen

Alamy The History Collection
S. 88 (Abb. 1), S. 92 (Abb. Stark), S. 110

Archiv der Max-Planck-Gesellschaft, Berlin-Dahlem
S. 130 (Abb. Planck)

© Bernd Beuermann
S. 193 (Abb. XLAB)

© Sebastian Blesel
S. 193 (Abb. YLAB)

Deutsche Universitätszeitung duz
S. 118 (Abb. 3): Werbung, in: Deutsche Universitätszeitung, 5. Jahrgang, 10. März 1950

Deutsches Zentrum für Luft- und Raumfahrt
S. 80 (Abb. 2, 3)

dpa Picture-Alliance GmbH
S. 146 (Abb. 4)

Friedrich-Ebert-Stiftung
S. 118 (Abb. 2)

© Christoph Gebler
S. 182/183, S. 185, S. 196 (Abb. KWZ)

© Lars Gerhardts
S. 188

© Harry Haase
S. 32 (Abb. 2)

© Peter Heller
S. 103, S. 172 (Abb. 2, 3), S. 190 (Abb. Gruppe), S. 196 (Abb. Forum Wissen), S. 199 (Abb. Schreiber)

© Christina Hinzmann
S. 172 (Abb. 1)

Imperial War Museum London
S. 128 (Abb. 3)

© Frank Stefan Kimmel
S. 12, S. 26 (Abb. sitzender Lichtenberg), S. 36, S. 74/75, S. 77, S. 168/169, S. 171, S. 196 (Abb. Alte Mensa)

Klein und Neumann
S. 194

Max-Planck-Institut für biophysikalische Chemie
S. 92 (Abb. Hell) © Bernd Schuller, S. 130 (Abb. Bonhoeffer)

Max-Planck-Institut für Neurobiologie
S. 92 (Abb. Sakmann) © Svein Erik Dahl

© Christoph Mischke
S. 6, S. 67, S. 107 (Abb. 2), S. 149 (Abb. 2, 3), S. 176 (Abb. 3), S. 178, S. 199 (Abb. Beisiegel)

Niedersächsische Staats- und Universitätsbibliothek Göttingen
S. 18 (Abb. 1), S. 24, S. 32 (Abb. 1), S. 68 (Abb. 3), S. 106

Privatbesitz
S. 90 (Abb. 1): Postkarte
S. 104 (Abb. 4): Postkarte
S. 116: Privatbesitz Familie von Trott

© Ronald Schmidt
S. 174

© Marc Oliver Schulz
S. 199 (Abb. Kern)

Städtisches Museum Göttingen
S. 8/9, S. 11,15, S. 20 (Abb. 1–3), S. 21, S. 22 (Abb. 1–4), S. 30 (Abb. 1–3), S. 34 (Abb. 1–3), S. 37, S. 40/41, S. 43, S. 46 (Abb. 1–5), S. 34 (Abb. 1–3), S. 51, S. 52 (Abb. 1–3), S. 56/57, S. 59, S. 60 (Abb. 1–4), S. 63, S. 64 (Abb. 1, 2), S. 68 (Abb. 1, 4), S. 71, S. 87, S. 98/99, S. 101, S. 107 (Abb. 1), S. 104 (Abb. 2, 3), S. 108 (Abb. 1–3), S. 112, S. 118 (Abb. 1, 4), S. 121, S. 124/125, S. 128 (Abb. 1, 2, 4), S. 134 (Abb. 1–3), S. 138 (Abb. 1–3), S. 143 (Abb. 1–3), S. 146 (Abb. 1–3), S. 148 (Abb. P. E. Schramm, E. Schramm), S. 152/153, S. 155, S. 156 (Abb. 1, 2, 4, 5, 6), S. 158 (Abb. 1–3), S. 160 (Abb. 1–4), 164 (Abb. 1, 3)

Universität Göttingen
S. 16, S. 18 (Abb. 2), S. 26 (Abb. Stich Lichtenberg), S. 66, S. 84, S. 88 (Abb. 2–4), S. 90 (Abb. 2), S. 92 (Abb. Nernst, Franck, Windaus, Eigen), S. 104 (Abb. 1), S. 130 (Abb. Heisenberg, Hahn), S. 132, S. 156 (Abb. 3), S. 176 (Abb. 1, 2), S. 190 (Abb. Medaille) S. 199 (Abb. von Figura, Kamp)

Universitätsmedizin Göttingen
164 (Abb. 2)

© Jan Vetter
S. 190 (Abb. Ausstellung)

Johanna Vogel-Prandtl
S. 88 (Abb. 5)

Wikimedia
S. 28: https://upload.wikimedia.org/wikipedia/commons/1/16/D._Joh._Friedr._Blumenbach%27s%2C_Prof._zu_Göttingen_Handbuch_der_Naturgeschichte_-_mit_Kupfern_%281791%29_%2820793545100%29.jpg, abgerufen am 18.10.2018

S. 34 (Abb. 4): https://upload.wikimedia.org/wikipedia/commons/d/d9/Georg_Forster-larger.jpg, abgerufen am 18.10.2018

S. 68 (Abb. 2): https://upload.wikimedia.org/wikipedia/commons/f/fe/Zoologie-Goettingen-Plan-01.jpg, abgerufen am 18.10.2018

S. 78: https://commons.wikimedia.org/wiki/File:Karzer_Göttingen_1.jpg, abgerufen am 20.03.2019

S. 80 (Abb. 1): https://upload.wikimedia.org/wikipedia/commons/a/a8/Wiechert'sche_Erdbebenwarte_Göttingen_-_Gaußhaus.jpg, abgerufen am 18.10.2018

S. 92 (Abb. Wallach): https://upload.wikimedia.org/wikipedia/commons/9/9c/Otto_Wallach_1910.jpg, abgerufen am 18.10.2018

S. 92 (Abb. Zsigmondy): https://upload.wikimedia.org/wikipedia/commons/7/7d/Richard_Adolf_Zsigmondy_LOC.jpg, abgerufen am 18.10.2018

S. 92 (Abb. Heisenberg): https://upload.wikimedia.org/wikipedia/commons/b/b0/Heisenberg_10.jpg, abgerufen am 18.10.2018

S. 92 (Abb. Debye): https://upload.wikimedia.org/wikipedia/commons/6/6b/Debije-boerhaave.jpg, abgerufen am 18.10.2018

S. 92 (Abb. Born): https://upload.wikimedia.org/wikipedia/commons/f/f7/Max_Born.jpg, abgerufen am 18.10.2018

S. 92 (Abb. Neher): https://upload.wikimedia.org/wikipedia/commons/5/54/Erwin_neher_2007_lindau.jpg, abgerufen am 18.10.2018

S. 136: https://upload.wikimedia.org/wikipedia/commons/3/39/Bundesarchiv_Bild_146-1994-022-32A%2C_Axel_Freiherr_von_dem_Bussche-Streithorst.jpg, abgerufen am 18.10.2018

S. 149 (Abb. 1): https://upload.wikimedia.org/wikipedia/commons/b/bd/Göttingen_Stadtfriedhof_Grab_Familie_Leibholz_1.jpg, abgerufen am 18.10.2018. © X-Weinzar

Erste Auflage 2019

© 2019 für die Abbildungen: siehe Bildnachweis auf S. 212
© 2019 für die Texte: Frauke Geyken
© 2019 für diese Ausgabe: Georg-August-Universität Göttingen
und Steidl Verlag, Göttingen

Alle Rechte vorbehalten. Kein Teil dieses Buches darf in irgendeiner Form (Druck, Fotokopie oder einem anderen Verfahren) ohne schriftliche Genehmigung des Verlages reproduziert oder unter Verwendung elektronischer Systeme verarbeitet werden.

Gestaltung, Satz und Redaktion: pi-ar GmbH Göttingen und Öffentlichkeitsarbeit Universität Göttingen
Umschlaggestaltung: Steidl Design
Lithografie und Reproduktion:
Niedersächsische Staats- und Universitätsbibliothek Göttingen
Bildbearbeitung: Steidl image department
Gesamtherstellung und Druck: Steidl, Göttingen

Herausgeberin:
Die Präsidentin der
Georg-August-Universität Göttingen
Stiftung Öffentlichen Rechts
Wilhelmsplatz 1
37073 Göttingen
uni-goettingen.de

Steidl
Düstere Str. 4 / 37073 Göttingen
Tel. +49 551 49 60 60 / Fax +49 551 49 60 649
mail@steidl.de
steidl.de

ISBN 978-3-95829-651-0
Printed in Germany by Steidl